Lucha por la democracia

LUCHA POR LA DEMOCRACIA

fraude electoral, represión judicial,
presos y exiliados políticos, corrupción,
control de prensa… dictaduras.

CARLOS SÁNCHEZ BERZAÍN

Fondo Editorial Interamerican Institute for Democracy

Temas de Democracia

© Carlos Sánchez Berzaín, 2015

Todos los derechos reservados.

www.carlossanchezberzain.com

ISBN: 978-1517195601

Foto de la portada:

Reloj del edificio del Congreso Nacional de la República de Bolivia en La Paz Bolivia, al que ahora denominan Asamblea Legislativa del Estado Plurinacional, en el que Evo Morales mandó que el reloj gire al revés como señal antiimperialista de su gobierno. La orden fue cumplida sobreponiendo al original números que se han despintado, como se despinta la apariencia de democracia que pretenden los regímenes dictatoriales de Bolivia, Venezuela, Ecuador y Nicaragua. Ver "Reloj que gira al revés", en la página 341 de este libro.

Diseño: Kiko Arocha

www.alexlbi.com

Fondo Editorial Interamerican Institute for Democracy

www.intdemocratic.org/

A los indiferentes con las víctimas de las dictaduras del socialismo del siglo XXI, para que se den cuenta que lo que hoy acontece en Cuba, Venezuela, Ecuador, Bolivia y Nicaragua, puede ocurrirles a ellos si no defienden la libertad y la democracia

Índice

PRÓLOGO

La lucha por la democracia
Carlos Alberto Montaner

El título de este libro no es una metáfora. Lo ha escrito un exiliado boliviano que lleva más de 10 años batallando incansablemente en todos los foros para que su país retorne pacíficamente a la democracia y las libertades. Su lucha es ejemplar.

Carlos Sánchez Berzaín, abogado constitucionalista, profesor y catedrático en su país, ha sido cinco veces Ministro de Estado, de la Presidencia, de gobierno y de Defensa en los gobiernos democráticos de Gonzalo Sánchez de Lozada, y parlamentario y jefe de la oposición. En el 2003 fue forzado a marcharse de Bolivia junto al presidente. Los derrocaron y los persiguieron injustamente y el destierro pareció ser la mejor opción posible. Tal vez la única.

En Estados Unidos, donde vive el exilio, y en donde las autoridades examinaron las causas de su petición de asilo y fallaron positivamente porque es inocente, obtuvo un Master en Ciencias Políticas, otro en Sociología, y con un grupo de académicos, políticos y exiliados latinoamericanos fundó el *Interamerican Institute for Democracy*, un laborioso *think tank* que ha publicado numerosos estudios.

Sánchez Berzaín, es en suma un luchador por la democracia que con esta obra les ha hecho un gran servicio a los latinoamericanos. Ha compilado artículos y ensayos suyos en torno a la democracia recogiéndolos en un volumen. Los textos —en general, muy buenos— se publicaron en diversos diarios, pero, como se sabe, los periódicos de ayer suelen ser olvidados rápidamente. Si Ortega y Gasset no hubiera tenido el cuidado de recoger en libros sus artículos periodísticos nos hubiéramos perdido obras fundamentales como *La rebelión de las masas* y *España invertebrada*.

Las columnas, además de ese rasgo de la intemporalidad, tienen la característica de la brevedad. Hay que resumir las ideas en 800 palabras. Eso lo agradece el siempre apresurado lector. En esta época de 140 implacables caracteres, como manda su majestad *Twitter,* no hay mucho tiempo para la lectura reposada. Y como la lucha por la democracia posee centenares de ángulos importantes surgidos del derecho, la política, la economía, la sociología, la filosofía y el resto de las Ciencias Sociales y las Humanidades, conviene que el asedio al tema también se fragmente.

Sánchez Berzaín tiene varios atributos muy notables para que sus opiniones sean tomadas en cuenta. Es abogado y académico, ha sido profesor de Derecho Constitucional y Derecho Internacional en Bolivia, catedrático en la Maestría en Campañas Políticas Maicop en la Universidad de Salamanca y actualmente en la Camilo José Cela de España, además un exitoso político (Secretario Ejecutivo Nacional) dentro del Movimiento Nacionalista Revolucionario que fundara Víctor Paz Estenssoro y pre candidato presidencial en su país.

Sus frecuentes conferencias en diversidad de foros lo han hecho uno de los líderes latinoamericanos en la defensa de la democracia. Sus anteriores libros sobre política "El presidencialismo de Bolivia previo al socialismo del siglo XXI", y "La dictadura del siglo XXI en Bolivia" (censurado en Bolivia) muestran la profundidad de su análisis y la valentía en la desigual confrontación con el régimen que gobierna su país.

Tiene, pues, la teoría —es un refinado analista—, y posee, además, la práctica. A sus 55 años, con la experiencia, estudios y capacidades que posee es una figura, que pese al exilio que soporta, tiene más futuro que pasado en la actividad política. Esta obra nos muestra que reúne además la astucia, el instinto y el conocimiento de la psicología de las personas, sin la que, de poco vale la formación académica.

La democracia liberal

El tema —la democracia— es enormemente importante. La definición que me parece más adecuada, porque es aséptica y no incurre en exageraciones románticas, es que se trata de un método basado en la identificación de la mayoría para tomar decisiones colectivas. Esas decisiones a veces son contraproducentes, mas siempre se pueden corregir en sucesivos comicios cuando se toman dentro de verdaderas democracias liberales.

Pero el método, obviamente, como suele ocurrir, puede ser distorsionado de muchas maneras insidiosas, lo que conduce al descrédito de las decisiones que se tomen. Ocurrió mientras estuvo en boga el sufragio censitario o voto restringido. Sólo votaban los propietarios, las personas educadas o los blancos. A las mujeres se les negaba el voto. (En Arabia Saudí todavía las mujeres no pueden acudir a las urnas).

Tan grave como eso son las leyes electorales encaminadas a conseguir resultados predeterminados. En los países comunistas —Cuba y Corea del Norte son un buen ejemplo— hay elecciones y la sociedad vota, pero sólo existe un partido consagrado en la Constitución, y los candidatos elegidos obtienen un 99% de los sufragios.

En países como Irán, una teocracia autoritaria, también se vota, o en Singapur, pero sin las menores garantías para la oposición y sin el menor respeto por las libertades civiles.

En esas y otras naciones parecidas, la mayoría utiliza la forzada legitimidad electoral para aplastar a las minorías. Eso tampoco es admisible dentro del espíritu de la democracia liberal. La mayoría —por ejemplo— no tiene derecho a decidir la subordinación de las mujeres o el trato indigno a otras personas por la religión que profesan, la piel que tienen o su orientación sexual. Por mayoría de votos no se pueden violar los derechos humanos de nadie ni dar lugar a la existencia de legislaciones que los eliminan o subordinan.

Por eso, lo que defiende el profesor Sánchez Berzaín no es la simulación de democracia, basada en un simple rito electoral, sino la democracia liberal, que contempla el respeto a las minorías, la existencia de una pluralidad de partidos, la alternancia en el poder, los periodos de gobiernos limitados en el tiempo y sujetos a controles, el Estado de Derecho, la existencia de libertades individuales universales, incluidas esencialmente la de expresión y asociación, y una transparencia total tanto en el proceso de selección de los mandatarios como en el ejercicio del poder, así como la obligación de rendirles cuentas a los electores.

En la democracia liberal está muy claro quién manda —el pueblo soberano— y a quién se le asigna el mandato: los servidores públicos elegidos o designados, obligados a cumplir con las leyes. Ese es el modelo que defienden Sánchez Berzaín y los verdaderos demócratas.

Esto es vital resaltarlo, precisamente hoy, cuando una serie de gobernantes antiliberales (que están en contra de la libertad individual y social en lo político y de la iniciativa privada en lo económico) —iliberales, como algunos los llaman— utilizan como coartada las elecciones para vaciar de contenido la verdadera democracia y perpetuarse en el poder inicuamente. Ese es el caso de Fidel y Raúl Castro, Nicolás Maduro, Evo Morales, Rafael Correa y Daniel Ortega –de los cinco países del "Socialismo del siglo XXI" —a los que Sánchez Berzaín denuncia con justificable vehemencia.

Por eso decía, al principio de estas palabras, que el tema es esencial. A los latinoamericanos quieren darnos gato por liebre. Los totalitarios, los enemigos de la libertad, se escudan tras las urnas cada vez con menos transparencia, para destruir la democracia. Contra eso ha salido a luchar Carlos Sánchez Berzaín con su espada de principios y valores.

Miami, Agosto de 2015

LIBERTAD Y DEMOCRACIA

¿Con las reglas de la dictadura?

Los pueblos sometidos por las dictaduras del socialismo del siglo XXI luchan por recuperar la libertad y la democracia. Se trata de confrontaciones desiguales que a momentos parecen ofrecer avances y victorias, pero que llevan al mismo resultado de mantener al régimen y eliminar a los líderes de oposición. Este círculo vicioso de victorias aparentes y derrotas permanentes está diseñado para repetirse porque se produce con las reglas de la dictadura, para que el gobierno ilegítimo se perpetúe en el poder.

Al comenzar el siglo, Hugo Chávez y Fidel Castro, el neocastrismo con discurso antiimperialista, aparentando solo una corriente progresista, se expandía derrocando gobiernos democráticos, financiando movimientos y campañas, con muchísimo dinero y discurso populista. En el gobierno ejecutaron la "suplantación institucional", acabaron con la democracia, cambiaron las constituciones, las leyes, los reglamentos, las instituciones.

Terminaron con la división e independencia de los poderes públicos poniendo en ellos a sus subordinados. Controlaron el poder electoral y aseguraron la manipulación de todas las elecciones, inhabilitando candidatos, cambiando circunscripciones, anulando y falsificando identidades, alterando resultados. Implantaron el sofisma de que "elecciones son democracia". Demostraron que incluso perdiendo elecciones permanecen en el poder.

Con el control del Poder Judicial criminalizaron la oposición política y judicializaron la represión, acabaron con el "debido proceso".

Los presos y perseguidos políticos en Cuba, Venezuela, Ecuador, Bolivia y Nicaragua lo son por "orden judicial" y con acusación fiscal. Es tan grande el descaro en esta materia que los dictadores usan estos juicios para tapar sus crímenes y corrupción, llaman criminales y persiguen transnacionalmente a sus víctimas.

Destruido el "Estado de Derecho", pudiendo hacer las leyes que les viene en gana desde el Legislativo; confiscar, perseguir, extorsionar y encarcelar desde el Judicial; ejercer la fuerza, controlando la economía y las relaciones exteriores desde el Ejecutivo; y falsear los resultados electorales desde el Electoral; avanzaron contra la prensa libre a la que prácticamente hicieron desaparecer con ventas forzadas, extorsiones, confiscaciones, juicios, sentencias, quita de licencias, leyes mordaza y censura. Así quedó institucionalizada la corrupción promovida y encubierta desde el gobierno.

Este apretado e incompleto resumen, sobre el que hay libros y extensas demostraciones, recuerda que Cuba, Venezuela, Ecuador, Bolivia y Nicaragua, no tienen democracia porque no tienen elecciones libres, no tienen Estado de Derecho, no poseen división e independencia de poderes, no hay libertad política (solo la que permite el régimen), no hay libertad de prensa. Son gobernantes de duración indefinida que se hacen llamar presidentes, que viven como nuevos ricos, bajo sospecha de narcotráfico, con presos y exiliados políticos, con crímenes y masacres impunes, con crisis económicas tan graves como Cuba y Venezuela o disfrazadas pero inminentes como Ecuador, Bolivia y Nicaragua.

En estos países, todas las leyes, las instituciones y las autoridades son del régimen, son del sistema dictatorial, porque si no, no son. En lugar de proteger violan los derechos humanos. Por eso en Venezuela, Maduro puede ordenar por televisión a los jueces (como Chávez, Correa y Morales) que encarcelen opositores. Por eso Correa puede demandar a diarios, empresarios y periodistas y tener fallos judiciales con beneficios millonarios, que obliguen a las víctimas a pedir perdón y que le permitan apropiarse de medios y empresas. Por eso Morales puede con sentencia judicial, tener presos políticos a miembros del Alto Mando Militar que resistió constitucionalmente los crímenes del ahora dictador. Por eso Ortega tiene la reelección indefinida y es posiblemente el nicaragüense mas rico. Y de Cuba… que decir!

¿Que pueden esperar los expresidentes en Venezuela, de los jueces y autoridades si el dictador no quiere? ¿Cuánto pueden resistir los nuevos gobernadores y alcaldes en Bolivia, antes de que los recluten, los enjuicien, les asesinen su reputación o los eliminen físicamente? ¿Qué puede hacer el pueblo ecuatoriano frente a las leyes económicas confiscatorias que Correa lleva adelante? ¿Si Ortega quiere algo de un nicaragüense, cómo negarse? ¿Y con los Castro…?¿Es posible recuperar la libertad y la democracia con las reglas de la dictadura?

1ro de junio de 2015

Sin sociedad civil no hay democracia

La realidad evidencia la estrategia de los gobiernos del socialismo del siglo XXI de disfrazarse de democracias. La acción natural de los gobiernos no democráticos consiste en el control total del Estado, y desde el Estado, en la invasión de los espacios que conforman la sociedad civil, para reducirlos a su mínima expresión, suplantarlos, subordinarlos, manipularlos e incluso destruirlos. El acotamiento y control de la sociedad civil es tarea diaria de los regímenes dictatoriales.

La sociedad civil esta conformada por el "conjunto de organizaciones diversas que mantienen su independencia del Estado". Se trata de "todo lo que no es Estado". Son los ciudadanos "actuando para tomar decisiones en el ámbito público que considera a todo individuo que se halla fuera de las estructuras gubernamentales". La sociedad civil es diversa, independiente del Estado, está integrada por los sindicatos, iglesias, organizaciones no gubernamentales, asociaciones de ciudadanos, organizaciones sin fines de lucro, asociaciones de empresarios, colegios profesionales, organizaciones vecinales, deportivas, culturales y por todos los grupos sociales que se unen para luchar por sus derechos, principios, valores y cuestiones de interés común.

Alan Touraine ha demostrado que la sociedad civil "es un prerrequisito para la democracia", que es "la condición primera de la democracia, ya que la separación de la sociedad civil y el Estado es la que permite la creación del sistema político". La sociedad civil es fundamento y expresión de "libertad", por eso para un gobierno que se apropia del Estado indefinidamente, la sociedad civil es el enemigo principal. Desde el Estado se ataca a la sociedad civil violando los derechos fundamentales, suprimiendo la libertad, se falsifica la voluntad popular y se extingue el Estado de Derecho, se controla todos los poderes públicos para desaparecer el sistema de frenos y contrapesos.

Cuando un gobierno copa, interfiere, subordina, interviene, reduce o destruye las organizaciones de la sociedad civil, ya sea por medio de disposiciones estatales legales, regulatorias, intervenciones violentas, persecución, enjuiciamientos y exilio de líderes sociales, cívicos, sindicales, religiosos o civiles, estamos ante acciones de destrucción de la sociedad civil. Cuanto más se debilita la sociedad civil, hay más espacio para el abuso, la corrupción y la impunidad.

El socialismo del siglo XXI es estatista, centralista y pretende permanecer indefinidamente en el poder. Con esta agenda, ha prácticamente liquidado a los partidos, dirigentes y estructura política de la democracia y sus enemigos naturales son los sindicatos independientes, la prensa libre, las organizaciones profesionales, las organizaciones no gubernamentales, las organizaciones de estudios, incluso las deportivas y religiosas. Para sobrevivir, los dictadores deben acabar con todos los que defienden la libertad y el Estado de Derecho.

Es la sociedad civil la que genera los liderazgos democráticos. Es de las organizaciones vecinales, académicas, sindicales, empresariales, profesionales, religiosas, deportivas....de donde salen los dirigentes, los líderes y los gobernantes de la democracia. Por eso los socialistas del siglo XXI saben que su enemigo natural y más peligroso es la sociedad civil, a la que se proponen reducir a su mínima expresión o terminarla, controlando sus organizaciones desde el Estado.

En Cuba las organizaciones de la sociedad civil están prohibidas y si algún indicio se presenta es bajo la amenaza del Estado, con riesgo de represión permanente. En Venezuela, Ecuador, Bolivia, Nicaragua, la mayoría de los sindicatos han sido subordinados al Estado y la sindicalización ya no es libre, igual que las organizaciones vecinales y otras que hoy forman parte del "aparato del gobierno" operado desde el Estado. La organización indígena ha sido dividida para tener un sector estatal; la amenaza del Estado limita y paraliza a las organizaciones. Se promueven movimientos y organizaciones sociales como instrumentos políticos del régimen. Los dirigentes de la sociedad civil son politizados y perseguidos, presos, exiliados, y los que no quieren correr esa suerte han quedado subordinados al gobierno o acotados en sus acciones.

Los gobiernos del socialismo del siglo XXI están derrotados en la simulación de seguir actuando bajo apariencia de democracias, porque mas allá de la propaganda y de la temporal indiferencia o complicidad de gobiernos con democracia, lo que no pueden hacer es mostrar al mundo que en sus países existe sociedad civil, libre, independiente y fuerte. Son reconocidos como dictaduras porque "sin sociedad civil no hay democracia".

28 de mayo de 2015

Promover la democracia en la región

La existencia de por lo menos cinco países en los que ya no hay democracia y su estrategia de tratar de presentar a sus gobiernos dictatoriales bajo el sofisma de "nuevas formas de democracia", hace imprescindible volver a promover la democracia en América Latina. La promoción de la democracia y su defensa como estrategia son una necesidad y un desafío.

Que los pueblos de las Américas conozcan lo que es la democracia a partir de sus principios, sus elementos esenciales, sus ventajas, fortalezas y debilidades, sus beneficios y las amenazas, constituye sin duda el mecanismo más efectivo para evitar la expansión de las dictaduras del socialismo del siglo XXI y para recuperar la democracia en países como Cuba, Venezuela, Ecuador, Bolivia y Nicaragua, que han sustituido el sistema de libertad por el de mando único y total con perpetuidad en el poder.

La estrategia de la dictadura castrista asociada con Hugo Chávez, utilizando el dinero del pueblo venezolano para construir poder político en la región, ha dejado como resultado la existencia de dos Américas, la democrática y la del socialismo del siglo XXI gobernada por regímenes dictatoriales, la mayoría de los cuales se aferra a la denominación de democracia cuando en verdad no les queda nada, ni siquiera las elecciones libres. Han producido la "electoralización dictatorial".

En los países democráticos de la región la característica fundamental que da el sistema de libertad es la "previsibilidad", esto es que en base a la institucionalidad democrática y al Estado de Derecho se conoce con un aceptable nivel seguridad lo que el ciudadano puede esperar. La previsibilidad de la democracia es seguridad. La seguridad de saber cuándo se elige y cuando cesa una autoridad, la seguridad para ejercer la libertad de expresión, para invertir, para disentir, para demandar, para rendir cuentas, para exigir transparencia, para todo lo que es actividad en una sociedad institucionalizada donde nadie puede estar por encima de la ley.

En los países controlados por las dictaduras del socialismo del siglo XXI la característica fundamental es la "arbitrariedad", que se resume en el control absoluto y la concentración del poder en manos del jefe, caudillo, líder o dictador. Arbitrariedad es inseguridad. Es "el proceder contrario a la justicia, la razón o las leyes, dictado sólo por la voluntad o capricho". Es depender de la voluntad del régimen para trabajar, prosperar e incluso sobrevivir; es ser perseguido, preso o exiliado por ejercer la libertad de expresión o de opción política; es corrupción, negociados permanentes sin rendición de cuentas alguna, ausencia de transparencia; confiscaciones, tráfico, nuevos ricos; es la sustitución de la ley por normas retroactivas y represivas.

Parece cierto que nadie aprende de experiencia ajena, porque por ejemplo, las democracias de las Américas han sido capaces de contemplar más de 55 años las penurias y la crisis del pueblo cubano para terminar convirtiendo la dictadura en una especie de oráculo; hemos escuchado con frecuencia "esto no llegará porque mi país no es Cuba"; hemos visto la transformación de Venezuela de una democracia receptora de exiliados y protectora de perseguidos en lo que es hoy; hemos visto y veremos cómo países con grandes recursos naturales y económicos se hunden en crisis y marchan irreversiblemente hacia ella; parece posible sostenerse y morir en la impostura a costa del hambre de los pueblos y la ruina de los países sin democracia.

La realidad impone la necesidad de ocuparnos de la promoción democrática. Lo que debería ser una acción permanente de educación, sostenida por la sociedad y ejecutada por los gobiernos, impulsada por organismos internacionales, es hoy una cuestión ausente y al parecer inconveniente en las Américas. Advertimos que los gobiernos dictatoriales desarrollan una estrategia con mucho dinero e influencia política para distorsionar lo que es la democracia, buscando que con procesos electorales digitados y fraudulentos puedan seguir disfrazando la realidad.

Los daños irreversibles a los pueblos en los países no democráticos de la región son constatables. Sin duda, Cuba y Venezuela en democracia nunca hubieran llegado al estado de crisis que seguirá profundizándose. Allá van Ecuador, Bolivia y Nicaragua, es sólo cuestión de tiempo.

23 de enero de 2015

2015: recuperar la democracia

Al llegar el año nuevo cada persona hace propósitos, fija objetivos o metas para alcanzarlas o cumplirlas en el año que comienza. Dependiendo el país y la cultura, se acostumbra establecer múltiples propósitos. Siguiendo esta tradición, en América Latina debemos expresar un deseo u objetivo común y colectivo para Cuba, Venezuela, Bolivia, Ecuador y Nicaragua: "recuperar la democracia".

Winston Churchill señaló que "la democracia es la peor forma de gobierno, excepto por todas las otras formas que han sido probadas de vez en cuando". Es que la democracia es la única forma de gobierno que garantiza el respeto a la naturaleza misma del ser humano y a sus libertades fundamentales. En democracia el límite del derecho propio es solamente el derecho de los demás. En democracia nadie —por poderoso o rico que sea— puede estar o ponerse por encima de la ley. En democracia la justicia, la libertad de prensa, la igualdad, la propiedad privada, la libertad de expresión, la posibilidad de disentir… son derechos y bienes colectivos que se protegen y se defienden, porque son la base misma del sistema.

Como es de conocimiento general, lamentablemente para el mundo, para el hemisferio y sobre todo para sus ciudadanos, en las Américas existen por lo menos cinco países en los que desde hace varios años ya no hay democracia. Son Estados americanos donde sus Gobiernos caudillistas se ha instalado en el poder indefinidamente, destrozando toda la institucionalidad democrática, reemplazándola por constituciones hechas a su medida para tener el control absoluto del poder.

Con pequeños matices locales, la dictadura castrista con el dinero del pueblo de Venezuela malversado por el chavismo, ha exportado su modelo totalitario, lo ha mejorado revistiéndolo de populismo electoral, y lo ha establecido en Venezuela, Ecuador, Bolivia y Nicaragua, que pasaron a ser sus Gobiernos satélites. Fracasaron en Honduras, Perú y otros países donde habiendo conseguido incluso que sus candidatos ganen elecciones, no pudieron suplantar la institucionalidad democrática para reemplazarla por el "constitucionalismo dictatorial" que legaliza la permanencia indefinida en el poder total.

En el plano internacional este proceso ha sido acompañado —hasta ahora— por la prudencia, condescendencia, el silencio y/o la complicidad de las democracias del mundo. En las Américas los Estados con democracias parecen no haber percibido la amenaza que representa para su propia estabilidad institucional, la existencia de las dictaduras del Socialismo del siglo XXI que están en permanente actitud de expansión. Recientemente hemos visto aflorar con fuerza el brazo español de esta corriente.

La influencia internacional de los postulados castristas han llegado al punto de embargar las voces de las democracias de las Américas que en lugar de ser rigurosas con el respeto y cumplimiento de la Carta Democrática Interamericana, han coadyuvado al debilitamiento y la desinstitucionalización de la Organización de Estados Americanos, permitiendo inaceptables presiones y acciones contra la Comisión y la Corte Interamericana de Derechos Humanos.

Se ha vivido hasta ahora un tiempo en que se relegan, ignoran y cuestionan los principios y valores en los que se funda la democracia, sólo para pretender legitimar los Gobiernos no democráticos de Cuba, Venezuela, Bolivia, Ecuador y Nicaragua. Se permite por ejemplo la violación de la libertad de prensa y su reemplazo por la propaganda bien financiada por los regímenes dictatoriales. Se conoce pero se silencia el extraordinario y creciente número de víctimas, perseguidos, presos y exiliados por causas políticas, que estos Gobiernos han producido. Se tolera la utilización de los jueces como instrumento de represión, etc. etc.

Reconocer la realidad objetiva y aceptarla, llamar a los gobiernos no democráticos por su nombre, retornar los principios y valores que son el fundamento de la libertad y la democracia, cumplir y hacer cumplir la Carta Democrática Interamericana, respetar el objeto de los organismos internacionales creados para la preservación de la paz y la seguridad, denunciar las violaciones de los derechos humanos y de las libertades fundamentales, perderle el miedo a la penetración castrista, denunciar la persecución, las masacres, el exilio, en suma, reconocer que —con todos sus defectos y dificultades— la democracia es el único sistema que garantiza al ser humano, es el propósito para el 2015: recuperar la democracia para Cuba, Venezuela, Bolivia, Ecuador y Nicaragua.

Si se pudo en la década de los setenta frente a las dictaduras militares, el desafío es poder ahora frente a las dictaduras del Socialismo del siglo XXI.

2 de enero de 2015

El exilio de los principios

Frente a la evidente campaña política y publicitaria de la dictadura cubana para ser plenamente aceptada —sin condiciones— por la comunidad internacional, la alternativa que parecen escoger algunos gobiernos democráticos es la de ignorar la naturaleza misma del régimen castrista, olvidar los fundamentos del orden mundial y optar por el "exilio de los principios".

El exilio es la "expulsión de una persona fuera de su patria por motivos políticos". Consiste básicamente en el hecho de que un individuo no puede continuar viviendo donde debiera o donde quisiera porque un poder arbitrario le impone o fuerza a salir para poder proteger su libertad y/o su vida. El exilio es una situación de violación de la libertad y los derechos humanos producida por el abuso de autoridad y la falta de garantías. Demuestra la ausencia de "Estado de Derecho" y de democracia. Es una de las características de las dictaduras.

En América Latina, la dictadura castrista ha sido la principal fuente durante los últimos 55 años del exilio de millones de cubanos. Las dictaduras militares de los años sesenta y setenta produjeron exilios que terminaron con la recuperación de la democracia en los respectivos países. Los conflictos y guerrillas en Centro América forzaron en su tiempo esta penuria. Hoy, los exiliados de la dictadura de Venezuela pueden contarse por miles, los de Bolivia, por cientos, y de Ecuador, por decenas, sin contar los presos políticos.

En el siglo XXI, más allá de la inaceptable existencia de exilio, el fenómeno que ahora se presenta es que frente a la influencia, la acción política, el dinero y la propaganda de las dictaduras, los gobiernos democráticos de la región y de la comunidad internacional, parecen encaminarse a exiliar también los principios en los que se funda el orden y la coexistencia internacionales: el respeto a la vida, la libertad, los derechos fundamentales de la persona, la justicia, la paz, la democracia…

Uno de los principales efectos que produce el exilio y que favorece a las dictaduras es la separación del ámbito social y político del exiliado. Literalmente se le saca del medio y se le somete a la marginalidad, se busca excluirlo del proceso social y político. Otra consecuencia es la duda, la sospecha, el ataque en busca del "asesinato de la reputación", buscando terminar con la credibilidad de la víctima.

Para favorecer la presencia de la dictadura cubana en el concierto internacional, se está asumiendo la posición de exiliar los principios, con los mismos efectos del exilio de los perseguidos políticos. Excluir de la agenda de las relaciones internacionales las normas o ideas fundamentales que deben regir la conducta y el comportamiento de los Estados y de los gobiernos, para priorizar asuntos económicos o de "interés recíproco", es la tendencia que reviste de "pragmatismo" conveniencias de coyuntura.

Resulta que por este exilio de los principios, en lugar de exigir a las dictaduras el respeto de las "características esenciales del sistema internacional", se acepta muy fácilmente —entre otras cosas— que el tema de los asesinatos políticos (la vida) no esté en agenda, que el asunto de los presos políticos (libertad) no se discuta, que las violaciones a la libertad de prensa (derecho fundamental) ni se mencionen, que se ignore a la oposición (justicia), y que no se recuerde la vigencia del Estado de Derecho (democracia).

El aceptar, reconocer, tolerar o simplemente evitar la realidad objetiva respecto a la dictadura cubana y las otras de la región, para aprovechar intereses de coyuntura, en detrimento de lo esencial, es ser actores del "exilio de los principios" y por lo tanto participar de las dictaduras. La denominada política de apertura del gobierno español y otros da esta impresión, mientras el castrismo avanza en penetrar y liquidar el sistema democrático y de Estado de sus interlocutores.

Si el sistema internacional y los gobiernos democráticos no respetan y hacen respetar los principios en los que se fundan, deben entender que están poniendo en riesgo su propia existencia y su legitimidad. En el pasado, algunos gobiernos ya actuaron así y terminaron convirtiéndose en víctimas de sus amigos de oportunidad.

26 de noviembre de 2014

Libertad de prensa y democracia

Los ataques sistematizados contra la libertad de prensa no pueden verse sólo como señales de violación de la democracia o como un indicador del deterioro del Estado de Derecho. La realidad nos enseña que las acciones contra la libertad de prensa constituyen "la operación final de liquidación de la democracia" y que se produce cuando los elementos esenciales de la democracia ya han desaparecido, porque se trata de controlar el "último obstáculo que impide el ejercicio del poder total".

La libertad de prensa es "la facultad de toda persona de organizarse para la edición de medios de comunicación cuyos contenidos no estén controlados ni censurados por el gobierno o la autoridad". Es la capacidad de todo ser humano de publicar sus ideas libremente y sin censura. Comprende a periodistas, editores y a los empresarios de los medios. Se funda —entre otros— en la libertad de opinión, un derecho humano consagrado en la Declaración Universal de los Derechos del Hombre, por la que "todo individuo tiene derecho a la liberad de opinión y de expresión", un derecho que incluye "el no ser molestado a causa de su opiniones, el de investigar y recibir informaciones y opiniones, y el de difundirlas, sin limitación de fronteras, por cualquier medio de expresión".

Si bien es cierto que los conflictos de los gobiernos autoritarios con la prensa libre se presentan rápidamente, la realidad demuestra que los ataques estratégicos que reducen y hacen desaparecer la libertad de prensa se producen cuando el régimen ya ha controlado todos los poderes públicos y, en consecuencia, posee la capacidad de ejercer acciones administrativas ilegales, formular leyes punitivas y de censura, manipular procesos judiciales y apropiarse de los medios de comunicación que quiera. Van del autoritarismo al ejercicio del poder total.

Se ha dicho, en la división del Estado en los órganos o poderes ejecutivo, legislativo y judicial, que "la prensa es el cuatro poder". En realidad la prensa libre es la garantía de la división e independencia de los poderes públicos y constituye la defensa final, la última trinchera, la resistencia social contra el poder total. La prensa por el ejercicio de su función es la fuente más importante en la formación de la opinión pública, de la que finalmente depende la aceptación, aprobación y estabilidad de los gobernantes. Controlada la prensa el régimen sustituye la opinión pública por su "opinión publicitada".

La historia de los últimos años en América Latina, demuestra cómo los gobernantes de países que ya no son democracias, luego o al tiempo de tener en sus manos el poder ejecutivo, controlar el legislativo y el poder judicial, proceden a liquidar la libertad de prensa, para apoderarse de la opinión pública, pasando a ejercer como verdaderos dictadores.

El mecanismo inicial es el administrativo por medio de revocatoria o no renovación de licencias de funcionamiento, el incremento de cargas administrativas, la creación de medidas para evitar el suministro de papel y materias primas esenciales, la confiscación con pretextos ilegales, la asfixia económica con el retiro de la propaganda de las entidades públicas, presiones a los empresarios para despedir periodistas y obligarlos a vender. Cuba, Venezuela, Ecuador, Bolivia, Nicaragua y Argentina dan pruebas de esto.

La función legislativa y las convocadas asambleas constituyentes, resultan encargadas de establecer un ilegítimo e ilícito "sistema legal". Dictan leyes con el pretexto de garantizar la libertad de prensa y en realidad la violan, para someter al control del gobierno y criminalizar a los periodistas y a los empresarios de medios; aumentan impuestos; establecen restricciones; "legislan la censura". Acontece en Venezuela, Cuba, Bolivia, Nicaragua y Ecuador.

Los jueces son los encargados de "legitimar, justificar y ratificar" los atropellos administrativos y legislativos. Procesos judiciales convertidos en "persecución política" contra periodistas, dueños de medios de comunicación, columnistas e incluso caricaturistas han "sentado precedente" y dado lugar a la "autocensura" para sobrevivir y poder seguir trabajando por lo menos por un tiempo, aunque eso ya no sea "libertad de prensa". Periodistas y propietarios enjuiciados, perseguidos, exiliados y despojados "con orden judicial" en Venezuela, Ecuador, Bolivia... han seguido el camino recorrido por sus similares de Cuba hace ya más de 50 años.

Los periodistas y los empresarios de medios de comunicación de estos países necesitan hoy la solidaridad de sus colegas de los países democráticos. Los medios de comunicación libres, sus periodistas y empresarios tienen esta responsabilidad. La libertad de prensa y la democracia son dos conceptos inseparables. No hay libertad de prensa sin democracia y no hay democracia sin libertad de prensa.

22 de octubre de 2014

La unidad de la oposición en dictadura

Los gobiernos no democráticos de la región tienen como estrategia dividir, desagregar y fraccionar a la oposición. Estas acciones han funcionado exitosamente hasta ahora en todos los países ocupados por el socialismo del siglo XXI y son vitales para la permanencia indefinida de sus gobiernos.

Es urgente reconocer tal estrategia y contrarrestarla construyendo la unidad de la oposición en base al objetivo central de la "recuperación de la democracia".

El ámbito de las acciones de división es muy extenso y abarca —entre otros— la "disuasión" a participar en política a los ciudadanos en general, el amedrentamiento de los opositores, la "criminalización" de la oposición, la persecución para sentar precedente de lo mal que puede irle a la gente si se opone al gobierno, el estrangulamiento de cualquier fuente de "financiamiento", el uso del "asesinato de la reputación", acciones de "infiltración" para generar divergencias entre los opositores organizados, el aliento y hasta la "simulación" de grupos opositores.

Recordemos algunas de estas acciones de división de la oposición y de sus resultados en Cuba, Venezuela, Ecuador y Bolivia. No es coincidencia, es sólo parte de la metodología o franquicia castrista que cumple el objetivo de "tener oposición controlada y limitada", o sea tener "opositores que nunca puedan tomar el poder". Recordemos que el elemento característico de la "oposición política" es la posibilidad de tomar el poder y que si esta opción no existe estamos hablando sólo de "resistencia".

En Cuba se ha producido la división de las Damas de Blanco, que puede tener muchas explicaciones o análisis pero que finalmente termina favoreciendo a la dictadura castrista.han creado un conflicto para dar lugar a una disidencia dentro de la disidencia, se ha llegado a decir que la lucha interna se produjo por disputas de actitud, económicas, de conducta, pero el resultado desprestigia a las víctimas y beneficia al gobierno castrista, que ciertamente no es ajeno a la generación del problema.

En Venezuela, trata de recuperarse la Mesa de la Unidad que yace debilitada y que en un momento fue modelo para derrotar la dictadura. Un nuevo liderazgo trata de recomponer una opción gravemente perjudicada por divisiones que han convertido a Leopoldo López en preso político, a María Corina Machado en perseguida y fuera del Congreso y han dejado comprometida la opinión respecto a Henrique Capriles. El "diálogo" salvó a Maduro de uno de sus momentos más críticos y dejó más reproches que consensos, para beneficio del dictador venezolano.

En Ecuador, se busca producir división de una oposición en proceso de articulación. Correa ha celebrado un aniversario más del 30S, recordando el 30 de septiembre de 2010 cuando él mismo —según denuncia del periodista Emilio Palacio y de líderes de opinión— ordenó innecesariamente la intervención del Ejército provocando los hechos de los que se ha declarado declarado víctima, calificándolos como de "golpe de Estado blando". La acción de división se centra en el amedrentamiento, decenas de presos, exiliados, y el manipulador discurso del dictador que acusa a la oposición de la restauración de la derecha.

En Bolivia se vive el proceso de "elecciones sin democracia", un ejercicio totalmente controlado por el gobierno, en el que los candidatos considerados de oposición van divididos en fracciones y se enfrentan entre ellos en lugar de tratar de ganar la elección al candidato oficialista, o por lo menos poner en evidencia el fraude montado para re-reelegir al dictador. La discusión entre los opositores es quien está ayudando más a Evo Morales y han permitido a Morales dejar fuera de la temática electoral asuntos tan importantes como la corrupción, la coca y el riesgo Bolivia-narcoestado, los presos y el exilio de cientos de bolivianos, el control total del poder, el fraude electoral y otros.

Con tales muestras y por los precedentes de la historia, no hay duda de que la unidad de la oposición frente a estos regímenes sólo es posible si se construye para la "recuperación de la democracia". Se trata de que la oposición se una en base a los principios y valores fundamentales que las dictaduras vulneran. En dictadura no es posible la unidad basada en ideologías ni en posiciones programáticas, porque el escenario no es de normalidad. Lo imprescindible es recuperar la democracia para que cuando se hayan repuesto las condiciones de democracia todos los actores puedan buscar su lugar con libertad e igualdad.

2 de octubre de 2014

Democracia, dictaduras y corrupción

La democracia es el único sistema en el que se puede luchar contra la corrupción entendida como "el abuso de poder y/o de la función pública para obtener ventajas y beneficios personales o privados". Los gobiernos no democráticos de América Latina, conocidos hoy como las "dictaduras del socialismo del siglo XXI", instaladas en Cuba, Venezuela, Bolivia, Ecuador y Nicaragua, son regímenes establecidos con "corrupción de origen" y que solo pueden sostenerse con "corrupción de ejercicio". Por eso la principal tarea de lucha contra la corrupción en la región es recuperar la democracia en estos países.

Los elementos esenciales de la democracia resumidos en el respeto a los derechos humanos, el acceso al poder y su ejercicio con sujeción al Estado de Derecho, elecciones libres fundadas en el voto universal y secreto, un sistema plural de partidos y organizaciones políticas, y la separación e independencia de los poderes públicos, constituyen el fundamento de la lucha contra la corrupción. Dos signos vitales de la democracia son la "libertad de prensa" y la "opinión pública libre", que solo existen en democracia, constituyen condiciones imprescindibles para prevenir, perseguir y sancionar la corrupción. Estos dos signos vitales son a la vez las últimas trincheras en defensa de la democracia.

Una dictadura es "un gobierno que bajo condiciones excepcionales prescinde de una parte, mayor o menor, del ordenamiento jurídico para ejercer autoridad en un país" y es también "un gobierno que en un país impone su autoridad violando la legislación anteriormente vigente". Los gobiernos de Cuba, Venezuela, Bolivia, Ecuador y Nicaragua han hecho exactamente eso, pero además han creado su "propia legalidad" para violar los derechos humanos, controlar todo el poder, terminar con la liberad de prensa y perseguir a quien quieran.

La corrupción de origen es la que se produjo para lograr el control total del poder, con sucesivos actos que van desde el fraude electoral, la eliminación de los mecanismos de transparencia, la suplantación constitucional, hasta asegurarse la permanencia indefinida en el poder.

La corrupción de ejercicio es la que, ya con el control total del poder cometen a diario los gobiernos del socialismo del siglo XXI como parte de lo imprescindible para mantenerse indefinidamente en el gobierno. Va desde la judicialización de la persecución política, grandes negociados, control del sistema financiero, centralismo, control de producción y precios, nuevos ricos, prebendas, opresión a la libertad de prensa, presos y exiliados políticos, opinión publicitada en reemplazo de la opinión pública, hasta el incremento del narcotráfico y la relación con el terrorismo internacional.

No es casual que de acuerdo a datos de "Transparencia Internacional" los gobiernos no democráticos de América Latina sean los con mayor grado de corrupción; es un importante indicador que esta Institución haya sido expulsada de Ecuador por el gobierno de Correa y no pueda trabajar adecuadamente en los otros países del grupo dictatorial. Conceptualmente la transparencia es lo contrario de la corrupción y es claridad, evidencia, responsabilidad, igualdad ante la ley, procesos públicos, sometimiento a control, rendición de cuentas, frenos y contrapesos. Transparencia es todo lo contrario a la concentración total e indefinida del poder.

La permanencia indefinida de los dictadores del socialismo del siglo XXI en el poder tiene como corolario la impunidad. Como estos jefes de Estado están por encima de la ley y en ocasiones son la ley, no hay tema que los toque, no son susceptibles de investigación, de acusación ni de juzgamiento alguno, están literalmente "fuera de la ley".

La observación de la realidad constata que: cuanto más democracia menos corrupción, más institucionalidad, vivencia del Estado de Derecho, mayor libertad de prensa, más transparencia, fuerte opinión pública, poca o ninguna impunidad; cuanto menos democracia o en dictadura sucede todo lo contrario, poca o ninguna institucionalidad, violación a los derechos humanos, crisis económica, hambre, escasez, inseguridad, crisis, oscuridad, corrupción.

11 de septiembre de 2014

La lucha por la democracia no es conspiración

Las dictaduras del socialismo del siglo XXI en Cuba, Venezuela, Ecuador, Bolivia y otros Estados, criminalizan a los defensores de la democracia acusándolos de conspiración, buscando legitimar la represión, la violación de los derechos humanos y de las libertades individuales, con el pretexto de proteger la estabilidad de sus Gobiernos. Utilizan los mecanismos de defensa de la democracia para defender la perpetuación de regímenes totalitarios.

Los dictadores Maduro, Cabello y su gobierno en Venezuela se han dado a la tarea de acusar de conspiración a los líderes políticos, sindicales, estudiantiles, profesionales y de todo gremio y actividad que luchan por la libertad y la democracia en su país. En la última semana el régimen de Maduro ha acusado de conspiradores y de estar tramando un golpe de Estado en su contra a los defensores de los Derechos Humanos en Venezuela, a miembros del Foro Penal venezolano, a artistas incluyendo humoristas, diseñadores de modas, actrices, pianistas, trompetistas e intelectuales.

En Cuba la dictadura castrista tiene en pleno funcionamiento su sistema de seguridad del Estado en el que incluso —para manipular lo que denominan conspiración— tiene instituido el concepto de "peligrosidad social pre-delictiva", por la que detienen, juzgan, condenan, sancionan, torturan y encarcelan a ciudadanos "por los delitos que pudieran cometer en el futuro", lo que equivale a procesarlos por lo que imagina el régimen que la gente está pensando. Esta atroz institución dictatorial de violación de los derechos humanos es aplicada a cuanta persona elija el castrismo y muchos de los miembros del exilio cubano en el mundo han pasado por esta infamante justicia dictatorial.

Desde el gobierno de Ecuador se han producido acusaciones de conspiración a políticos, empresarios, policías, periodistas, intelectuales, indígenas. opositores, ciudadanos comunes y miembros de organizaciones no gubernamentales que defienden la libertad de prensa, las libertades y que acusan al gobernante ecuatoriano de haber copado la justicia para utilizar los tribunales como un medio de persecución y represión política. El gobierno de Ecuador tiene el curioso dato de poseer exiliados en su propio territorio, es el caso de la persecución del asambleísta Jiménez y del periodista Villavicencio protegidos por la comunidad indígena de Sarayaku.

En Bolivia las denuncias de conspiración hechas por el jefe del gobierno, su segundo en el mando y miembros de su gabinete, se producen cada que el gobierno necesita generar o dirigir noticias para tapar alguno de sus permanentes casos de corrupción, o cuando necesita justificar hechos de persecución política judicializada, o buscando mejorar su posición en el marco de la simulación electoral con la que disfraza de democracia la dictadura de Evo Morales. La última acusación de conspiración fue realizada para evitar la unidad de la oposición frente a la re-reelección de Morales y Gacía Linera; la prueba ofrecida fueron imágenes de la presentación del libro *La dictadura del siglo XXI en Bolivia*.

La conspiración es la acción de conspirar y conspirar es la "unión de varias personas contra su soberano o superior". En democracia el soberano es el pueblo; el gobernante elegido por el pueblo tiene la representación del soberano y la ejerce bajo condiciones de legalidad y legitimidad constitucional con obligación de respetar los elementos esenciales de la democracia. El gobernante es un mandatario y el soberano es el mandante.

El concepto de conspiración sólo es aplicable en democracia. Cuando mujeres y hombres libres se unen para defender sus derechos violados y recuperar la democracia no existe conspiración, porque no están cometiendo ningún acto ilegal ni ilícito. No conspiran cuando se unen a favor del soberano que es el pueblo, cuya libertad defienden.

Un dictador no es ni superior legítimo ni es soberano, no hay manera legal ni doctrinal, no hay forma teórica ni práctica de acusar de conspiración a los defensores de la democracia en los países de las Américas ocupados hoy por regímenes dictatoriales. Estas acusaciones y las acciones de represión que les siguen, son solo pruebas del ejercicio dictatorial.

15 de mayo de 2014

Oposición y resistencia a las dictaduras del siglo XXI

Frente a los regímenes dictatoriales que hoy existen en América Latina, el uso del término "oposición política" resulta inadecuado o por lo menos impreciso. En verdad no existe manera ni condiciones para que en tales países haya oposición real o democrática. Lo que sí existe son actitudes de antagonismo, a veces sinceras y otras veces simuladas o vinculadas al gobierno, alentadas o presionadas por éste, que no llegan a cumplir su verdadero papel porque el sistema no lo permite.

La oposición política es parte de la democracia, es la expresión de contradicción imprescindible en el proceso democrático de formación de la voluntad política y es consustancial a la libertad, los derechos políticos, el pluralismo y la alternancia en el poder. Sin oposición política no hay manera de que la democracia cumpla ninguno de los elementos esenciales proclamados por la Carta democrática Interamericana (respeto a los derechos humanos y las libertades fundamentales; acceso al poder y su ejercicio con sujeción al Estado de Derecho; celebración de elecciones libres, justas y basadas en el sufragio universal y secreto; un régimen plural de partidos políticos; y la separación e independencia de los poderes públicos).

El objetivo natural de la oposición política en democracia es el acceso al poder, es ganar elecciones y ser gobierno. Por eso cuando vemos —con el título de oposición— grupos o candidatos que solo terminan prestándose al juego del régimen y que participan para legitimar la permanencia indefinida de éste en el poder, formando parte de la simulación de democracia, estamos lamentablemente ante una más de las señales de la sustitución de la democracia por una dictadura que tiene el control absoluto de la política y del poder. En las dictaduras del siglo XXI, el control de "la oposición" es parte del sistema que han implementado.

Para que exista oposición política real debe existir democracia, incluyendo libertad de expresión y libertad de prensa. En los países del denominado socialismo del siglo XXI está comprobada la estrategia de anular la libertad de prensa y del control de la opinión pública, como lo demuestran sus inaceptables leyes y la creciente lista de ciudadanos, dirigentes, empresarios y periodistas enjuiciados, perseguidos, presos y exiliados.

Cuando la democracia se ha roto y reemplazado por un régimen dictatorial, la oposición como tal ha dejado de existir dando lugar a la "resistencia" que se refiere al conjunto de personas que se oponen a una dictadura. El término resistencia fue originalmente atribuido al conjunto de personas que clandestinamente de ordinario se oponían a los invasores de su país, pero este concepto está hoy ampliado —incluso lingüísticamente— a la oposición a un régimen dictatorial.

El oponerse (la contradicción) a un régimen no democrático, la oposición en dictadura, no es oposición política, es "resistencia", es un verdadero acto de heroísmo por el alto riesgo que implica. En las condiciones establecidas por estos regímenes, no hay posibilidad alguna de que aún perdiendo las elecciones —como sucedió en Venezuela— el dictador deje el poder.

Si aceptamos estas precisiones semánticas y aclaración de conceptos políticos solo resta hacer un recorrido de observación de la realidad objetiva en Cuba, Venezuela, Bolivia, Ecuador y Nicaragua para constatar qué clase de contradicción permite cada uno de estos regímenes.

Observar y tratar de determinar si la denominada oposición o parte de ella está pactada, controlada, limitada, constreñida, penetrada desde el poder o amenazada es tarea importante.

Observemos que parte de lo que se llama oposición es resistencia, o sea la contradicción de verdad al régimen, que solo puede consistir en recuperar la democracia. En muchos casos el desenvolvimiento diario de los denominados líderes de oposición y sus actitudes frente a las del régimen resultaran siendo la demostración que buscamos y podremos saber quiénes son parte de la resistencia (oposición real a la dictadura) que buscan recuperar la democracia, y quienes solo están ubicados en una cómoda (oh-posición!) que le permite al régimen dictatorial permanecer indefinidamente con careta de democracia.

14 de febrero de 2014

Ha llegado la hora de saber
quién está con la democracia

La crisis de Venezuela donde el pueblo liderado por su juventud se moviliza para recuperar la libertad frente al gobierno dictatorial digitado desde Cuba, está marcando la hora para saber quién está con la democracia y quien está contra la democracia en las Américas. La hora del quien es quien frente a los principios y valores de respeto a los derechos humanos y las libertades fundamentales, la libertad de expresión y de prensa, el respeto a la vida, la libertad y la independencia, ha llegado.

La dictadura en Venezuela lucha infructuosamente para mantener el control político del país frente a jóvenes que protestan contra Maduro y contra los interventores cubanos que controlan el gobierno. La dictadura socialista venezolana mata, reprime, amenaza, persigue judicialmente, encarcela, siembra el miedo, censura y expulsa medios de comunicación como NTN 24 y

CNN, en suma impone la violencia en el frente interno. Sin embargo la lucha por la libertad del pueblo venezolano se está llevando a cabo también en la comunidad y en la opinión pública internacionales.

El esfuerzo internacional del socialismo del siglo XXI es tratar de presentar a la dictadura de Maduro como un gobierno democrático bajo ataque de derechistas y fascistas, o sea ponerse en condición de víctimas, cuando en realidad es todo lo contrario. Las imágenes en tiempo real, la información que el régimen no puede censurar, el pueblo al que ya no puede acallar, están mostrándole al mundo que la mentira es la base del discurso de Maduro y sus aliados.

Hasta ahora, en el ámbito internacional oficial la dictadura tiene ventaja y mantiene controlados a los gobiernos que dependen del petróleo venezolano o que tienen negocios. Han logrado el silencio de los que no quieren problemas internos inducidos por el aparato castrista. Ni los insultos al presidente de Colombia, ni ofensas directas proferidas por el dictador Maduro han hecho reaccionar a algunos jefes de Estados democráticos. Han bloqueado temporalmente los mecanismos de la OEA, acallado a la ONU y buscan llevar el tema a UNASUR que es un órgano político que controlan con el que Chávez salvó a Evo Morales y sometió al pueblo boliviano.

Pero en el ámbito internacional no oficial la dictadura está perdiendo. Casi todos los ex presidentes democráticos latinoamericanos han levantado su voz reclamando por libertad y democracia en Venezuela. Líderes de opinión, dirigentes, periodistas, políticos, organizaciones no gubernamentales no cesan de apoyar al pueblo venezolano en su lucha contra Maduro. Rafael Correa que pidió a los ecuatorianos que voten por sus candidatos "para que Ecuador no se convierta como Venezuela" ha recibido como respuesta una rotunda derrota electoral. Nadie en Latinoamérica quiere que le pase lo que acontece hoy en Venezuela, por eso apoyan a los venezolanos que piden libertad, democracia, señalan a la dictadura y en Ecuador votaron contra el pedido de Correa.

El diálogo y la mediación para negociar es el engaño que ahora trata de operar el bloque dictatorial. Llevar a las víctimas a una mesa de diálogo es solo un mecanismo de distensión y distracción para mantener a Maduro en el poder. ¿Qué puede ofrecer y cumplir Maduro para que retornen a Venezuela los miles de exiliados, para que los perseguidos tengan debido proceso, para que de pronto los jueces que son instrumentos políticos de su gobierno se conviertan en imparciales, para que los presos políticos sean liberados, para que cese la intervención armada cubana, en suma para que el pueblo venezolano recupere su libertad? Solo precisa ganar tiempo.

El fin de la dictadura de Maduro significa el fin de la de los Castro y de los dictadores del socialismo del siglo XXI. Acaba con la venta a precios políticos del petróleo venezolano. La crisis de la dictadura venezolana es la crisis del castrismo, es la crisis de Correa, Morales, Ortega y de un círculo vergonzoso de gobiernos a los que les toca el bolsillo y el estómago. Sin Maduro se pierden prebendas y muchos buenos negocios.

La hora de saber quién está con la democracia ha llegado. El mundo observa quienes apoyan la dictadura y quienes defienden la democracia.

8 de febrero de 2014

El peligro de tolerar dictaduras

En las elecciones generales de Costa Rica y El Salvador, la amenaza del proyecto totalitario denominado socialismo del siglo XXI, alba o simplemente la expansión castrista se ha convertido en estos días en algo real.

Luego de fracasar en Honduras, el esfuerzo del aparato transnacional totalitario se ha concentrado en estos dos países centroamericanos, para tratar de agregar más miembros a la poco deseable lista de Estados en los que se toma el gobierno por elecciones y se termina con la libertad, se destroza la democracia y la institucionalidad desde el gobierno, hasta convertirse en una más de las dictaduras del siglo XXI donde ya se encuentran Venezuela, Ecuador, Bolivia y Nicaragua.

El ciudadano común cuestiona reiteradamente por qué los Gobiernos democráticos de las Américas y del mundo, toleran, aceptan y coexisten sin cuestionamiento alguno con regímenes que no son democráticos, manteniendo relaciones de normalidad e incluso participando en iniciativas que provienen del bloque totalitario.

No hay duda que los Gobiernos democráticos del mundo tienen por lo menos la responsabilidad por omisión de permitir el crecimiento y los constantes intentos de este grupo liderado por la dictadura castrista para incorporar nuevos países a su sistema.

Hay grandes diferencias entre los países con democracia y Cuba, Venezuela, Ecuador, Bolivia y Nicaragua que no la tienen.

Las notas características de los países sin democracia son las violaciones los derechos humanos (desde el derecho a la vida hasta el derecho a la propiedad privada), los atropellos contra la libertad de prensa, la criminalización de la política y la judicialización de la represión, la existencia de perseguidos, presos y exiliados políticos, la concentración absoluta del poder, la inexistencia de Estado de Derecho y la destrucción de la institucionalidad, del sistema de partidos políticos y de cualquier liderazgo que se les pudiera oponer, la alta inseguridad ciudadana y la corrupción como política de Estado.

El asunto es que con el poder del bloque que han formado en torno a la dictadura castrista y con la metodología política de ésta, los países no democráticos son una amenaza real a las democracias del resto de los Estados de América Latina.

Esta amenaza se pone en evidencia en cada elección, en cada crisis, en cada situación política que represente una oportunidad para la toma del poder o para desgastar, debilitar e incluso derrocar al gobierno que no se hubiera alineado o por lo menos neutralizado.

Por eso es que con extraordinaria cantidad de recursos, con asesores estratégicos de alto costo, con todas las técnicas de la mercadotecnia electoral y sobre todo con mucho dinero para la prebenda, vemos en las elecciones de Costa Rica y El Salvador candidatos presentados como de izquierda, que repiten el discurso chavista, antiimperialista y populista en busca de ganar elecciones que solo resultan ser el primer paso de un proceso que puede llevar a su país a la crisis social, política y económica.

Estamos viviendo el peligro que trae soslayar los principios y valores de la libertad y la democracia aunque sea por muy cómodas o convenientes soluciones políticas.

Es el peligro de tolerar dictaduras y de tratarlas como si fueran democracias pensando que lo que sucede en países vecinos nunca nos pasará. Sin embargo, la ventaja de hoy es que los destructores de la democracia están identificados y se conocen sus métodos.

Ojalá que los pueblos Costa Rica y El Salvador aprovechen esta ventaja y como en Honduras rechacen las agresiones contra su libertad.

17 de enero de 2014

Cómo recuperar la democracia: llamarlos por su nombre

Los Gobiernos de Venezuela, Bolivia, Ecuador y Nicaragua, que se han instituido como dictaduras y que ejercen el poder como tales, plantean el difícil desafío de cómo recuperar la democracia en esos países. La situación es muy adversa en un escenario en el que cada uno de los dictadores de estos países, ha creado su propia legalidad destinada a permanecer indefinidamente en el poder, a liquidar a la oposición y a ejercer el control total de las instituciones.

Sin embargo, la historia demuestra que las dictaduras no son eternas, aunque los dictadores pelean criminalmente por sostenerse indefinidamente en el poder, terminan por ser derrotados. Creo que ha llegado el tiempo de que todos los defensores de la libertad y la democracia aportemos ideas para recuperar la democracia en nuestros países.

Siguiendo la iniciativa del expresidente de Ecuador Dr. Osvaldo Hurtado debemos "llamar a estos Gobiernos por su nombre". Los Gobiernos de Venezuela, Bolivia, Ecuador y Nicaragua no son democracias, son dictaduras, entonces cuando nos refiramos a los gobernantes Maduro, Morales, Correa y Ortega, hagámoslo con el título que les corresponde: el dictador Maduro, el dictador Morales, el dictador Correa y el dictador Ortega.

No es posible que en el hemisferio y en el mundo, se siga reconociendo y tratando como a presidentes democráticos a gobernantes que han logrado que en sus países no se cumpla ni uno solo de los elementos esenciales de la democracia, establecidos en la Carta

Democrática Interamericana. No se respetan los derechos humanos ni las libertades fundamentales, no ejercen el poder con sujeción al Estado de Derecho, las elecciones que celebran no son libres, no toleran un régimen plural de partidos y organizaciones políticas, y no tienen separación e independencia de los poderes públicos.

Si todos los latinoamericanos dentro y fuera de nuestros países, los amigos de la democracia en las Américas y en el mundo, desde nuestra actividad diaria, en el trabajo, en la prensa, en los comentarios, en las reuniones sociales, le decimos a la gente que Venezuela, que Ecuador, que Bolivia y que Nicaragua, o que uno de estos países (el nuestro o el que nos interese), es una dictadura y que su presidente es un dictador, promoveremos un debate que los dictadores no quieren. Con esta acción, no pasará mucho tiempo antes de que estos países —seguramente Venezuela será el primero— sean objeto de mayor atención, que constate y certifique su condición de dictadura. Con la denominación que les corresponde, dictaduras, habremos dado el primer paso y podremos avanzar para despertar la solidaridad de las democracias del mundo.

25 de octubre de 2013

Asesinato de la reputación en el siglo XXI

La estrategia de persecución de las dictaduras del socialismo del siglo XXI contra quienes denominan sus "enemigos políticos", a los que quieren quitarse del camino (lideres políticos, periodistas, ciudadanos), o cuyo patrimonio les interesa (empresarios, dueños de medios de comunicación), esta basada en el control del sistema judicial, acompañado de leyes que dictan incluso específicamente para cada caso.

El dictador identifica al individuo, lo acusa o hace acusar de hechos graves que constituyen delitos, lo señala públicamente como un delincuente común y los fiscales y jueces hacen el resto, hasta convertir al personaje —generalmente exitoso y notable— en un criminal, mandarlo a la cárcel u obligarlo a salir al exilio.

Esta política de Estado tiene un elemento esencial —que puede ser una herramienta autónoma cuando no tienen forma de orquestar una persecución judicial— es el uso sistematizado de la calumnia, de la acusación falsa hecha maliciosamente para causar daño, la imputación de delitos realizada a sabiendas de su falsedad, la inculpación de los delitos propios a la víctima, de la infamia como descrédito, deshonra, maldad o vileza, de la difamación verbal y escrita.

Lo que se llama el "asesinato del honor", "el fusilamiento de la reputación", "el asesinato de la reputación", "caracter assassination". No es nada nuevo, pero es un arma esencial de los dictadores del socialismo del siglo XXI, que la manejan desde su posición de poder, en nombre del país que controlan, por los medios de comunicación, las relaciones internacionales, en los foros y en Internet.

Han confiscado, comprado y copado medios de comunicación nacionales, montado más de una red transnacional, implementado cadenas semanales y emisiones obligatorias. Han llegado a implementar "comandos de acción digital", oficinas especializadas propias y "servicios independientes" para sembrar el Internet de infamias, fotografías trucadas, datos falsificados, relatos o documentos con falsas fuentes. Tienen planteles estables de twiteros y participantes permanentes en las redes sociales para dirigir y afectar las noticias como parte de sus servicios de operación política.

Se trata de influir en la opinión pública nacional e internacional para convertir a la víctima en criminal. Ya no fusilan o asesinan físicamente como en las primeras décadas de la dictadura castrista. Se proponen matar el honor y la reputación del individuo para inhabilitarlo en su país (del que generalmente tiene que escapar), para liquidarlo en sus relaciones, impedir su acción profesional, comercial o empresarial, someterlo a la sospecha permanente, para condenarlo sin siquiera juzgarlo.

Es la acción perfecta e impune de violación del derecho fundamental de "presunción de inocencia", ya que logran que se presuma la culpabilidad. Si todo esto se acompaña de un expediente judicial organizado por sus fiscales y jueces, el asunto es perfecto porque tiene "prueba" y pueden seguir persiguiendo a la víctima poniéndolo bajo búsqueda internacional por Interpol y pedir extradición. Hay demasiados casos de víctimas de estas acciones por parte de los gobiernos de Cuba, Venezuela, Ecuador, Bolivia…

Periodistas acusados de calumnias y delitos contra el Estado por cumplir su trabajo y ejercer la libertad de prensa; empresarios acusados de delitos económicos para robarles sus medios de comunicación y empresas; autoridades democráticas acusadas de muertes en hechos promovidos por los mismos acusadores para derrocarlos; políticos acusados de corrupción por investigar la corrupción del gobierno; dirigentes cívicos acusados de terrorismo por defender los derechos civiles frente al terrorismo de Estado; abogados acusados de crímenes por ejercer el derecho de defensa; dirigentes acusados de conspiración por realizar reclamos…. Es también un eficiente medio de amedrentamiento pues nadie quiere estar en la situación de las personas a las que el socialismo del siglo XXI ha elegido para asesinarles su reputación.

20 de septiembre de 2013

Cuando no hay democracia

Como la observación de la realidad objetiva es la única manera de hacer análisis y política, recordemos noticias de los últimos días en algunos países de América Latina como ejemplo de lo que pasa cuando no hay democracia. En sólo 15 días del mes de agosto, han sucedido hechos como los que recordamos a continuación.El ciudadano y político español Ángel Carromero ya libre en su país luego de haber sido sentenciado y preso por el sistema de justicia del régimen de Cuba, en noticia de este 5 de agosto acusó al gobierno castrista de haber asesinado al líder del Movimiento Cristiano Liberación Oswaldo Payá y a Harold Cepero en el denominado "accidente" de Bayamo. Los datos y las revelaciones se suman a las sospechas previas y a las denuncias de las familias de las víctimas. En los 54 años de la dictadura castrista, éste no es un caso aislado de eliminación de opositores políticos, tal vez pueden contarse miles, pero es uno de los últimos que debería generar una investigación internacional independiente en la que muy pocos Gobiernos parecen tener interés. La actitud de la dictadura es la de minimizar el caso, desprestigiar al denunciante y apagar la noticia.Human Rights Wachs, calificada como una de las principales organizaciones internacionales dedicadas a la defensa y la protección de los derechos humanos, ha emitido este 12 de agosto una declaración que resumida por su director para las Américas expresa que "el gobierno de Correa ha afectado seriamente la libertad de expresión, dedicándole gran parte de su energía a atacar a los medios de comunicación, y ahora intenta avanzar sobre las organizaciones independientes (ong)", agregando que "los funcionarios podrán en la práctica decidir qué pueden decir o hacer las organizaciones…" Esto es sólo el reflejo del poder total del presidente de Ecuador que empezó hace mucho con la confiscación de medios de comunicación, enjuiciamiento a periodistas, políticos, dirigentes indígenas, empresarios y otros, con el control del poder judicial y de todos los poderes públicos y que ahora está cerrando el círculo para acallar a parte de la opinión pública que aún está fuera de su control.

En Venezuela todo el oficialismo se concentra en terminar con Henrique Capriles. El Tribunal Supremo de Justicia declaró inadmisible el recurso presentado por el candidato opositor respecto a las elecciones (cuya nulidad reclama por fraude) le impuso una multa y pidió a la fiscalía procesar a Capriles por "usar conceptos ofensivos". Desde el gobierno lo acusan de "pagos irregulares en el Estado de Miranda", y Diosdado Cabello desde el legislativ, declaró este 14 de agosto que "el brazo de la Justicia va a llegar al asesino fascista que es Capriles Radonski".

Esto demuestra que el gobierno de Maduro ya decidió el futuro político de Capriles y sólo falta que se pongan de acuerdo si lo acusan de asesinato, de terrorismo, de corrupción o de delitos contra el Estado, que son los cuatro tipos delictivos que sus socios de Cuba, Bolivia, Ecuador y Nicaragua usan para terminar con sus adversarios y criminalizar la política… cuando no los eliminan físicamente.

En Bolivia los fiscales del gobierno de Evo Morales emitieron mandamientos de aprehensión contra los dirigentes indígenas del TIPNIS que defienden un parque nacional ecológicamente protegido —donde viven— contra una carretera que Morales impulsa para favorecer a sus sindicatos cocaleros; los indígenas permanecen refugiados en su sede sindical y el 11 de agosto declararon que han solicitado asilo político en varias embajadas. En otro caso, el gobierno enjuicia al Alto Mando Militar del gobierno de Eduardo Rodríguez, luego de que el oficialismo excluyera de la acusación a Rodríguez para nombrarlo inmediatamente su embajador y representante en el asunto marítimo planteado contra Chile; los militares acusados, uno que es hoy senador opositor, han denunciado el acuerdo político entre Morales y Rodríguez. El mensaje de Evo Morales ya es conocido: si sirves al gobierno eres inocente, si eres opositor…

Esto pasa cuando no hay democracia y cuando aún no se quiere llamar a tales Gobiernos por lo que son: dictaduras del socialismo del siglo XXI.

16 de agosto de 2013

Tolerar dictaduras

La realidad es que en América Latina existen gobiernos que no son democráticos en los que sus gobernantes se han puesto por encima de la ley. Como explica el expresidente de Ecuador Osvaldo Hurtado en su libro *Dictaduras del siglo XXI el caso ecuatoriano*, los gobiernos de los llamados países bolivarianos o del socialismo del siglo XXI accedieron al poder mediante el voto, pero una vez instalados en el gobierno se las arreglaron para desconocer el orden jurídico bajo el cual fueron elegidos y conformar un sistema político contrario a los principios democráticos.

Dictadura es el gobierno que impone su autoridad violando la legislación anteriormente vigente o el que bajo condiciones excepcionales prescinde de una parte mayor o menor del ordenamiento jurídico para ejercer autoridad. Esto es exactamente lo que sucede en Cuba y lo que han logrado Venezuela, Bolivia, Ecuador, Nicaragua, destrozando la institucionalidad y creando su propia legalidad que no es democrática.

Las preguntas cada vez más insistentes son: ¿por qué las democracias toleran las dictaduras del siglo XXI? ¿por qué las democracias de las Américas, de Europa y del mundo, toleran, aceptan, negocian e incluso se disculpan con los actuales gobiernos dictatoriales de América Latina? ¿por qué los gobiernos democráticos ignoran el contenido de la Carta Democrática Interamericana respecto a los elementos esenciales de la democracia que los gobiernos dictatoriales han violado? ¿por qué los gobiernos democráticos —que conocen cómo los gobiernos dictatoriales producen persecución política, encarcelan opositores y exilian ciudadanos— mantienen relaciones normales con las dictaduras, a las que tratan como iguales, como si fueran democracias?

Sin duda éstas son preguntas incómodas para los gobiernos democráticos porque suponen problemas y potenciales conflictos con el bien desarrollado y lubricado aparato político-comunicacional de las dictaduras latinoamericanas, que lideradas por su fuente de inspiración y operación Cuba, representan una amenaza seria. Estas dictaduras han creado un sistema de represión en cada uno de sus países y han creado un sistema de presión y de represión a nivel internacional. Han transnacionalizado el proyecto dictatorial disfrazado de democracias.

La potencialidad de las presiones que ha implementado el socialismo del siglo XXI, va desde la capacidad de movilización en terceros países, por la cual pueden alentar y financiar acciones locales sobre temas críticos del país latinoamericano que elijan, para desestabilizar o ablandar al gobierno democrático. Así aconteció con los cocaleros en Bolivia, mineros y cocaleros en Perú y emergencia de protestas en demasiados países democráticos con el discurso de la anti-política. En los sesenta el castrismo alentaba movimientos armados, hoy alientan movilizaciones.

El auspicio directo de candidatos presidenciales para participar de las elecciones es otro mecanismo. El apoyo no es sólo de discurso, se extiende a temas de organización e inteligencia manejados por Cuba y a mucho dinero aportado por Venezuela. El socialismo del siglo XXI ha puesto la mano en casi todas la elecciones de Latinoamérica y por este sistema ha tomado el gobierno o por lo menos ha neutralizado a los elegidos.

El manejo de su aparato de prensa es una amenaza importante del bloque dictatorial contra los gobernantes democráticos. Con el control casi total de los medios de sus países como sucede en Cuba, Venezuela, Ecuador, Bolivia, Nicaragua, el amedrentamiento y sistema de autocensura que han logrado exitosamente en otros países, además de la adquisición y creación de medios internacionales, tienen hoy la capacidad de realizar con éxito el "asesinato de la reputación" de las víctimas que elijan.

El petróleo venezolano y las ventas a precios políticos como en Petrocaribe han resultado una extraordinaria herramienta para tener el apoyo de gobiernos que les permiten controlar la mayoría en la OEA, ser un grupo de negociación importante en la ONU y conseguir el silencio de sus clientes a los que han transformado en dependientes. Cuando no el petróleo, han sido importantes préstamos, poco transparentes y muy lucrativos para los gobernantes.

7 de julio de 2013

Prensa libre y opinión pública

La defensa del sistema democrático y el freno al totalitarismo se realiza institucionalmente por medio de la separación e independencia de los poderes públicos (frenos y balances), de manera que el Poder Ejecutivo sea equilibrado por el Poder Legislativo y viceversa, y ambos por el control del Poder Judicial. Pero además la democracia está protegida por dos factores, que son los elementos sociales constituidos por la prensa libre y la opinión pública.

Prensa libre es la suma de la libertad de expresión y la libertad de prensa, derechos humanos consagrados por la Declaración Universal y promovidos por la Unesco como derechos fundamentales que ponen de relieve la independencia y pluralismo de los medios de comunicación como elementos básicos de la democracia. Amparan a ciudadanos, periodistas y empresarios.

El concepto de opinión pública hace referencia a las formas de expresión que una comunidad puede tener respecto a los asuntos públicos, es la forma de pensar del pueblo ante determinados eventos. Juan Pablo II dijo que la opinión pública consiste en el modo común y colectivo de pensar y de sentir de un grupo social en determinadas circunstancias de tiempo y lugar. Indica lo que la gente piensa sobre un tema. La opinión pública se forma por el hecho de que un gran número de personas hace propio, por considerarlo verdadero o justo, lo que algunas personas y grupos que gozan de especial autoridad o respeto piensan o dicen. Son características fundamentales de la opinión pública: la prensa libre y poder opinar en libertad, sin estos elementos se convierte en opinión publicitada o dirigida.

En el socialismo del siglo XXI la dictadura cubana controla todo el aparato institucional del Estado y la prensa, anulando de esta manera la opinión pública sustituida por la opinión del régimen. Hoy gracias a la revolución tecnológica-comunicacional y a la permanente lucha por la libertad del pueblo cubano podríamos afirmar que existe la esperanza de una naciente opinión pública cubana.

Venezuela, Bolivia, Ecuador y otros países del socialismo del sigo XXI —terminando con la democracia— han consolidado el control de toda la institucionalidad del Estado. Como lo confesó en Ecuador Rafael Correa, para ellos, "el presidente de la República no es sólo el jefe del poder ejecutivo, es jefe de todo el Estado y el Estado es poder ejecutivo, legislativo, judicial, electoral, transparencia y control social, superintendencias, procuraduría, contraloría." Así definido, el Estado es Correa, fue Chávez y trata hoy de ser Maduro, es Evo, es Ortega…son la personificación del poder total.

En todos los países del socialismo del siglo XXI terminaron con decenas de radios, canales de televisión y otros medios a través de la manipulación en la otorgación y renovación de licencias. Usaron y usan la propaganda del gobierno como medio de extorsión económica. Buscaron apoderarse de los medios, neutralizarlos, reclutarlos o someterlos a autocensura. Enjuiciaron, apresaron y exiliaron empresarios y periodistas.

En Venezuela cerraron RCTV la red más antigua del país, asfixiaron a Globovisión hasta forzar su venta a gente vinculada con el régimen, el circuito radial CNV fue obligado a cerrar. En Ecuador se apoderaron del Telégrafo y por vía de confiscación de Gamma Visión, TC Televisión, radios, revistas y otros medios. En Bolivia compraron ATB red nacional y La Razón, neutralizaron y compraron la red PAT, sabotearon y sometieron a otros medios. El indicador de liberad de prensa de Reporteros sin Fronteras para el 2013 ubica a Bolivia en el puesto 109, Venezuela 117, Ecuador 119, Cuba 171, entre 179 países.

Controlan todo el Estado pero la prensa libre perseguida, acosada y acotada existe, sosteniendo una opinión pública que está cada vez más en contra de los dictadores del socialismo del siglo XXI y que lucha por el retorno a la democracia.

4 de junio de 2013

Los exiliados

La persecución política en los países del socialismo del siglo XXI ha dado lugar a que muchos de sus ciudadanos sean obligados a vivir fuera de su patria, a que sean exiliados, ya que regresar o permanecer en ella representa la cárcel o la muerte.

La concentración del poder en una persona o grupo que se sitúa por encima de la ley y la inexistencia de un sistema de justicia independiente que garantice el debido proceso son las causas del exilio político en nuestro tiempo. La ausencia de las garantías elementales como la imparcialidad de los jueces, la igualdad de las partes, el respeto de la ley, la presunción de inocencia, que son el fundamento del Estado de Derecho, ubican a los gobiernos responsables de exilios políticos al margen de la democracia. Los países que obligan a sus ciudadanos al exilio políticos no son democracias.El exilio produce el asilo político que es la protección que otorga un Estado a los perseguidos por motivos políticos de otro país y está consagrado por el Art. 14 de la Declaración Universal de los Derechos Humanos que proclama "en caso de persecución, toda persona tiene derecho a buscar asilo, y a disfrutar de él, en cualquier país". Los gobiernos que persiguen a sus ciudadanos forzándolos al exilio, son violadores probados de los derechos humanos.

En América Latina, el exilio más largo y penoso de nuestros tiempos es sin duda el del pueblo cubano bajo la dictadura castrista. Se estima que hay alrededor de dos millones de exiliados nacidos en Cuba y otra cantidad igual o mayor de los hijos de éstos, nacidos en el exilio, distribuidos entre Estados Unidos, España, la Venezuela democrática pre chavista, México y otros países. Hay exiliados para los que esta condición se produjo luego pasar años como presos políticos del castrismo como el caso de Armando Valladares (preso 22 años), Mario Chávez de Armas (30 años preso), Abel Nieves (18 años preso) y miles más. Los Castro han exiliado a casi el 40% de la población.

El impulso que recibió el proyecto castrista de la mano del dinero venezolano provisto por Hugo Chávez, no sólo ha producido la terminación de la democracia en países como Venezuela, Ecuador, Bolivia….., sino que ha generado perseguidos, presos y exiliados políticos de esos países.

El exilio venezolano por el gobierno de Hugo Chávez continuado por Maduro ha desplazado miles de venezolanos sobre todo a Estados Unidos donde ya han llegado a tener importancia de elegir autoridades y hasta un alcalde de origen venezolano. Opositores, empresarios, periodistas, dirigentes y ciudadanos venezolanos viven hoy exiliados no sólo en Estados Unidos, los hay en países de Europa y de América Latina. El político Manuel Rosales en Perú, los empresarios de Globovisión y dirigentes petroleros, militares cómo Marco Ferreira en Estados Unidos son algunos ejemplos. Con Chávez, Venezuela pasó de ser centro de concesión de asilo a ser expulsor de exiliados políticos.

El más reciente exiliado de Ecuador es el periodista Emilio Palacio condenado judicialmente por haber escrito una columna en el diario *El Universo*. Pero existen políticos, empresarios de medios de comunicación y dirigentes ecuatorianos exiliados en Estados Unidos, Panamá y en Europa.

La Bolivia de Evo Morales ha producido exilio en Estados Unidos, Brasil, Perú, Paraguay y España. Políticos como el expresidente Sánchez de Lozada y miembros de su gabinete, los exgobernadores

Cosio, Reyes Villa, empresarios como Marincovic, jueces como Tapia Pachi y Ustarez. Bolivia no tenía exilio desde las dictaduras militares de los años setenta.

Solo queda insistir: países con exiliados políticos no son democracias.

7 de junio de 2013

Democracias y dictaduras del 2013 en las Américas

Los países de las Américas cierran el año 2013 divididos en países con democracia y países sin democracia (bajo control de las dictaduras del siglo XXI). La verdadera comparación y confrontación en las Américas se da este año, no entre derechas e izquierdas, no entre países ricos y pobres, no entre los mas y los menos desarrollados, no entre norte y sud. La diferencia principal es ahora en cuanto a la democracia , que comprende como elementos esenciales el respeto a los derechos humanos y las libertades fundamentales, el acceso al poder y su ejercicio con sujeción al Estado de Derecho, las elecciones limpias basadas en el voto universal y secreto, un régimen plural de partidos y organizaciones políticas, y la separación e independencia de los poderes públicos.

La diferencia mas notoria se ha dado este año y se seguirá profundizando, en torno a los gobiernos cuyos líderes respetan la institucionalidad de sus países y a los que la violentan en beneficio propio, convirtiéndose en dictadores, imponiendo su autoridad violando o suplantando el ordenamiento jurídico vigente.

Los presidentes de las democracias de las Américas son aquellos que al ser elegidos saben cuando termina su mandato y dejan el poder, son los que no se ponen por encima de la ley y los que se someten y respetan el "Estado de Derecho", que respetan la independencia de los otros poderes, son los que saben que tienen la obligación de rendir cuentas y que pueden ser sancionados si violan la leyes, son líderes que conocen que en democracia el oponente es un "adversario" al que hay que vencer y no un "enemigo" al que hay que eliminar. En cambio los dictadores del siglo XXI son todo lo contrario, han suplantado la institucionalidad de sus países creando su propia legalidad destinada fundamentalmente a perpetuarse indefinidamente en el poder, controlan todos los poderes públicos que usan para violar los derechos humanos y las libertades fundamentales, no rinden cuentas a nadie, han creado un sistema con perseguidos, presos y exiliados políticos, violan la libertad de prensa para controlar la opinión pública, han retornado al estatismo y al centralismo, falsifican las elecciones y sus resultados.

Los países con democracia son la mayoría y no por casualidad los mas exitosos en el desarrollo, la economía, el respeto a los derechos humanos, la lucha contra la pobreza, los avances sociales, la generación de empleo, la atracción de capitales, etc. Sin importar la ideología de sus gobiernos están llevado a sus pueblos a mejorías concretas como podemos ver en México, Brasil, Chile, Uruguay, Perú, Panamá, Costa Rica y Colombia por ejemplo. Los países bajo las dictaduras del siglo XXI, Cuba, Venezuela, Ecuador, Bolivia y Nicaragua, con discurso antiimperialista y bajo inspiración castrista han llevado a sus pueblos a situaciones de crisis económica, de confrontación social, de falta de transparencia, de violación de los derechos humanos, de sometimiento absoluto al poder, con gobernantes indefinidos que confrontan a sus opositores políticos como a enemigos a los que buscan eliminar, habiendo creado el exilio político latinoamericano del siglo XXI que hasta hace unos años era solo el cubano, pero que hoy esta integrado por venezolanos, bolivianos, ecuatorianos y nicaragüenses en países como Perú, Brasil, Paraguay, España, Estados Unidos, Costa Rica y Panamá.

Luego del resultado electoral en Honduras no hay duda que los pueblos de las Américas se han dado cuenta en 2013 que no pueden

permitirse caer bajo el control del proyecto dictatorial latinoamericano. Los hechos demuestran que los pueblos no quieren sufrir las
consecuencias sociales y económicas que las dictaduras producen,
que hoy vemos en Cuba y Venezuela y que no tardarán en llegar a los
restantes países de grupo dictatorial.

El 2013 ha sido el año que ha mostrado las diferencia entre las
democracias de las Américas y las dictaduras del siglo XXI. Las democracias presentan éxitos, las dictaduras crisis y sombras en el futuro. Las democracias son la mayoría y están en pujante desarrollo;
las dictaduras están agotadas, son una realidad política pero están en
decadencia. Solo falta que las democracias de las Américas entiendan
que la existencia de las dictaduras del siglo XXI es una grave amenaza
para todos los países democráticos y actúen en defensa de los principios y valores en los que ellos mismos fundan su éxito y existencia.

31 de diciembre de 2013

Como recuperar la democracia:
llamarlos por su nombre

Los gobiernos de Venezuela, Bolivia, Ecuador y Nicaragua, que se han instituido como dictaduras y que ejercen el poder como tales, plantean el difícil desafío de cómo recuperar la democracia en esos países. La situación es muy adversa en un escenario en el que cada uno de los dictadores de estos países, ha creado su propia legalidad destinada a permanecer indefinidamente en el poder, a liquidar a la oposición y a ejercer el control total de las instituciones.

Sin embargo, la historia demuestra que las dictaduras no son eternas, aunque los dictadores pelean criminalmente por sostenerse indefinidamente en el poder, terminan por ser derrotados. Creo que ha llegado el tiempo de que todos los defensores de la liberad y la democracia aportemos ideas para recuperar la democracia en nuestros países.

Siguiendo la iniciativa del ex presidente de Ecuador Dr. Osvaldo Hurtado, debemos "llamar a estos gobiernos por su nombre". Hurtado. Los gobiernos de Venezuela, Bolivia, Ecuador y Nicaragua no son democracias, son dictaduras, entonces cuando nos refiramos a los gobernantes Maduro, Morales, Correa y Ortega, hagámoslo con el título que les corresponde: el dictador Maduro, el dictador Morales, el dictador Correa y el dictador Ortega.

No es posible que en el hemisferio y en el mundo, se siga reconociendo y tratando como a presidentes democráticos a gobernantes que han logrado que en sus países no se cumpla ni uno solo de los elementos esenciales de la democracia, establecidos en la Carta Democrática Interamericana. No se respetan los derechos humanos ni las libertades fundamentales, no ejercen el poder con sujeción al Estado de Derecho, las elecciones que celebran no son libres, no toleran un régimen plural de partidos y organizaciones políticas, y no tienen separación e independencia de los poderes públicos.

Si todos los latinoamericanos dentro y fuera de nuestros países, los amigos de la democracia en las Américas y en el mundo, desde nuestra actividad diaria, en el trabajo, en la prensa, en los comentarios, en las reuniones sociales, le decimos a la gente que Venezuela, que Ecuador, que Bolivia y que Nicaragua, o que uno de estos países (el nuestro o el que nos interese), es una dictadura y que su presidente es un dictador, promoveremos un debate que los dictadores no quieren. Con esta acción, no pasará mucho tiempo antes de que estos países –seguramente Venezuela será el primero- sean objeto de mayor atención, que constate y certifique su condición de dictaduras.

Con la denominación que les corresponde, dictaduras, habremos dado el primer paso y podremos avanzar para despertar la solidaridad de las democracias del mundo.

25 de octubre de 2013

Las dos Américas: la diferencia es la democracia

La pasada cumbre de las Américas de Cartagena de Indias no ha logrado acuerdos como resultado de la confrontación entre los países democráticos y los no democráticos de la región. Se ha hecho evidente que hay dos grupos de países: los democráticos y los que han perdido esa condición y hoy son dictaduras o gobiernos totalitarios.

En la América democrática están los países que respetan sus constituciones políticas, que no han forzado reelecciones presidenciales, que mantienen la institucionalidad, que respetan la división e independencia de los poderes públicos, en los que existe respeto a los derechos humanos y posibilidad de denunciar los atropellos, donde la libertad de prensa y de expresión se pueden ejercer así sea con problemas, donde hay una aceptable garantía del debido proceso, en los que no hay presos ni perseguidos ni exiliados políticos, donde quien quiera dedicarse a la actividad política o a la crítica del régimen puede hacerlo sin temor de ser acusado y criminalizado.

En la otra América, en la no democrática, están los Estados que no respetan los derechos humanos y las libertades fundamentales; no ejercen el poder con sujeción al Estado de Derecho; han desfigurado la celebración de elecciones libres, justas y basadas en el sufragio universal y secreto; no tienen un régimen plural de partidos políticos; donde no existe separación e independencia de los poderes públicos. Han centralizado el poder en una sola persona que busca la permanencia indefinida, un caudillo insustituible y todopoderoso, con control absoluto de los poderes y miembros del Estado.

Los Estados democráticos tienen bancos centrales independientes, control fiscal y una vigorosa opinión pública. Son Estados previsibles, respetan la propiedad y la inversión privada, participan y buscan acuerdos de libre comercio y están integrados al mundo. Tienen éxito y tienen futuro.

Los Estados totalitarios son estatistas, con economías cada vez mas controladas y discursos anticapitalistas y anti-imperialistas, con permanentes violaciones a los derechos humanos, a la libertad de prensa y a la libertad de expresión. Son los Estados donde no existe garantía a la propiedad privada ni al debido proceso legal, donde el presidente puede convertir en criminal a cualquier opositor, empresario, líder social o ciudadano por medio del control que ejercen en el sistema de justicia. Estos países tienen perseguidos, presos y exiliados políticos y una larga lista de crímenes políticos que atribuyen a sus víctimas. Están en graves crisis económicas por mala gestión y corrupción, que tratan de encubrir temporalmente por medio de medidas populistas, confiscaciones, nacionalizaciones, concesión de dádivas y represión. Sus gobiernos están bajo sospecha o evidencia de vinculaciones con el narcotráfico y han abierto relaciones con países vinculados y promotores del terrorismo.

Los Estados de la América democrática -que son la mayoría- saben que hay por lo menos cuatro Estados en la región, que no son democracias en el marco de la Carta Democrática Interamericana, vigente y obligatoria para todos, y que tales Estados lideran un grupo denominado Alba o Socialismo del Siglo XXI, en busca de que su irregular situación parezca un cambio revolucionario. El asunto es que los Estados democráticos no quieren problemas con los no democráticos y -unos mas que otros- tratan de disimular, soslayar o simplemente ignorar la crisis de democracia que hay en la región.

Brasil, Colombia, Perú, Paraguay, Estados Unidos, Panamá, España –entre otros- tienen en sus territorios como asilados o refugiados políticos a los perseguidos por los regímenes totalitarios de los países no democráticos de las Américas, pero siguen tratando a sus gobiernos como si fueran democracias.

La crisis de la reciente Cumbre de la Américas es un punto de quiebre y debe impulsar a las democracias del hemisferio y del mundo a exigir la restauración de la democracia en los países que no la tienen. La evidencia de la inexistencia de democracia ya no puede ser ignorada porque se ha expresado en el más alto nivel de concertación presidencial, haciendo imposibles los acuerdos.

Los países no democráticos han pasado de atacar a sus ciudadanos y destrozar sus instituciones a atacar la posibilidad de consenso y pretender terminar con la institucionalidad internacional. Si los presidentes de los países democráticos de las Américas optan por seguir el juego de la simulación deberán asumir las consecuencias que ya empezaron a sufrir.

14 de mayo de 2012

DICTADURAS DEL SIGLO XXI

Dictadura y dictadores

Los gobiernos con denominación de democracias que integran el socialismo del siglo XXI, ponen en evidencia su verdadera naturaleza de dictaduras con sus propios actos. Son las acciones y decisiones de los jefes de gobierno y de los regímenes de Venezuela, Ecuador, Bolivia y Nicaragua, que muestran su condición ajena y reñida con la democracia. Se trata de gobiernos y sus jefes que de manera habitual y repetida, como política, prueban que son dictaduras y dictadores.

La denominación de "dictadura" o "dictador" espanta a los gobernantes del socialismo del siglo XXI y por eso, comenzando por el régimen castrista de Cuba cuya condición de dictadura no necesita prueba alguna, realizan esfuerzos de propaganda, encuestas y protocolo para obtener y mantener la denominación de "presidentes". En este propósito han tratado de marcar en el imaginario colectivo la idea de que la denominación de dictadura corresponde solo a los regímenes militares del siglo pasado, pero sobretodo y que con elecciones no puede haber dictadura. Como parte de su estrategia vemos a los dictadores castristas vestir mas trajes y corbata o ropa deportiva que sus tradicionales uniformes de campaña.

Una "dictadura" es un "gobierno que bajo condiciones excepcionales, prescinde de una parte, mayor o menor del ordenamiento jurídico para ejercer la autoridad en un país", se trata de "un gobierno que impone su autoridad violando la legislación anteriormente vigente". Un "dictador" es una "persona que se arroga o recibe todos los poderes políticos extraordinarios y los ejerce sin limitación jurídica", es el individuo que "abusa de su autoridad". Los dictadores buscan siempre la "permanencia indefinida en el poder".

Aplicando estos conceptos elementales y universalmente aceptados a los gobernantes de Venezuela, Ecuador, Bolivia y Nicaragua se prueba que todos, sin excepción, imponen su autoridad como resultado de la violación de la legislación anteriormente vigente. Comenzando por la constitución política han "suplantado" la legislación con mecanismos ilegales y forzados, reemplazándolos por un sistema que concentra todo el poder, para ejercerlo sin limitación alguna. Han creado normas e instituciones que en lugar de ser la base del "Estado de Derecho" son el fundamento del "Estado dictatorial". Algunos ejemplos son los mecanismos electorales para cometer fraude a favor del régimen en todas y cada una de las elecciones, las normas contra la libertad de prensa (leyes mordaza), la manipulación de licencias para medios de comunicación, la retroactividad de la ley solo para encarcelar opositores, la impunidad de los miembros de la dictadura en temas de corrupción y hasta de narcotráfico.

La forma de organización que hizo desaparecer la "división e independencia de los poderes públicos" y el "Estado de Derecho", la existencia de perseguidos, presos y exiliados políticos, la utilización de los jueces para la represión política y el control de prensa, son expresiones usuales de las dictaduras. Pero además, las acciones de los gobernantes de Venezuela, Ecuador, Bolivia y Nicaragua, en casos concretos y reiterados, ratifican en el diario vivir cuan bien les corresponden las definiciones y denominaciones de dictaduras y dictadores.

En las últimas semanas, en Venezuela el gobierno de Nicolás Maduro ha comenzado el fraude para la simulación electoral del 6 de diciembre, ha inhabilitado a cuanto candidato no oficialista le puede ganar, comenzando por María Corina Machado, mientras la popularidad del jefe y de su gobierno se arrastra en torno al 15 por ciento.

En Ecuador, Rafael Correa bajo presión de masivas protestas ha sido señalado de pretender "organizar fuerzas de choque engranadas con su partido para confrontar la protestas", en un esquema de grupos paramilitares ya utilizado por la dictadura en Venezuela bajo la denominación de "círculos bolivarianos" hoy conocidos como "colectivos" y ha puesto en marcha toda la metodología castrista de control social incluyendo el asesinato de la reputación de los líderes de oposición.

En Bolivia Evo Morales utilizando su aparato judicial, acaba de encarcelar al exgobernador del departamento del Beni Carmelo Lenz, en la repetición de una maniobra ya ejecutada anteriormente contra 5 gobernadores (2 exiliados, 2 perseguidos, 1 preso), destinada a su eliminación política. En Nicaragua la transferencia del canal 2 de televisión a nombre del mexicano Ángel González se ha calificado como el último "zarpazo de Daniel Ortega", que de esta manera solo repite lo hecho en los otros países del grupo, donde han confiscado, forzado ventas y liquidado medios de comunicación privados con el objeto de controlar las noticias y la opinión pública.

No se trata de acciones aisladas. Son hechos de la administración diaria en Venezuela, Ecuador, Bolivia y Nicaragua. Es su organización y su política.

22 de julio de 2015

Unidad en el mensaje frente a la dictadura

En la difícil tarea de recuperar la democracia, la principal acción que realizan las dictaduras está destinada a mantener divididos y amedrentados a los defensores y luchadores por la libertad y la democracia. Los tienen bajo permanente acoso de una estrategia de fraccionamiento, división y conflicto interno, con el propósito de inmovilizarlos y desprestigiarlos. La unidad de la oposición frente a una dictadura es vista prácticamente como imposible, lo que garantiza su debilidad. Frente a esto es imprescindible concertar la "unidad en el mensaje".

El mensaje es "el objeto de la comunicación", es lo que deseamos hacer saber, lo que queremos que el receptor, el pueblo, la prensa libre, la comunidad internacional y los propios adversarios comprendan. El mensaje tiene un contenido e idea principal que es el centro, el objeto de lo que se busca, y que en el caso planteado no debería ser otro que "retornar a la democracia", "restituir la democracia", "¡Democracia ya!".

Un mensaje unificado de esta naturaleza producirá un primer efecto muy importante de lograr que nacionales y extranjeros, afectados y potencialmente amenazados, reconozcan y hagan conciencia sobre la verdadera naturaleza del gobierno. Que se acepte que el gobierno de Nicolás Maduro en Venezuela no es una democracia y que su jefe es un dictador, es algo ya muy claro para los defensores de la democracia, la oposición y parte del pueblo, pero lamentablemente no es completamente aceptado por la comunidad internacional.

Quienes buscan recuperar la democracia en sus países, como Cuba, Venezuela, Bolivia, Ecuador y Nicaragua, están de acuerdo que el objetivo de sus esfuerzos y riesgos es eso mismo "la recuperación de la democracia", que supone la restitución de las libertades, del Estado de Derecho, de las garantías, del respeto a los derechos humanos, de la libertad de prensa, de las elecciones libres y limpias, sin fraude, de justicia independiente, la finalización de las persecuciones políticas, de las masacres, de los presos y exiliados, etc.

La denuncia y la lucha contra cada una de estas manifestaciones de una dictadura deberían expresar siempre el mensaje de "retornar a la democracia". Por ejemplo, liberar presos políticos, presentarse en elecciones fraudulentas, denunciar la corrupción, demostrar la judicialización de la represión, son muy importantes –no hay que dejar de hacerlo- pero es solo atacar los síntomas de la dictadura, y la cura de la enfermedad consiste en restituir la democracia, en retornar a la democracia, que el pueblo tenga democracia ya.

Pese a que todos buscan devolver la democracia a su pueblo y a su país, por razones ideológicas, de interpretación política, de conceptos, de muy legítimos y humanos intereses personales o de grupo, de aspiraciones, de confrontaciones del pasado, de desconfianza, y en demasiados casos por la penetración del gobierno dictatorial, los defensores de la democracia se ven divididos. La división de la oposición se demuestra en las protestas, en la presentación de candidatos, en los reclamos sociales, en las movilizaciones, en la comunicación, en las relaciones con el exterior. De esta manera la idea de una oposición con opciones termina en focos de resistencia, muy meritorios pero absolutamente ineficientes para producir el resultado de retornar a la democracia.

La recuperación de la democracia no puede ser tratada como un tema partidista, no puede plantearse como un asunto de espacios políticos ni de participación en el poder porque no existe ninguno mientas no haya democracia. No es una disputa previa de liderazgos, no consiste siquiera en una cuestión ideológica. Se trata de reponer las condiciones de la democracia.

Una vez recuperada la democracia, el espacio para las disputas ideológicas, partidistas, de liderazgo, de programas y de concepciones volverá a ser el normal y permitirá su tratamiento natural. Para eso vale la pena construir la "unidad del mensaje".

10 de mayo de 2015

Dictadores en crisis

La concentración total de poder, el estatismo, el fraude electoral para permanecer indefinidamente en el gobierno, la desaparición de la división e independencia de los poderes públicos,el control de la prensa, la anulación de la libertad de expresión, la criminalización de la oposición, la judicialización de la represión política, las masacres, los presos políticos, el exilio, la liquidación del Estado de Derecho, y en suma la destrucción de la democracia reemplazada por un sistema institucionalizado de corrupción, está dando sus frutos a los gobiernos del socialismo del siglo XXI de la región. La realidad de los dictadores es crisis.

La dictadura cubana que aparenta su mejor momento de propaganda aprovechando la normalización de relaciones con los Estados Unidos, se deja ver como es en realidad. La primera encuesta independiente muestra un pueblo que quiere ser libre incluso abandonando la isla, que desprecia a los Castro y al sistema dictatorial, que espera que llegue la libertad, que da su más alto reconocimiento al presidente Obama y al papa Francisco, o sea, a líderes de los dos enemigos más importantes construidos por el castrismo, el llamado imperialismo norteamericano y la Iglesia Católica.

Como si esa constatación de la realidad fuera poca vergüenza, los líderes políticos y empresarios del "enemigo" son acogidos con beneplácito y gratitud por los funcionarios del castrismo, para pasar revista a lo que podría ser una ocupación incruenta. La dictadura se esfuerza por simular elecciones municipalesy solo ejecuta otro papelón. Sin el petróleo venezolano, o se dan prisa o la crisis los hace declarar otro periodo especial.

El dictador venezolano extrema las fórmulas castristas de manipulación comunicacional para tapar el hambre, la escasez, la corrupción, las violaciones de derechos humanos y las denuncias de narcoestado. No pudiendo seguir con el discurso y ataques antiimperialistas contra los Estados Unidos, Maduro cambia de enemigo y ahora confronta con España a quien provoca y agrede luego de haberle metido el caballo de Troya con el rótulo de "Podemos".

Como gobierno títere del cubano, a Maduro le es imposible seguir siendo anti norteamericano cuando el dueño del proyecto político está en pleno proceso de normalización con el ahora "nuevo amigo". El régimen venezolano ya no gobierna, agoniza. Amenaza, oprime al pueblo que dice defender, culpa de su corrupción y estulticia a sus víctimas, enjuicia a medios de comunicación y periodistas, violenta la propiedad privada y persigue a políticos, empresarios, militares y religiosos, mientras campea la corrupción. Es un estado avanzado de la crisis.

En Bolivia la estrepitosa derrota electoral en las elecciones municipales y de gobernadores, ha llevado a Evo Morales a ordenar personal y públicamente el fraude en Chuquisaca, que su tribunal electoral ha "legalizado" apresuradamente. Morales proclama que "no cree en la independencia sindical". Los medios de comunicación denuncian "persecución por asfixia económica" y los periodistas se declaran "indefensos ante el poder total". La corrupción el Fondo Indígena (2,000 millones de dólares?) presenta como responsable al líder cocalero disfrazado de indígena y convertido en dictador.

Los indicadores económicos revelan que la deuda externa contratada por Morales supera la de 20 años atrás. La deuda interna pública no se comenta, la moneda nacional esta sobrevaluada lo que perjudica a la industria productiva y exportadora pero beneficia al contrabando y al lavado de dinero. La inversión extrajera cayó en un 63% el 2014. Las exportaciones se han reducido en 27% a febrero. El costo estatal de producción de estaño es ya deficitario. El año 2003 el pueblo compraba 5 panes con un boliviano que hoy sirve solo para un pan y medio, y Morales sigue proclamando "éxito económico"... Es la crisis, que la liquidez del narcotráfico no deja ver con claridad pero que tiene a los bolivianos en la

lista de espera del desastre.

La crisis está marcada por un punto de inflexión que los gobiernos del socialismo del siglo XXI ya ha superado y que los lleva por "una secuencia de eventos que determina la tendencia para mal, de todos los eventos futuros". Es la realidad de los dictadores que como enseña la historia dejan a sus pueblos en crisis económica, política y social.

24 de abril de 2015

¿Créditos o cuentos chinos?

Los créditos de China a Venezuela, Cuba, Ecuador, Argentina, Bolivia y Nicaragua, el proyecto del canal interoceánico en Nicaragua, las visitas de los jefes de gobierno a la China pidiendo fondos, la celebración en China del Foro de la Comunidad de Estados Latinoamericanos y Caribeños (CELAC), la promesa del gobierno de la China de invertir 250.000 millones de dólares en los próximos diez años en la región, muestran una alianza política entre la segunda potencia económica mundial y los países del socialismo del siglo XXI. Indicadores de los Estados deudores, aspectos de transparencia y el contenido de los acuerdos (cuando se conocen), plantean la cuestión de si se trata de créditos o de cuentos chinos.

Para la Real Academia Española de la lengua un cuento chino es un "embuste", esto es "una mentira disfrazada de artificios". Cuento chino es también "una mentira disimulada, ingeniosa, encajada dentro de una historia fantástica o de dudosa veracidad". En un embuste, son baratijas, dijes y otras alhajas curiosas pero de poco valor. Podría tratarse de miles de millones de dólares que parecen ayuda pero que disfrazan otras cosas que podrían ser perjudiciales para el futuro de los latinoamericanos.

No hay duda que la China está interesada en gravitar cada vez más en Latinoamérica, que es una de sus importantes fuentes de provisión de materias primas y un gran mercado. Lo que hasta hace aproximadamente 20 años era una disputa de legitimidad sobre el "Estado chino" con Taiwán, como paradigma de la política exterior de la China Comunista en Latinoamérica, se transformó en la búsqueda de penetración y mayor influencia posible la región, desplazando y sustituyendo a los Estados Unidos y Europa.

El desarrollo del socialismo del siglo XXI por Castro y Chávez en Venezuela, Ecuador, Bolivia, Nicaragua, su influencia en Argentina, en los Estados del Petrocaribe, la creación de organismos políticos propios como la CELAC, su discurso antiimperialista, su política de estatismo, centralismo, permanencia indefinida en el poder (en un extraordinario momento económico para la región) han sido propicios para la política exterior china. La destrucción de los fundamentos de la democracia hasta constituir las dictaduras del socialismo del siglo XXI en muchos de estos Estados, ha presentado a la China como un modelo no democrático (capitalista/comunista!?) de crecimiento económico y control indefinido del poder.

La realidad muestra las coincidencias entre China y los gobiernos del socialismo del siglo XXI en cuanto al irrespeto de los elementos de la democracia, como los derechos humanos y las libertades individuales, la libertad de expresión y de prensa, el control de la opinión pública, la división e independencia de los poderes públicos, el uso del sistema de justicia para la represión y persecución política, la existencia de presos y exiliados políticos. La democracia no es un tema que los divida ni los preocupe, simplemente no está en agenda. Esto genera una sospecha cada vez más fuerte de falta de transparencia, de corrupción por falta elemental de rendición de cuentas.

Cuando el proyecto socialista empezó a dar sus frutos de fracaso y crisis económica, los caudillos fueron a la China en busca de soporte económico como Hugo Chávez hace ya más de 5 años, comprometiendo a Venezuela con cerca 50.000 millones de dólares, con condiciones que aún no se conocen. Ahora se dice que Maduro ha logrado 20.000 millones de dólares más, que Correa ha conseguido 5.000 millones de dólares más. En ninguno de estos casos se sabe con qué intereses, garantías, contraprestaciones, o para cuando.

Si se sabe del crédito de China a la Argentina, porque la presidenta Kirchner, su canciller Timerman y otros funcionarios acaban de ser "denunciados penalmente" por crímenes de administración pública y traición a la Patria por la firma del convenio de cooperación económica e inversión firmado entre China y Argentina por 11.000 millones de dólares que "otorga extraordinarias ventajas a la China" ante el apuro argentino de obtener financiamiento. El principal argumento de la acusación se funda en la Convención Interamericana contra la corrupción cuyo art 5 establece un sistema de licitación pública obligatoria, reemplazado en el convenio con la China por un sistema de contratación directa.

El acuerdo Chino-Argentino que se conoce, deja a la Argentina comprometida por 30 años, ya ha tenido principio de ejecución por un anticipo chino de 3.000 millones de dólares en yuanes, y señala Londres como tribunales competentes para la solución de disputas. ¿Qué pasará cuando se conozca el contenido completo de los convenios chinos con Venezuela, Ecuador, Bolivia y Nicaragua? ¿Serán créditos o cuentos chinos?

16 de enero de 2015

Ofensiva política de las dictaduras en Estados Unidos

Las dictaduras del socialismo del siglo XXI, han puesto en marcha una interesante ofensiva política al interior de los Estados Unidos, buscando mantener el engaño de que son democracias. Para eso están presentándose como países de apertura y oportunidades, con mensajes de paz, inversión, seguridad, turismo y éxito económico. Se observa el gasto de mucho dinero y una acción de relaciones públicas muy profesional e influyente, que estaría operada por consorcios muy costosos. Los gobernantes cuyo principal discurso y acción es la "lucha contra el imperialismo norteamericano", están ahora operando política y comunicacionalmente para mejorar su imagen en el país al que han declarado su enemigo.

La observación de los hechos nos presenta a Nicolás Maduro publicando el 2 de abril en *The New York Times* el artículo "VENEZUELA: A CALL FOR PEACE" (Un llamado a la PAZ), en el que —entre otras cosas— habla de democracia, busca dar vigencia a UNASUR, califica la protesta social como inconstitucional contra el gobierno "democráticamente" elegido, ofrece intercambio de embajadores a los Estados Unidos, declara que es tiempo de diálogo, trata de presentarse como respetuoso de la ley y declara que Venezuela necesita paz y diálogo.

Lo primero que sorprende es que Maduro escriba y obtenga tan oportuna cabida a un mensaje que es un acto de propaganda dirigido la ciudadanía del "imperialismo". No extraña que Maduro no mencione que violó toda la constitucionalidad que ahora reclama cuando se instituyó como sucesor de Chávez, que no permitió el recuento de votos de una elección impugnada por fraude que supuestamente ganó por un ínfimo margen. Maduro olvida que su gobierno ha exiliado a decenas de miles de venezolanos hoy asilados y acogidos en los Estados Unidos; que tiene presos políticos, con Leopoldo López entre los últimos; que usa el poder judicial —sobre el que ejerce total control— como mecanismo de persecución política; que viola la libertad de prensa y de expresión siendo su última acción la perpetrada contra NTN24; que su régimen no reconoce oposición democrática desconociendo la condición de diputada de Corina Machado. Que en la Venezuela de hoy, como política de Estado se violan los derechos humanos, no hay Estado de Derecho y no está vigente ninguno de los elementos esenciales de la democracia.

El 1 de abril el gobierno de Ecuador ha puesto en marcha la campaña "All you need is Ecuador" desde Nueva York, destinada al turismo; está buscando atraer inversiones e impulsa —entre otras acciones— un foro en Washington DC sobre "tratados de inversión en Latinoamérica"; está buscando créditos. Rafael Correa llegará a Estados Unidos y su gobierno ha publicado una "agenda académica" desde el 8 al 12 de abril en las universidades de Harvard, Yale, MIT, y entrevistas con prestigiosos periodistas de CBS, ABC y CNN. Seguramente Rafael Correa rehusará hablar en esos escenarios sobre los exiliados por su gobierno como el periodista Palacio, sobre las violaciones contenidas en el informe de Human Rights Watch, sobre la confiscación de canales y medios de comunicación denunciados a la SIP, sobre el control de la justicia documentado por el asambleísta Paéz, sobre la persecución y allanamientos del asambleísta Jiménez y del periodista Villavicencio. No dirá nada respecto a "las Dictaduras del Siglo XXI el caso ecuatoriano" del ex presidente Osvaldo Hurtado, o sobre las decenas de casos que muestran que en su país no hay "seguridad jurídica" y no existen los elementos esenciales de la democracia.

Bajo el título "Bolivia La gran oportunidad en Sudamérica" el 30 de marzo se ha publicado como suplemento independiente en el *Miami Herald* y *El Nuevo Herald* una separata de 16 páginas donde empresarios y funcionarios bolivianos de los sectores de comercio de automotores, industrial, construcción, telecomunicaciones, turismo, finanzas y seguros, aparecen —sin aparente participación del gobierno de Evo Morales— presentando al país como la segunda economía que más crece en "Sudamérica" e invitando a la inversión.

Bolivia es un país principalmente minero, gasífero y agropecuario y ninguna empresa de estos sectores aparece en la publicación cuyo costo interesaría conocer. Los participantes de la publicación son todos de sectores que dependen directa o indirectamente de las licencias, autorizaciones o favores de un gobierno que no respeta el Estado de Derecho, que promueve el cultivo de coca ilegal y que está marcado por la corrupción y la violencia. No avisan a los potenciales inversionistas que la dictadura del socialismo del siglo XXI en Bolivia tiene exiliados políticos (empresarios, jueces, cívicos, políticos, ciudadanos, militares, gobernadores, senador) en Paraguay, Brasil, Perú, Estados Unidos y España. No mencionan el caso del empresario estadounidense Jacobo Ostreicher, preso 18 meses y que tuvo que escapar de la justicia controlada por Morales; que el jefe anticorrupción de Morales acaba de ser condenado por Juez Americano por extorsionar en Miami a un empresario boliviano perseguido en un caso probado por el FBI; que hay presos políticos en Bolivia.

Los defensores de la democracia y las víctimas de las dictaduras de cada uno de estos países tienen la palabra. Vale la pena observar y denunciar la ofensiva política de las dictaduras del socialismo del siglo XXI en los Estados Unidos.

3 de abril de 2014

Dictaduras del Socialismo del Siglo XXI atacan a Israel.

Aprovechando los hechos de guerra en la Franja de Gaza, los dictadores del socialismo del siglo XXI en América Latina han atacado a Israel con el discurso anti-imperialista, han alentado —cuando no organizado— manifestaciones anti-israelitas, han formulado acusaciones malintencionadas, ratificando así su defensa y vinculación con el terrorismo. Un hecho político que tiene que ver, fundamentalmente, con los principios y valores que el Estado de Israel representa y defiende.

Las diferencias entre los dictadores e Israel son muchas y profundas. Israel es una democracia que respeta la libertad, la vigencia de la ley, el pluralismo y la tolerancia. Es permanentemente agredido pero no es inerme, se defiende y sabe reconocer las amenazas. En su democracia el "Estado de Derecho" está vigente, existe "separación e independencia de los poderes públicos", hay respeto a los derechos fundamentales, existe "libertad de expresión y de prensa" y una vigorosa "opinión pública", las "elecciones son libres y basadas en el voto universal y secreto", hay "alternancia en el poder", se alienta la iniciativa privada y se respetan las "libertades económicas", se respeta la "propiedad privada" y se fomenta el trabajo comunitario.

Todos estos principios sostienen e integran los "valores de la civilización", y son los que los jefes de gobierno de Cuba, Venezuela, Bolivia, Ecuador y Nicaragua, violan, tergiversan y suplantan para mantenerse indefinidamente en el poder. Los dictadores vulneran a diario los derechos humanos, concentran todo el poder, se han puesto por encima de la ley y simulan democracia. Suprimen la prensa libre, controlan la opinión pública y la reemplazan por la opinión publicitada. Confiscan y se apropian de la propiedad privada, y persiguen a sindicalistas, campesinos, periodistas, políticos, empresarios…

En Israel no se utiliza a los jueces y al Poder Judicial como sistema de represión política, no existen presos políticos, no hay exiliados, ni perseguidos por su posición frente al gobierno o por defender la libertad. Ni en situación de guerra existen cartillas de racionamiento, no hay hambre. Sus ciudadanos pueden salir e ingresar a su país libremente y gozan de la protección del Estado, no de su amenaza. Los israelitas en lugar de escapar de su patria se quedan en ella, así sea en un constante estado de pre-guerra o guerra misma; defienden su país como parte de la defensa de su libertad. La Nación Israelí, el pueblo Judío, es una muestra extraordinaria de unidad en la diversidad.

En cambio, las dictaduras del socialismo del siglo XXI en las Américas se fundan en el poder absoluto e indefinido. Imponen como doctrina la confrontación étnica y regional al interior de sus Estados para dividir y destrozar sus naciones. Tienen perseguidos y presos políticos, exiliados y han perpetrado masacres, asesinatos y juzgamientos sumarios digitados. La dictadura de Cuba ha exiliado por millones, la de Venezuela por miles, las de Bolivia y Ecuador por centenas. Cuba y Venezuela están en crisis económica y los demás van por el mismo camino. Son productores de violencia y miseria. La corrupción es parte esencial en su sistema que garantiza la impunidad. El narcotráfico se incrementa dramáticamente y aparece la sospecha de los "narcoestados". La elecciones son ejercicios magistrales de simulación democrática y fraude electoral. A título de anti-imperialistas, en realidad son enemigos de la libertad.

Como dogma de su acción política los dictadores atribuyen sus propios crímenes y conductas a quienes consideran sus enemigos, y lo han hecho con Israel: Fidel Castro escribiendo de "holocausto y genocidio" después de ejercer 55 años de dictadura, fusilamientos, asesinatos, invasiones, guerrillas, terrorismo y de haber convertido a Cuba en una cárcel. Maduro, Morales, Correa y Ortega siguiendo la línea de su maestro, hablan de "masacres", declaran que Israel es un Estado "terrorista", y que el Primer Ministro "está poseído por el demonio".

Los regímenes dictatoriales ven en la lucha de Israel por la libertad un mal ejemplo para los pueblos. La defensa de la libertad incomoda a los dictadores, la democracia los amenaza, la tolerancia los pone en evidencia, la unidad en la diversidad los perjudica, la transparencia los acusa, la prensa libre los aterroriza, el Estado de Derecho los condena, la verdad los derrota.

28 de agosto del 2014

2014: ¿Más de lo mismo?

El 2014 comienza con el triste aniversario de 55 años de dictadura castrista en Cuba, con una crisis económica, social y política cada vez más grave, contagiada y extendida a Venezuela, su principal aliado y financiador.

En Ecuador, sometida la justicia, avasallada la libertad de prensa y amenazadas las organizaciones de la sociedad civil, les toca a las Fuerzas Armadas.

En Bolivia, Morales buscará la re-reelección para continuar simulando democracia con el control absoluto del poder.

En Nicaragua Ortega buscará finalizar el golpe de Estado modificando la Constitución para buscar su re-reelección.

El panorama en las dictaduras del siglo XXI para el año que comienza es más control de la prensa, más crisis, más violación de los derechos humanos, más concentración del poder, más leyes para aparentar legalidad, más elecciones para llamarles democracia, más persecución, más miedo, "más de lo mismo" que ha llevado y que mantiene a estos regímenes no democráticos en el poder.

Sin embargo, este "más de lo mismo" de la agenda de las dictaduras tiene problemas.

En Cuba se está produciendo un verdadero proceso de liberación por medio de la revolución comunicacional y tecnológica, que permite afirmar que el pueblo cubano ya no está aislado del mundo que conoce en tiempo real lo que es y hace el castrismo, quien ha perdido ante la opinión pública mundial toda posibilidad de legitimación.

El fracaso es tan evidente que no sería de extrañar que este sea el año de la perestroika castrista. Está en crecimiento una sociedad civil cubana fundada en la observación de los principios y valores del mundo libre y su contención es imposible.

En Venezuela Maduro solo puede agravar la crisis económica y ampliar los alcances de las crisis social y política. No tiene más recursos que el atropello, el abuso, la exacerbación de la confrontación entre venezolanos, el atentado cada vez más frontal contra la propiedad privada, la militarización del régimen y la profundización de su modelo estatista, centralista y totalitario.

La dictadura venezolana, como la cubana, no tiene ni solución ni futuro, solo se trata de cuánto daño puede hacer el gobierno a su pueblo para mantenerse un tiempo más en el poder.

Ecuador tendrá elecciones municipales en las que Correa ha preparado todo para mostrar un resultado similar al de Venezuela. El avasallamiento de la libertad de prensa ya está consolidado y el control avanza a las organizaciones de la sociedad civil. Después de la metida de mano en la justicia ahora le toca a las Fuerzas Armadas y Correa ha iniciado la aplicación del mismo plan de desinstitucionalización y subordinación política ya ejecutado en Venezuela y Bolivia.

No obstante, las voces de denuncia y repudio nacional e internacional se sostienen y multiplican.

Ha sido el ex presidente Osvaldo Hurtado, exponiendo el caso de Ecuador, el pionero en denunciar como "dictaduras del siglo XXI" a estos Gobiernos.

En Bolivia el fraude electoral para la reelección de Morales ya comenzó el año pasado cuando el tribunal constitucional lo habilitó como candidato. La simulación de democracia seguirá su curso buscando prorrogar indefinidamente en el poder al líder cocalero. El gobierno de Morales depende en grado extremo de lo que pase en Cuba y Venezuela, pero además el incremento de los cultivos de coca ilegal, la sombra del narcoestado, la falta de inversión, la subvención de carburantes, el desmedido del gasto público y la corrupción, entre otros, lo encaminan a una crisis en la que hoy nadie quiere pensar, pero de la que ningún análisis serio puede dudar.

Ortega en Nicaragua seguirá intentando tener una constitución que le permita reelegirse indefinidamente.

Sin embargo, como lo ha advertido la propia Iglesia Católica nicaragüense, la situación puede llevar nuevamente al país a la violencia por la impotencia frente a la manipulación de la "legalidad oficialista".

Los Gobiernos no democráticos están en evidencia y deben ser señalados por la opinión pública que conoce su naturaleza y mecanismos.

Esto sumado a la natural resistencia de los pueblos a la opresión, al desgaste del modelo del socialismo del siglo XXI, al éxito de los países democráticos y sus avances sustanciales frente a los fracasos de los regímenes dictatoriales, a los permanentes atropellos, corrupción y mal gobierno de estos últimos, constituyen una indicación alentadora de que el 2014 podría no ser más de lo mismo.

4 de enero de 2014

Dictadores con los bolsillos rotos

El 2015 presenta la evidencia de que los gobiernos dictatoriales de América Latina tienen crecientes dificultades económicas, que en diferentes grados muestran el previsto fracaso del socialismo del siglo XXI, prueban su inviabilidad y avizoran su final. Los dictadores de Cuba, Venezuela, Bolivia, Ecuador y Nicaragua no tienen recursos para sostener la prebenda populista y el desarrollismo demagógico que los caracterizó, porque las economías nacionales están técnicamente quebradas. Aunque en lo personal se hicieron millonarios en el poder, políticamente son dictadores con los bolsillos rotos.

La dictadura cubana está apurada en llegar a la "normalización" de relaciones con los Estados Unidos, buscando reemplazo para los ingresos que le daba el soporte económico de Venezuela, que había reemplazado con creces al de la Unión Soviética. Si existe economía en quiebra es la del Estado castrista, que ha puesto al pueblo cubano en la situación de miseria que todo el mundo ya reconoce. Lo que Raúl Castro ha presentado ante la asamblea de su partido comunista como un triunfo, podría ser en verdad el anuncio de rendición de la dictadura a la realidad de la libertad de mercado.

Venezuela, a la que Chávez y Maduro condujeron exitosamente a la inflación, desabastecimiento, déficit, altísima corruptela, deuda externa nunca vista, más pobreza y mayor desigualdad, se debate hoy en una crisis económica que solo puede agravarse. Esta dictadura ha hipotecado por lo menos las dos próximas generaciones de venezolanos.

Rafael Correa lleva casi dos gestiones sin poder ejecutar el presupuesto por falta de ingresos, con un déficit imposible de disimular. La dolarización, que es garantía de estabilidad para cualquier régimen serio, se ha convertido en el chaleco de fuerza y en el eventual garrote para el dictador ecuatoriano. Entre otras cosas, el año pasado ya creó una moneda digital para apoderarse del ahorro interno.

Evo Morales tiene un modelo centralista que incorpora la economía de la coca ilegal. Aunque anunció un crecimiento del 5% para 2015, el gobierno admitió que un 1% proviene de la economía de la coca. Morales se ufana de tener reservas de 15.000 millones de dólares, pero informes independientes revelan que la deuda interna y la deuda externa superan la reserva, sin contar con la deuda china no registrada. El 2015 se ve como un año deficitario y un corralito bancario sería previsible en el corto plazo.

Nicaragua, con anuncios de crecimiento, es el único de los países de las dictaduras del socialismo del siglo XXI con tratado de libre comercio, que se beneficia de las inversiones norteamericanas como el de la cadena Wal-Mart. Agotado el soporte que recibió de Venezuela durante los últimos años, Daniel Ortega está apostando a la construcción del canal interoceánico, entregado a la China con gran resistencia popular.

De todos estos gobiernos, los que pudieron emitieron bonos para generar liquidez, asumieron toda la deuda posible y finalmente acuden al "crédito chino". Han agotado las condiciones normales en el sistema económico y sin más opciones entregan sus pueblos a créditos de apuro, que además por su falta de transparencia parecen garantizar una alta cuota de corrupción.

Sin altos precios de materias primas y del petróleo, las dictaduras del socialismo del siglo XXI —antes del sálvese quien pueda— ejecutan una estrategia de normalización, de liquidez urgente de China, campañas de mejoramiento de imagen, propaganda y acercamiento a los Estados Unidos. Uno de los actos importantes del nuevo libreto se verá en la Cumbre de las Américas. Pero en lo interno están listos y decididos para apretar más.

Ya no se muestran tan antiimperialistas, ni tan independientes, ni tan suficientes, ni tan solventes, ni tan "exitistas". Son regímenes que por su centralismo, estatismo, manipulación de la justicia, intervencionismo y falta de democracia, no tienen viabilidad económica. Aunque insisten en mantenerse indefinidamente en el poder, son ahora caudillos con miedo de rendirle cuentas en breve al soberano. Son dictadores con los bolsillos rotos.

6 de enero de 2015

Honduras derrota nuevamente al Socialismo del Siglo XXI

Las elecciones del pasado 24 de noviembre en Honduras han dado el triunfo incuestionable al candidato Juan Orlando Hernández eligiéndolo como Presidente de la República, con una clara ventaja sobre Xiomara Castro de Zelaya la candidata del socialismo del siglo XXI que había anunciado su intención de suplantar la Constitución Política de Honduras y aplicar en este país el mismo procedimiento de liquidación de la democracia que los gobiernos de Venezuela, Ecuador, Bolivia y Nicaragua, dirigidos desde La Habana y financiados desde Caracas, han ejecutado en el marco del proyecto del socialismo del siglo XXI.

El Tribunal Supremo Electoral de Honduras ha establecido que el triunfo de Hernández es un resultado contundente, que escrutados más del 70% de los votos las cifras no van a variar, que reflejan un tendencia que es irreversible.

Los observadores electorales de la Unión Europea y de la Organización de Estados Americanos han informado y reiterado que "la votación y el recuento de las elecciones fue transparente y que su resultados son confiables".

Varios presidentes del mundo han felicitado al Presidente Electo de Honduras, pero sin duda la felicitación con la señal política más destacada es la de Nicaragua, por su connotado miembro del socialismo del siglo XXI, Daniel Ortega, quien ha reconocido como ganador de la elecciones y próximo Presidente de Honduras a Juan Orlando Hernández.

Esto representa que el pueblo hondureño ha rechazado nuevamente los planteamientos populistas y anti democráticos de la candidatura de Mel-Xiomara como la denomina la prensa. Es una ratifi-
cación por escrutinio popular de que la separación constitucional del
ejercicio de la presidencia de Manuel (Mel) Zelaya que se produjo el
28 de junio de 2009 cuando el entonces presidente atentó contra la
Constitución para llevar a Honduras por la senda del socialismo del
siglo XXI, perpetuarse en el poder y terminar con la institucionalidad de su país.

Es la más clara indicación de que la mayoría del pueblo de Honduras no quiere seguir el penoso camino que hoy recorren los pueblos
venezolano, ecuatoriano, boliviano y nicaraguense.

Los hondureños han dicho no a tener perseguidos, presos y exiliados políticos, han dicho no a ser un país intervenido que cumple una
agenda transnacional neo comunista.

Este resultado electoral evidencia la declinación del socialismo
del siglo XXI. Es una señal de que cuando existe institucionalidad
democrática, los pueblos además de votar pueden elegir y defender
sus principios y valores. Es un indicador de que los hondureños no
quieren que les pase lo que esta sucediendo en los países del ALBA
donde la incertidumbre, la crisis y la violación permanente de los
derechos humanos son la regla. Los hondureños han defendido con
éxito su Estado de Derecho.

Es una gran derrota para Cuba y su gobierno dictatorial. El gran
titeretero de la destrucción de las democracias en países americanos
ha perdido por segunda vez la posibilidad de controlar Honduras,
aunque no cesará en los procesos de desestabilización. El silencio de
los dictadores Castro y Maduro en este asunto es elocuente. Respecto
al rápido reconocimiento de Daniel Ortega, hay que ver la adecuada lectura de la realidad por un político con experiencia en política
centroamericana, pero principalmente una señal importante frente

a la reducción del apoyo económico del consocio del siglo XXI a su gobierno.

No es desconocido que Venezuela, por su crisis económica, ha reducido el flujo de ayuda al gobierno de Nicaragua y ha incrementado el porcentaje de pago al contado en las entregas de petróleo. Lo que Ortega está diciendo es que ante la reducción del apoyo del eje Caracas-La Habana, ejercerá más independencia política en el ámbito internacional. Es otra señal importante del declive de la pesadilla castro-chavista que hoy divide a las Américas en países con democracia y países bajo las dictaduras del socialismo del siglo XXI.

En las elecciones del domingo pasado, Honduras ha derrotado nuevamente al socialismo del siglo XXI y a los enemigos de la libertad y la democracia.

28 de noviembre de 2013

La Escuela de Defensa y Seguridad de las dictaduras del siglo XXI

Si falta alguna demostración de que el proyecto del socialismo del siglo XXI o ALBA conformado por Cuba, Venezuela, Ecuador, Bolivia y Nicaragua, es un proyecto absolutamente dictatorial y antidemocrático, hay que revisar lo que ellos mismos han denominado la "Escuela de Defensa y Seguridad del ALBA", una institución creada por decisión de los dictadores del siglo XXI reunidos en la denominada "Cumbre del ALBA de Cochabamba" el 17 de octubre de 2009.

Castro, Chávez, Correa, Morales y Ortega decidieron esta escuela —bajo la fachada de una academia de defensa— "como respuesta a la influencia militar extranjera y para desarrollar una doctrina propia". Establecieron como objetivo "fortalecer el proceso de integración de los países del ALBA mediante la formación de personal civil y militar con orientación anticolonialista, antiimperialista y anticapitalista". En un acta firmada en Santa Cruz (Bolivia) ajustaron los objetivos declarando que son: "desarrollar sistemas de defensa y estrategias integrales frente a amenazas comunes" y "proveer el desarrollo de las fuerzas armadas para contar con capacidad disuasiva real frente a las amenazas externas". Enunciaron también que será "una escuela de altos estudios militares para oficiales de ocho países: Cuba, Venezuela, Nicaragua, Ecuador, Honduras (la de Zelaya), Antigua y Barbuda, Dominica, San Vicente y las Granadinas".

Para este fin construyeron instalaciones de 5.500 metros cuadrados en la localidad de Santa Rosita de Paquío de la Provincia Warnes, a 22 kilómetros de la ciudad de Santa Cruz, en una zona considerada geopolíticamente estratégica tanto por su ubicación geográfica como por el control poblacional que se ejerce desde ella. A la inauguración de las obras terminadas el 31 de mayo de 2011 asistió el Ministro de Defensa de Irán Ahmad Vahidi (con orden de captura internacional por su participación en los actos terroristas contra la Mutual Judía de la AMIA en Buenos Aires en 1994) quien fue personalmente recibido y atendido por Evo Morales (están fotografiados juntos en el acto oficial). Esto generó el rápido viaje del iraní, sin que Morales ni su gobierno presten atención alguna a la captura internacional. La explicación no oficial de la injerencia iraní fue la de algún aporte económico para la construcción, como si el bolsillo profundo de Chávez en ese momento hubiera necesitado tal apoyo.

El 25 de julio de 2013, en el marco del denominado "I Seminario Internacional de Seguridad y Defensa" presidido por Evo Morales en Santa Cruz, los altos mandos militares de Bolivia, Nicaragua, Cuba, Ecuador y Venezuela, como miembros del ALBA, suscribieron el "acta para impulsar la escuela de formación ideológico-militar", con la "finalidad de establecer y viabilizar el presupuesto de funcionamiento de la escuela, establecer una estructura organizativa, necesidad de personal, de asesores, docente y cursantes". Se designó comandante de esta escuela al coronel Hernán Fuentes. Evo Morales expresó por sí y a nombre de los presidentes del ALBA, que "tenemos la obligación de cambiar la doctrina de nuestras fuerzas armadas, queremos unas fuerzas armadas formadas ideológicamente, políticamente, programáticamente…". Esto —incluso bajo las leyes de las dictaduras del ALBA— son cuanto menos delitos de "traición a la patria" y "sometimiento a poder extranjero".

Mientras esto sucede, estos mismos violadores de la ley y la soberanía, persiguen, enjuician y encarcelan como presos políticos a militares del altos mandos que defendieron la democracia y su institución en el pasado, como el caso de los generales y almirantes Claros, Veliz, Rocabado, Quiroga, Aranda y ahora Antezana, Justiniano y otros.

Lo peligroso para todo el hemisferio es que en nuestra región, se han subordinado a las fuerzas armadas de por lo menos cinco países a un proyecto político dictatorial, se ha puesto en marcha un mecanismo de entrenamiento para civiles y militares para adoctrinamiento anticolonial, antiimperialista y anticapitalista, al parecer con estrecha participación del terrorismo internacional, y se está impulsando una severa amenaza tanto para los pueblos de las Américas como para los Estados democráticos. Mientras tanto la Organización de Estados Americanos y la Organización de Naciones Unidas guardan silencio, olvidando que además de la defensa y preservación de la democracia (ya liquidadas en estos países) su objetivo principal es el "mantenimiento de la paz y seguridad internacionales", obviamente amenazadas.

6 de septiembre de 2013

ELECCIONES Y FRAUDE ELECTORAL

Evitar que las elecciones consoliden la dictadura en Venezuela

La convocatoria a elecciones parlamentarias para el 6 de diciembre de este año en Venezuela, es resultado de la lucha interna y una incipiente presión internacional para recuperar la democracia. La dictadura chavista ha dispuesto y usado esta convocatoria como un mecanismo de distensión y estabilización del régimen, y de inmediato puso en marcha su sistema institucionalizado de "fraude electoral". Las "elecciones controladas" son el medio que las dictaduras del socialismo del siglo XXI utilizan para simular democracia y perpetuarse en el poder. El desafío es evitar que las elecciones -en lugar de recuperar la democracia- sirvan para consolidar la dictadura en Venezuela.

Elegir es "escoger, es preferir a alguien o algo para un fin", es un acto de expresión de libertad de obrar. La elección es el mecanismo político por el que un ciudadano toma la decisión de quienes serán sus representantes y autoridades. Es más que el acto de votar, pues para que sean elecciones en democracia, deben ser "periódicas, libres, justas y basadas en el sufragio universal y secreto". Las elecciones en si mismas no son democracia.

Las elecciones deben celebrarse en "condiciones de democracia", esto es el respeto a los derechos humanos y las libertades fundamentales, con vigencia del Estado de Derecho, con existencia de un sistema plural de partidos y organizaciones políticas, y con división e independencia de los poderes públicos. Cuando estas condiciones no existen, las elecciones quedan convertidas solo en un ritual de impostura, en acciones contrarias a la verdad destinadas a falsear la verdad, engañar al soberano que es el pueblo. En lugar de ser garantía y ejercicio de libertad y democracia, las elecciones son convertidas en delito y la "democracia aparente" es solo la coartada dictatorial.

Hoy en Venezuela no hay democracia. No existe democracia a medias ni democracia parcial. Se trata de recuperar la democracia porque no hay respeto a los derechos humanos, hay perseguidos, presos y exiliados políticos. Fueron precisamente los presos políticos los que con su huelga de hambre forzaron al gobierno a que disponga la convocatoria a las elecciones parlamentarias. En Venezuela no hay Estado de Derecho, porque no hay leyes "que se hagan cumplir por igual y se apliquen con independencia, además de ser compatibles con las normas y los principios internacionales de los derechos humanos", como lo prueban múltiples informes y declaraciones de organismos internacionales, entidades y gobiernos. El régimen de Maduro da testimonio diario de la inexistencia de división e independencia de los poderes públicos.

Las internas del régimen, ilustran la institucionalización del fraude electoral y la ausencia de democracia. Han anunciado mas votos de los existentes, Maduro en persona ha declarado que sabe quienes y como votan y ha proferido amenazas. Han representado una comedia de fortaleza cuando las encuestas reflejan que el apoyo popular al gobierno está por debajo del 20%. La coacción a los candidatos no oficialistas es pública, proliferan las inhabilitaciones ilegales, las acusaciones, la represión judicializada, las acciones de asesinato de reputaciones, las violaciones a la libertad de prensa y de expresión. Toda la metodología del castrismo dueño del proyecto.

No permitirán que los perseguidos, los presos o los exiliados políticos sean candidatos. No estarán en las listas María Corina Machado, ni Leopoldo López, ni ninguno de los enjuiciados y detenidos. Los venezolanos en el exterior no votarán por mandato "legal". Nadie revisará el padrón electoral, ni el sistema de cómputo y registro. No quedará nada que recontar ni prueba alguna del fraude como ya sucedió en la "elección" de Maduro. La dictadura ya anunció que no permitirá observadores internacionales, solo sus cómplices y los organismos creados para encubrirlos. El cohecho electoral aprovechando la crisis y la carestía creadas por la propia dictadura, ya ha comenzado. Sin fraude la dictadura esta perdida y lo saben.

Es urgente que además de insistir en la denuncia, se produzcan hechos concretos. La "observación electoral previa e independiente" debe empezar ya, para auditar el padrón electoral, exigir condiciones de democracia, fiscalizar el sistema de registro y cómputo, conocer el software del órgano electoral y para permitir la presencia de los opositores en todas las mesa el día de la elección. La convocatoria a elecciones parlamentarias ha estabilizado la dictadura venezolana, hay que evitar que las elecciones la consoliden.

07 de julio de 2015

Reelección indefinida es dictadura

La Asamblea Nacional de Ecuador pondrá en vigencia por vía de enmienda constitucional la reelección indefinida del presidente de ese país. Se trata de un proceso impulsado y digitado por su beneficiario Rafael Correa, quien luego de negar reiteradamente esta posibilidad e incluso calificarla de "absurda", la implementa usando el control total del poder. Instituir la reelección indefinida quita toda duda sobre la naturaleza del gobernante ecuatoriano y su propósito. Se trata de la señal definitiva de la dictadura del socialismo del siglo XXI en Ecuador.

La calificación de "dictadura del siglo XXI" que el año 2012 le dio el académico y expresidente de Ecuador, Dr. Osvaldo Hurtado, al régimen presidido por Rafael Correa, se funda en el estudio de la realidad ecuatoriana en torno al imperio de la ley, la división del poder, la independencia de la justicia, las libertades y garantías, la transparencia, el pluralismo político, la alternancia en el gobierno y las elecciones libres. Lo que el Dr. Hurtado demostró es que ninguno de los principios en que se sustenta la democracia existen en el gobierno de Correa, quien controla la totalidad del poder.

Para evitar la consulta popular sobre la reelección indefinida, el régimen ecuatoriano utilizó el poder que controla. El instrumento fue la Corte Constitucional, tribunal que autorizó —en el feriado de difuntos— a la Asamblea Nacional, de mayoría oficialista, "enmendar" la Constitución ecuatoriana para agregarle por esta vía la reelección indefinida. Se otorgaron facultades constituyentes al legislativo ordinario y se garantizó la aprobación de la reelección indefinida en manos de los asambleístas del gobierno.

Con el control del poder ejecutivo, de la Asamblea Nacional, del poder judicial y de la Corte Constitucional de Ecuador, sin libertad de prensa, sometiendo la opinión pública, o sea ejerciendo la dictadura descrita y demostrada por el expresidente Hurtado, ahora Correa está institucionalizando el mecanismo final de la dictadura: la perpetuidad en el poder.

Se trata de una medida para perfeccionar la "falsa legalidad" con la que se han estado disfrazando de democracia los regímenes que no cumplen con ninguno de los elementos esenciales de la Carta Democrática Interamericana. Es la aplicación en Ecuador de un proyecto transnacional no democrático, que hoy goza aún de la tolerancia y/o indiferencia de las democracias de la región y del mundo.

Rafael Correa negó siempre la intención de introducir la reelección indefinida. Así lo hizo Hugo Chávez en Venezuela para luego perpetuarse en el poder hasta su muerte. Así procedía hasta su tercera e ilegal elección Evo Morales en Bolivia, quien muy pronto la introducirá y la hará aprobar, seguramente con una maniobra similar a la que ahora sufre Ecuador. Lo mismo ha hecho Daniel Ortega en Nicaragua. Todos los jefes de los gobiernos del socialismo del siglo XXI están asegurando el poder a perpetuidad.

Se ha denunciado reiteradamente que se trataría de un diseño de suplantación constitucional introducido por Hugo Chávez en su alianza con la dictadura cubana, contratando algunos profesores de la Universidad de Valencia, que han instituido doctorados de Derecho Constitucional en universidades de Cuba, que han "inspirado" las constituciones del socialismo del siglo XXI para Venezuela, Bolivia, Ecuador y reformas en Nicaragua, buscando legitimar las dictaduras.

Desde la independencia de Ecuador su constitucionalismo ha sido no reeleccionista. No autorizaba la reelección del presidente sino pasado un período. Este principio ya fue modificado por el mismo régimen actual para autorizar la reelección inmediata por una sola vez en la Constitución de 2008 a favor de Correa. Además acompañaron la introducción de la reelección con una disposición transitoria, por la que la primera reelección de Correa (2009) no debía tomarse en cuenta. Esto muestra la característica de "proceso" que tiene la institucionalización de la dictadura.

La "reelección indefinida es dictadura" y lo sabe el mismo beneficiario que ha descrito la naturaleza de su régimen y la inexistencia de democracia en Ecuador. La prensa registra la declaración de Rafael Correa de noviembre de 2007 en la que afirmó: "es un absurdo la reelección indefinida, pues la democracia implica alternancia".

11 de noviembre de 2014

Fraude y ejercicio dictatorial en Bolivia

El fraude electoral previo, articulado e institucionalizado por Evo Morales para los comicios del domingo pasado en Bolivia no le ha resultado suficiente. Desde el momento mismo de la votación, el candidato oficialista y su aparato se han dado a la tarea de difundir noticias falsas, amenazar, encubrir actos delictivos y cometer fraude postelectoral, buscando imponer y consolidar lo que llaman triunfo electoral y que solamente es "la careta de democracia para un gobierno dictatorial".

El Tribunal Supremo Electoral (TSE) que suplanta las "cortes electorales imparciales" y que ha sido establecido por la Constitución y las leyes aprobadas por el régimen de Evo Morales, está compuesto por siete miembros, seis de los cuales fueron elegidos por el Congreso (con control de 2/3 por Morales) y uno por el presidente (el mismo Morales). De esta forma Morales controla la totalidad del tribunal y de sus dependencias departamentales. Las leyes electorales del régimen ha impuesto —entre otras practicas no democráticas— el monopolio de la información para el TSE, violando la libertad de prensa y de información, de manera que nadie puede emitir resultados parciales, en boca de urna o datos que no sean los del gobierno.

En este marco institucionalizado de fraude, el mismo día de las elecciones el TSE anunció un resultado del 90% de cómputo (que hasta hoy no ha realizado) y Evo Morales se autoproclamó ganador de las elecciones, dice que con más del 60% de votos, control de 2/3 de las cámaras de Senadores y Diputados y ganador en ocho de los nueve departamentos, admitiendo su derrota en el Beni.

En su discurso del domingo de elecciones, Morales dedicó su triunfo "a Fidel Castro y Hugo Chávez y a todo gobierno que luche contra el imperialismo". Preguntó "hasta cuando seguir sometido al imperio norteamericano y a un sistema capitalista?". Se jactó de haber sometido a los departamentos de la media luna (Santa Cruz, Beni, Pando, Tarija, Chuquisaca y Cochabamba) declarando que "ya no hay media luna, hay luna entera" y amenazó y atacó a sus oponentes. Todo esto sobre la falsedad de un "cómputo oficialista" que no está terminado y que da pruebas inequívocas de fraude.

Al día siguiente de la elección, Morales declaró a los medios de comunicación radial "Erbol y Fides administrados por los padres de la Iglesia Católica, los primeros enemigos de Evo Morales". Refiriéndose de la condición de "dictador" que ya se extiende, recordó que "cuando era dirigente cocalero lo acusaban de haber establecido una dictadura sindical" y que ahora sus detractores hablaban de "autoritarismo nacional", dictadura.

La constatación de fraude electoral está en todo el territorio nacional. En Cochabamba se constató que la pagina web del Tribunal publicó un computo cuando no se conocían ni se habían recibido las actas de votación. En Chuquisaca el conteo en la circunscripción uno avanzó hasta el 90% y fue retrocedido al 40%. En Tarija agregaron 14.505 votos a una mesa sin ese número de inscritos, para volcar los resultados a favor de Morales. En Santa Cruz se computaron actas con cantidades de votos por encima de los posibles, por ejemplo, de 239 inscritos computaron 400 votos a favor de Morales y más de 540 votos para su candidato a diputado. En todo el país resultó común y reiterado el cómputo de más de 300 votos por acta cuando de acuerdo a ley ningún libro/acta puede tener más de 300 ciudadanos inscritos.

Frente a esto el TSE informó que "las malas sumas ocasionaron variación de resultados en su pagina web, sobre todo en Cochabamba y Chuquisaca!!?? Malas sumas que benefician a Morales y sus candidatos a diputados en el esfuerzo final por lograr los 2/3 en la Cámara de Diputados que hoy aún les falta, ya que sin este control no podrían cambiar la Constitución para la reelección indefinida de Morales, seguir dictando leyes retroactivas para perseguir a los opositores y encubrir la corrupción del gobierno del Estado plurinacional.

Las denuncias y las pruebas no cesan, pero Morales ya ganó el domingo, ya dijo como y por cuanto. Ahora solo falta que su TSE cumpla lo que ha dictado. Gracias al trabajo de la prensa no oficialista, a la que Morales ha declarado "sus primeros enemigos", las elecciones sin democracia se han puesto en evidencia y han servido para demostrar el fraude electoral y el ejercicio de la dictadura en Bolivia.

16 de octubre de 2014

Bolivia vota pero no elige

En las elecciones generales de este domingo Bolivia vota pero no elige. Los votantes bolivianos depositarán su voto, en algunos casos expresarán formalmente una preferencia, pero en realidad no escogerán autoridades porque el resultado electoral está previamente determinado por el fraude preparado por Evo Morales y su gobierno para "reelegirse indefinidamente", "controlar dos tercios de las cámaras de diputados y senadores" y "ganar en los nueve departamentos".

Fraude electoral es "cualquier acto de intervención ilícita en el proceso electoral con el fin de modificar los resultados reales"; es la "conducta que a través del engaño, la manipulación, la falsificación, la distorsión, el despojo, la elusión, la obstrucción, la violencia o cualquier acción u omisión, ejercidos en cualquier fase del proceso para afectar el resultado". Si además el fraude está institucionalizado para mantenerse indefinidamente en el poder, es la mejor demostración de que no existe democracia.

Los observadores internacionales aceptados por el gobierno para esta elección deben responder ante la opinión pública boliviana y mundial, por lo menos sobre los aspectos siguientes:

1.- El oficialista Evo Morales está inhabilitado a ser "candidato por tercera vez" consecutiva por su propia Constitución del Estado plurinacional. ¿Emitirán opinión sobre este acto de fraude electoral?

2.- Evo Morales tiene "presos políticos y mantiene en el exilio a más de mil bolivianos", (en Brasil, Paraguay, Estados Unidos, Perú y España), entre los que existen decenas de potenciales candidatos a presidente, senadores y diputados que están impedidos de postularse. De esta manera el candidato oficialista "ha seleccionado y elegido a sus opositores" ¿Puede llamarse democrática, libre y justa, una elección en un país con presos y exiliados políticos perseguidos por el gobierno?

3.- El Tribunal Supremo Electoral constituido por Evo Morales con miembros de su dependencia, ha reemplazado las "cortes electorales imparciales" que fueron una conquista de la democracia. Órganos y funcionarios electorales constituidos por el gobierno para asegurar su reelección, ¿pueden garantizar elecciones limpias e imparcialidad?

4.- Las "nuevas leyes electorales" dictadas por Morales y su gobierno le han permitido modificar la estructura territorial de las circunscripciones y otras maniobras en su beneficio. ¿Se pronunciarán sobre esto los observadores?

5.- El gobierno ha asumido control político total del sistema de identificación de los bolivianos y de manera inexplicable en esta elección "han aparecido más de 500.000 nuevos votantes". ¿Han trabajado sobre este tema los observadores electorales?

6.- El gobierno ha instituido y promueve —en las zonas rurales sobre todo— el denominado "voto comunitario", que es el sufragio total a favor del oficialismo con coacción de "latigazos" y otros hechos de violencia y amenazas. Existen declaraciones en la prensa y víctimas que prueban los hechos. ¿Pueden afirmar los observadores que en Bolivia hay "voto universal y secreto"?

7.- Evo Morales hace campaña desde hace más de una año con "bienes, servicios y equipos del Estado" y sigue haciéndola cuando legalmente ya esta prohibida. ¿Los observadores afirmarán que hay igualdad, no hay engaño, no hay manipulación en el proceso?

8.- Evo Morales ha anunciado casi un año antes el porcentaje (70% o más) con el que ganará las elecciones y el resultado general (2/3 en senadores y diputados) y, por ejemplo, que ganará en Santa Cruz.

¿Interpretarán los observadores esta situación como parte de las facultades de adivinación del candidato, o investigarán el "iter criminis" electoral planificado y ejecutado para lograrlo?

Existen decenas de preguntas y temas más, pero de lo que se trata es que verdaderos observadores internacionales, la prensa, los defensores de la democracia, instituciones y ciudadanos en general, revisen estos y otros hechos que los conducirán irremediablemente a la conclusión de que se trata de "elecciones sin democracia" porque ahora *Bolivia vota pero no elige.*

9 de octubre de 2014

Elecciones para el dictador boliviano

La dictadura del siglo XXI en Bolivia está en campaña para llevar adelante elecciones el 12 de octubre de este año y re-reelegir a Evo Morales. Es la crónica de un fraude anunciado que pone en escena la comedia de la "simulación democrática". El proceso electoral en Bolivia se ha convertido en una sucesión de delitos y manipulaciones de franquicia del socialismo del siglo XXI y sus operadores locales. Tal como aconteció en Venezuela, el fraude para el candidato oficialista está en pleno desarrollo. Lo que estamos viendo y lo que vendrá, ratifica que Bolivia no vive en democracia.

Hay democracia cuando concurren —entre otros— los cinco elementos esenciales establecidos por la Carta Democrática Interamericana: "el respeto a los derechos humanos y la libertades fundamentales; el acceso al poder y su ejercicio con sujeción al Estado de Derecho; la celebración de elecciones periódicas, libres, justas y basadas en el sufragio universal y secreto como expresión de la soberanía del pueblo; el régimen plural de partidos y organizaciones políticas; y la separación e independencia de los poderes públicos".

Las elecciones en si mismas no son democracia, son un elemento de la democracia si son limpias, si hay igualdad para candidatos y votantes, si el voto no es sometido a coacciones y no se manipula su sentido. Cuando las elecciones se usan para la "prórroga indefinida" en el poder, se convierten en un instrumento de la dictadura en lugar de un elemento de la democracia. Todos los países del socialismo del siglo XXI han hecho de las elecciones manipuladas el medio para sostenerse indefinidamente en el poder.

Las elecciones en Bolivia, están preparadas para que el dictador boliviano se reelija con un "masivo respaldo". Para eso, el primer acto de fraude ha sido la habilitación de Evo Morales como candidato, cuando su propia constitución del Estado plurinacional prohíbe su reelección, pero como controla todos los poderes del Estado, su Tribunal Constitucional ha habilitado ilegalmente su candidatura.

Ahora aplican en Bolivia todas técnicas de fraude ya usadas en Venezuela y otros países del grupo: el control de la identificación personal y del registro de electores; la coacción a candidatos y electores; el traslado de ciudadanos; el control político del órgano electoral y de sus miembros nombrados por el candidato a ser reelegido; gastos extraordinarios en la campaña oficialista incluyendo recursos y bienes del Estado; ventaja ilegal en la publicidad de campaña; complicidad de los funcionarios electorales para encubrir el fraude electoral; ejecución de obras publicas concretas como medio de campaña; control de medios de comunicación; el denominado "voto comunitario" suplantando el voto secreto; manipulación de los sistemas de cómputo; soborno directo y con obras públicas o prebendas; el cambio del mapa electoral modificando las circunscripciones territoriales, y más…

Las elecciones en Bolivia se realizarán con múltiples candidaturas "de oposición" que el dictador Morales permite y que le convienen. Líderes y potenciales candidatos están exiliados, presos políticos o simplemente inhabilitados por la criminalización de la política a través del poder judicial que Morales también controla. Morales opera una oposición dividida, (las dictaduras crean y administran su propia oposición para simular democracia) por eso su Ministro de gobierno denunció esta semana, que "la oposición pretende unirse" atribuyendo la "conspiración" al contenido del libro *La dictadura del siglo XXI en Bolivia*.

El "Poder Electoral" de Evo Morales acaba de modificar las circunscripciones electorales en un nuevo "mapa electoral" —igual que en Venezuela— para ajustar el territorio a la conveniencia oficialista. Morales tiene hoy según encuestas un respaldo de cerca del 33% de la población boliviana, pero ha anunciado que ganará las elecciones con el 70% de votos. Así como van las cosas, seguro que lo hará porque son elecciones arregladas para el dictador boliviano.

8 de mayo de 2014

¿Por qué no se pueden ganar elecciones al gobierno de Venezuela?

Luego de las elecciones municipales en Venezuela, la pregunta es: ¿por qué la oposición no ganó las elecciones en Venezuela?

Los resultados demuestran nuevamente que no es posible ganar elecciones al oficialismo venezolano porque simplemente no existen "condiciones de democracia" para que las elecciones sean *libres y justas*, elemento esencial de la democracia que establece la Carta Democrática Interamericana.

Esto mismo sucedió y ocurrirá en todas las elecciones de Venezuela, Ecuador, Bolivia y Nicaragua, en los tiempos del socialismo del siglo XXI. El Consejo Nacional Electoral (CNE) de Venezuela ha ofrecido resultados que presentan una victoria del oficialismo (PSUV) y sus aliados en la mayoría de los municipios del país, con la mayoría de votos a nivel nacional 54,6% frente al 46,4% de la oposición (MUD), ganaron la mayoría de los alcaldes y la mayoría de los concejos municipales.

La oposición ganó por lo menos 74 alcaldías, algunas de las más importantes del país como Caracas, Maracaibo, Valencia, San Cristóbal, Barquisimeto y otras de Caracas como Chacao, Baruta, Sucre y el Hatillo.

El resultado general favoreció al gobierno dictatorial de Maduro que se proclamó fortalecido por este resultado, hasta el punto que la propia oposición parece que le cree.

Las elecciones fueron planteadas tanto por la oposición como por el gobierno como un referéndum, esto es que en la elección de alcaldes, los venezolanos fueron convocados a votar para apoyar o rechazar al gobierno.

En el proceso electoral, además de los temas propios de cada municipio, el esfuerzo de los dos líderes que no eran candidatos —Nicolás Maduro y Henrique Capriles— se concentró en pedir el voto de los venezolanos para aprobar o rechazar respectivamente las acciones y políticas del gobierno nacional.

El gobierno utilizando la imagen del fallecido Hugo Chávez y todo el aparato del Estado, y la oposición mostrando la crisis económica, social y política por la que atraviesa Venezuela. No podemos olvidar la naturaleza de este proceso electoral que ha estado muy lejos de ser libre, equilibrado y justo.

Para que las elecciones sean LIBRES y JUSTAS, deben tener como elemento fundamental la libertad de obrar, de actuar y de decidir, deben brindar igualdad a los candidatos, ser regidas por autoridades imparciales, ser transparentes, sometidas a verificación o rendición de cuentas y desarrollarse en un ambiente de normalidad democrática en el que la no interferencia y la no participación de los poderes constituidos es un requisito imprescindible.

En Venezuela aconteció todo lo contrario: la libertad de obrar de candidatos y del pueblo mismo estuvieron bajo permanente coacción del gobierno, la inducción y presión para el voto a favor de oficialismo fue pública.

Los órganos electorales dependen del gobierno y están lejos de ser imparciales y de rendir cuentas sino al poder central, el control de los medios de comunicación y el uso y abuso de los mismos desde el gobierno fue evidente, la represión y persecución política por la vía judicial fueron parte del proceso electoral, el uso los recursos estatales para beneficiar a sus candidatos oficialistas ha sido grosero, la prebenda y la coacción electoral desde el aparato del Estado ha sido sostenida.

Ante los resultados de las elecciones en Venezuela debemos hace énfasis en ausencia de las condiciones de democracia, fundamentales para cualquier proceso electoral, sin las cuales las elecciones dejan de ser democráticas.

Fraude electoral no es solamente la alteración del voto el día de las elecciones. Fraude es suplantación, coacción, inducción, compra de votos, intervención del gobierno para favorecer a candidatos, ventaja ilegal en la publicidad, control de medios de comunicación, uso de la fuerza pública, utilización de recursos del Estado, manipulación de sistemas; todo esto y más es lo que el dictador Maduro hizo pública e impunemente para "ganar" las elecciones municipales de su país.

Estas son las razones por las que —en dictadura— el gobierno siempre gana las elecciones. La oposición tendrá más respaldo pero menos votos y los resultados generales deberán favorecer a la dictadura porque su sistema está diseñado para eso.

Ya sucedió cuando usurparon el poder a Henrique Capriles. Son tiempos en que las elecciones sirven para demostrar que no hay democracia.

12 de diciembre de 2013

Fraude: De Venezuela a Bolivia

Apenas sostenido el fraude electoral en Venezuela, el socialismo del siglo XXI ha puesto en marcha el fraude para las elecciones que deben realizarse en diciembre de 2014 en Bolivia.

El fraude electoral ha comenzado con la pretensión de Evo Morales de ser nuevamente candidato por tercera vez consecutiva, pese a que su propia constitución política (con la que ha destrozado toda la institucionalidad democrática boliviana) no lo permite.

Para que la maquinaria de ganar indefinidamente las elecciones funcione, Morales necesita ser candidato, pero como su constitución lo prohíbe, ha puesto en operación a su Tribunal Constitucional pidiendo una interpretación, resuelta rápidamente habilitando al dirigente cocalero para una tercera elección.

El Tribunal Constitucional de Bolivia está hoy constituido por individuos que son resultado de la "reforma judicial de Evo Morales", con la que terminó de liquidar la independencia del Poder Judicial de Bolivia. Recordemos que Morales con la misma argucia de Hugo Chávez, y Correa al hacer sus constituciones, también cambió el nombre a la Corte Suprema de Justicia de la Nación para dejar cesantes a todos sus titulares (a los que ya estaba persiguiendo) y designar jueces de sus propias filas.

La justicia en Bolivia es hoy solo un mecanismo más del poder político absoluto de Evo Morales, quien lo usa como instrumento de amedrentamiento, represión, persecución política y perpetuación en el poder. En el caso de la interpretación para que Morales se re-re elija, el Tribunal Constitucional ha ejercido su papel de perpetuador.

El fallo que autoriza la candidatura de Evo Morales dice que con la constitución de Evo se fundó Bolivia y que las elecciones anteriores a dicha constitución no cuentan. Esto es que en el año 2014, Morales —según su Tribunal— puede postularse a su "primera reelección". Así pasó en Venezuela, en Ecuador y ahora en Bolivia. Se repite un hecho que es solamente el primer acto de fraude electoral sin el que estos regímenes no pueden permanecer en el poder.

Los pasos siguientes de fraude son conocidos, pero vale la pena recordarlos para observar su puesta en escena: la Cámara de Diputados y luego la de Senadores aprobarán por votaciones de la mayoría del gobierno la reelección, siguiendo al Tribunal Constitucional; el candidato ilegítimo se amparará en el discurso de que su candidatura depende del pueblo; los sindicatos cocaleros y las organizaciones políticas vinculadas al gobierno, proclamarán reiteradamente a Morales, hasta que éste oficialice su candidatura; el candidato oficialista iniciará campaña más de un año antes de la elección, usando todos los bienes y recursos del Estado y controlando todos los medios de comunicación; la corte electoral del gobierno pondrá formalmente en marcha el proceso electoral en base a la inscripción de ciudadanos identificados por el sistema hoy controlado por "asesores cubanos" (Evo quitó el sistema de identificación nacional a la Policía Boliviana); los candidatos opositores reales y con alguna opción serán acusados y enjuiciados por corrupción, genocidio o terrorismo y el sistema judicial volverá funcionar para mandarlos a la cárcel o forzarlos al exilio como ya ha sucedido con muchos líderes políticos bolivianos.

Así, las elecciones de diciembre de 2014 en Bolivia se llevarán a cabo con "voto comunitario" en lugar de voto libre y secreto; prácticamente en sistema de partido único en lugar de sistema plural y libre; en una sociedad con exiliados, presos y perseguidos políticos; con libertad de prensa y de expresión bajo control; sin financiamiento posible para los opositores; con observadores electorales del ALBA que legalizarán el fraude; y con trampa en las urnas. (¿Elecciones a la cubana?)

¿Y el mundo le seguirá llamando a eso democracia?!!

16 de mayo de 2013

Delito contra la democracia

El fraude es una acción contraria a la verdad y a la rectitud en perjuicio de la persona contra quien se comete. En materia de elecciones, el fraude es la intervención premeditada y deliberada en el proceso electoral con el fin de modificar los resultados. El fraude electoral es de orden público porque el perjuicio se comete contra toda la sociedad cuya voluntad resulta alterada y falsificada.

Así como las elecciones no son en si mismas la democracia sino un elemento de ésta, la votación es solo una parte del proceso electoral. El fraude electoral puede ser cometido antes, durante o después de la votación.

En el proceso electoral el primer paso es la inscripción del ciudadano en base al registro civil o de identidad, que acredita la existencia de las personas y da lugar al ejercicio del voto. Es ahí donde comienza el fraude electoral, con duplicaciones, falsas inscripciones, inscripciones de extranjeros, de ausentes o de fallecidos, supresión de inscripciones y otras alteraciones con las que el gobierno que controla esta instancia se favorece. Es por esta razón por la que en países como Bolivia el registro civil y el sistema de identificación está desde el gobierno de Morales en manos de "cooperación cubana".

Antes de la votación se define el contenido de normas electorales, circunscripciones, recintos, forma de votación, papeletas, sistema electrónico o de otro tipo, formularios y forma de cómputo; las instancias, la convocatoria, el padrón electoral, las reglas de campaña y propaganda, el acceso a los medios de comunicación, prácticamente todo. En esta etapa la posibilidad de fraude afecta a la campaña electoral, como en las pasadas elecciones de Bolivia donde se implantó desde el gobierno el "voto comunitario"; como en Ecuador donde se cambió el sistema de asignación para favorecer al oficialismo; o como en Venezuela donde el candidato oficialista —dueño del sistema electoral— pudo coaccionar, utilizar los recursos y bienes estatales como propios, ofrecer prebenda pública, acceder a los medios de comunicación en evidente ventaja contra el opositor y hasta impedir el voto en el exterior suprimiendo por ejemplo el Consulado de Venezuela en Miami.

A tiempo de la votación el fraude es más evidente y se expresa —entre otros actos— en la compra de votos, la coacción, los traslados de votantes, el robo o destrucción de ánforas, adulteración de actas, carga o embarazo de urnas, voto en cadena o carretilla y otros hechos.

Después de la votación, el fraude se expresa en el recuento o en la negativa del mismo, anulaciones de actas, desaparición de registros, decisiones ilegales de las autoridades electorales, amenazas como las que hoy sufre el candidato Capriles en Venezuela, además bajo la sombra de un Poder Judicial también sometido.

Con estas evidencias en más de tres países del denominado socialismo del siglo XXI, es tiempo de que los gobiernos democráticos se preocupen y ocupen porque existen elecciones sin democracia, impulsen la creación de la Comisión Interamericana Electoral y tipifiquen el fraude electoral como un delito contra la democracia. No hacerlo —por muy buenas razones comerciales o diplomáticas que tengan— podría ser visto como complicidad.

1 de mayo de 2013

Comisión Interamericana Electoral

A partir del principio de que elecciones no son democracia, pero que sí son un elemento esencial de la misma, el objetivo es que las elecciones sean imparciales, esto es libres de fraude y/o de sospecha.

Si podemos hacer una clasificación para diferenciar hoy a los países de las Américas, la más adecuada es la de países con democracia y países sin democracia. En los primeros se respeta la libertad, rige el Estado de Derecho y son previsibles; en los no democráticos se vulneran la libertad, a partir de un proyecto dictatorial o totalitario han modificado la institucionalidad, creando su propia legalidad (que no es legítima ni lícita) para garantizar la perpetuación del caudillo en el poder, son Estados con perseguidos, presos y/o exiliados políticos, en los que las elecciones son el escudo para ampararse a la sombra de una democracia que ya no existe.

Tanto en los países con democracia como en los sin democracia hay elecciones, la diferencia radica en que en los países con democracia los órganos y el sistema electoral son por lo menos aceptables y existen recursos de denuncia y sanción al fraude. En los sin democracia, todas las instituciones destinadas a garantizar las elecciones limpias y transparentes son mecanismos instaurados para servir a la perpetuación del caudillo o de su ungido en el poder, incluyendo el Poder Judicial. En los países sin democracia no existe ninguna posibilidad de que el candidato oficialista pierda una elección, porque el sistema está diseñado para eso.

En estas condiciones la cuestión radica en cómo establecer cortes u órganos electorales imparciales en países sin democracia como

Venezuela, Bolivia, Ecuador y otros de la órbita del denominado proyecto ALBA o socialismo del siglo XXI. El desafío consiste en cómo recuperar la democracia en los Estados que tienen un diseño institucional y legal no democrático, que no cumplen con la Carta Democrática Interamericana, en un momento en el que además, la mayoría de los Estados de la comunidad internacional no están dispuestos a sacrificar sus relaciones comerciales con los países no democráticos.

La respuesta que propongo es que en aplicación de la Carta Democrática Interamericana se establezca la Comisión Interamericana Electoral, esto es un organismo electoral que en el marco de la Organización de Estados Americanos sea el órgano electoral imparcial para los países de América Latina.

Con un organismo electoral interamericano, evitaremos repetir la penosa situación de las últimas elecciones de Venezuela donde se ha instituido un presidente viciado de legitimidad, porque su propia legalidad no es suficiente y ya no convence ni a los chavistas; evitaremos que el show que se prepara para las elecciones presidenciales del próximo año en Bolivia, sea un evento de un candidato oficialista único que se reelegirá con simulación de oposición cuando la mayoría de los potenciales candidatos están presos o en el exilio; evitaremos en suma que se siga calificando de democracia a elecciones con fraude electoral ejecutado antes, durante y después del día de votación.

Además de la imparcialidad, transparencia y de muchas otras ventajas para cuya discusión el debate queda abierto, una entidad interamericana electoral reduciría el costo de las elecciones y daría cumplimiento a una de las condiciones esenciales de la democracia: la celebración de elecciones periódicas, libres, justas y basadas en el sufragio universal y secreto como expresión de la soberanía del pueblo.

26 de abril de 2013

Elecciones sin democracia

Lo que Venezuela vive en estos días luego de la elección presidencial del 14 de abril, es solo el previsible resultado de las elecciones que se realizan en países sin democracia. Es la situación para la que quienes concibieron el denominado proyecto del socialismo del siglo XXI, se prepararon: mantenerse en el poder usando el sistema de fraude institucionalizado para "ganar" indefinidamente elecciones y simular democracia.

El fallecido Hugo Chávez asociado con la dictadura castrista y los actuales gobernantes de Bolivia, Ecuador, Nicaragua y Argentina, en el desarrollo de su proyecto que denominaron Alba o socialismo del siglo XXI, se empeñaron en convencer a sus ciudadanos y al mundo de que las elecciones son en si mismas la democracia.

El proyecto chavista en América Latina llevó adelante la sustitución de las constituciones políticas del Estado en cada uno de los países que controla con el principal objetivo de perpetuarse en el poder. Para eso hicieron de las constituciones prácticamente leyes ordinarias fácilmente reformables y manipulables, y pusieron en marcha el apoderamiento y subordinación total de la instituciones democráticas. Terminaron con la división de poderes, concentraron la autoridad total en el ejecutivo, sometieron instituciones encargadas de mantener el equilibrio de poder. Controlaron el Poder Judicial, al que convirtieron en un mecanismo de represión y persecución política, acabaron con cualquier forma de frenos y balances, se pusieron por encima de la ley y terminaron con el Estado de Derecho.

En ese camino, organizaron de acuerdo a sus intereses el órgano o poder electoral y lo diseñaron para que dando la apariencia de transparencia, sirviera para producir resultados electorales favorables al régimen. Designaron personal obsecuente, se adueñaron del árbitro, organizándolo e implementándolo según su conveniencia, de donde la actitud actual del poder electoral venezolano no es sino parte del proceso para el que el gobierno venezolano se preparó cuando destruyó la democracia

La Carta Democrática Interamericana en su artículo 3 establece los elementos esenciales de la democracia: "el respeto a los derechos humanos y a las libertades fundamentales; el acceso al poder y su ejercicio con sujeción al Estado de Derecho; la celebración de elecciones periódicas, libres, justas y basadas en el sufragio universal y secreto como expresión de la soberanía del pueblo; el régimen plural de partidos y organizaciones políticas; y la separación e independencia de los poderes públicos".

Ninguno de esos elementos existe hoy en Venezuela ni en los países del socialismo del siglo XXI porque no son democracias. Son Estados donde las elecciones son solo la farsa organizada para mantener la apariencia de democracia.

Venezuela es hoy el caso por el que la comunidad internacional debe dejar la simulación de reconocer como democracias a Estados y gobiernos que hace mucho tiempo dejaron de serlo. Es tiempo de trabajar por el retorno a la democracia en esos países como sucedió en la década de los setenta cuando gobernaban dictaduras militares. Se trata ahora de recuperar la democracia de las manos de dictaduras civiles como la venezolana.

18 de abril de 2013

Las elecciones en el socialismo del siglo XXI

Las elecciones en los países controlados por el socialismo del siglo XXI se han convertido en el mecanismo de administración de la continuidad y perpetuación en el poder, que los presidentes de estos gobiernos utilizan para dar la apariencia de que son democracias. Los gobiernos de este proyecto político autoritario y transnacional, llegan a equiparar elecciones con democracia, para desconocer todos los elementos esenciales como la libertad, participación política y división de poderes que mínimamente contiene la democracia.

Nunca antes de la toma del poder por los gobiernos de Chávez en Venezuela, Morales en Bolivia, Correa en Ecuador y Ortega en Nicaragua, se habían presentado tantos procesos electorales en tan poco tiempo.

Elecciones nacionales, plebiscitos, referéndums, constituyentes, elecciones parlamentarias y locales, han sido proliferadas deliberadamente, en el entendido de que con estas se legitiman, a tiempo que los gobernantes autoritarios se apoderaban del control y voluntad de los órganos electorales otrora independientes.

Además de hacerse del control de los organismos encargados de administrar las elecciones, los gobernantes del socialismo del siglo XXI —luego de suplantar la Constitución Política del Estado— se encargan de dictar leyes y disposiciones destinadas a tener ventaja electoral, tales como la modificación de circunscripciones, el desconocimiento de la proporcionalidad, en suma la consolidación de diferentes formas de ventaja, trampa o preparación de fraude electoral.

Complementariamente a las citadas acciones legislativas y reglamentarias, proceden con actos de hecho en la "preparación electoral", tales como control de la identificación de las personas (en Bolivia a cargo de una misión cubana), traslado de ciudadanos adherentes al gobierno a comunidades que son contrarias, mecanismos de depuración, voto electrónico controlado, e incluso el denominado "voto comunitario" por el cual comunidades completas son obligadas a producir un resultado electoral totalmente favorable al gobierno a cambio de obras o prebendas o bajo amenaza de perder derechos adquiridos.

Teóricamente no es poca la discusión que esta situaciones motivan, ya que cuando todo esto está montado, las elecciones son aparentemente limpias, tranquilas y por lo tanto transparentes, "oficialmente exentas de fraude". Los observadores electorales que el gobierno desea, frecuentan las elecciones y certifican la normalidad de las mismas, sin poder decir nada sobre los "actos preparatorios" de tal normalidad, que han sido una suma de trampas.

Pero además de todo esto, los autores de todas estas irregularidades no tienen ningún empacho en confesarlas y ufanarse públicamente de ellas como acaba de suceder con el presidente Chávez en Venezuela que luego de sufrir una derrota en las elecciones parlamentarias de su país, ha puesto en claro como planificó deliberadamente las trampas para continuar teniendo mayoría. O mas claro aún, como Evo Morales, quien esta semana declaró pública y abiertamente que hizo "trampa" para hacer convocar y postularse en las elecciones donde apareció como ganador.

Lo que la oposición venezolana acaba de demostrar es que el "fraude electoral", o sea aquel que se puede cometer el día de la elección se puede neutralizar con un proceso de participación y movilización, con un control electoral efectivo gracias a la unidad de los defensores de la democracia y a la participación del ciudadano común. Lo que aún no se puede revocar y evitar son los actos de "trampa electoral", que conforman básicamente las violaciones premeditadas a la igualdad de los participantes en una elección, para favorecer al presidente y a su gobierno. Para eso cambiaron las constituciones e hicieron sus leyes y así lo declaran y utilizan. Una nueva constatación de la franquicia antidemocrática del socialismo del siglo XXI.

1 de Octubre de 2010

JUSTICIA, JUDICALIZACIÓN DE LA REPRESIÓN

Los infames sistemas jurídicos del socialismo del siglo XXI

Los países controlados por el socialismo del siglo XXI han sufrido la suplantación de sus constituciones políticas y ahora son regidos por instrumentos que constituyen la base institucional de leyes y disposiciones con las que sistemas dictatoriales salidos de procesos electorales gobiernan simulando legalidad, cuando en verdad violan los derechos humanos de los ciudadanos. Estos sistemas jurídicos son en verdad fraudulentos mecanismos para ejercer el poder de hecho, se trata de "infames sistemas jurídicos".

Un sistema democrático garantiza esencialmente el respeto a los derechos humanos y a las libertades fundamentales de la persona. La vida, la libertad, la igualdad, la dignidad, la protección ante la ley, el no ser arbitrariamente detenido, preso ni desterrado, la presunción de inocencia, la protección de la honra y reputación, la nacionalidad, la propiedad, la libertad de pensamiento, la libertad de opinión y de expresión, tribunales independientes e imparciales, circular libremente, participar del gobierno de su país, la seguridad, etc. Todos estos son derechos universales, garantizados incluso en los textos constitucionales de Venezuela, Ecuador, Bolivia y Nicaragua.

Una de las primeras trampas para institucionalizar la simulación democrática ha consistido en las denominadas reformas constitucionales que sientan las bases para terminar con la democracia. Ninguno de los regímenes respeta que una república se fundamenta en "el imperio de la ley y la igualdad ante la ley como forma de frenar los posibles abusos de las personas que tienen mayor poder, del gobierno y de las mayorías, con el objeto de proteger los derechos fundamentales y la libertades".

Con la representación mayoritaria que se atribuyen, o que en algún momento obtuvieron pero que luego sostuvieron o ampliaron en base al fraude, convirtieron el poder legislativo en el instrumento de creación de normas para concentrar todo el poder político, comenzando con el sistema electoral, el judicial, administrativo, de fiscalización, las fuerzas armadas y policiales, las organizaciones sociales, sindicales y hasta deportivas. También para la creación de normas destinadas a garantizar la impunidad, liquidar la transparencia y acabar con cuanta oposición o resistencia se les ponga al frente. La ley es un "precepto…. en el que se manda o prohíbe algo en consonancia con la justicia y para el bien de los gobernados". Han copiado, o les han impuesto, lo mas próximo al sistema "legal" de la Cuba castrista.

De esta manera crearon "su propia legalidad que no es lícita ni legítima". Así resulta hoy "legal en Venezuela" la reelección fraudulenta de Maduro, la inhabilitación de María Corina Machado; los presos políticos como Leopoldo López; los estudiantes asesinados, apaleados y presos; el fraude que se ejecuta para las elecciones del 6 de diciembre, etc. Resulta "legal en Ecuador" supresión de la libertad de prensa y de expresión por medio de la ley mordaza; los juicios de Correa pidiendo indemnizaciones millonarias como el caso El Universo; el encarcelamiento de indígenas y la arbitraria disposición de sus tierras; la confiscación de canales de televisión para uso del gobierno, etc. Resulta "legal en Bolivia" la re-reelección de Evo Morales prohibida por su propia constitución; la simulación de casos de terrorismo para encubrir masacres ordenadas por el gobernante como la del Hotel la Américas, El Porvenir y otras; el encubrimiento de las mas de 17 masacres con decenas de muertos cometidas por Evo Morales en su gobierno; la reducción a condición de presos políticos de los miembros el Alto Mando Militar de 2003 por haber defendido la Constitución frente a la sedición de Morales; el avasallamiento de los territorios indígenas del TIPNIS para ampliar los cultivos de coca ilegal; etc. Resulta "legal en Nicaragua" la impunidad de Ortega frente a las denuncias de violación de su hijastra; el nombramiento de la esposa de Ortega como canciller en funciones para hacer viajes oficiales; la reforma constitucional para permanecer indefinidamente en el poder; etc.

Son comunes a los regímenes de Venezuela, Ecuador, Bolivia y Nicaragua, que actualmente sea "legal" en esos países: el control de los bancos centrales y del sistema económico; la visible y repentina riqueza de sus gobernantes; la compra empresas productivas, de servicios y de medios de comunicación; el centralismo y el estatismo; la persecución política judicializada; las cuentas secretas de los gastos del jefe del Estado y su entorno en viajes, compras, seguridad etc; la inmunidad e impunidad de los dictadores y sus entornos ante cualquier denuncia de corrupción o crimen, en el que los denunciantes terminan acusados, presos o exiliados; las no reveladas y eventualmente no registradas remisiones de dineros y recursos a la dictadura castrista y a otros proyectos políticos regionales; la prosperidad súbita de sus familiares...

Cada lector puede agregar casos notorios y de público conocimiento en los que es "legal" el abuso, la corrupción, el ejercicio arbitrario del poder y en suma la violación de los derechos humanos por parte de estos gobiernos. Son, junto al de Cuba, los "infames sistemas jurídicos del socialismo del siglo XXI"

05 de agosto de 2015

Presos del socialismo del siglo XXI

La comparecencia del actor Sean Penn ante el Sub Comité de Asuntos Internacionales de la Cámara de Representantes de los Estados Unidos pidiendo que su gobierno intervenga ante el de Bolivia para la liberación del ciudadano estadounidense Jacob Ostricher, proponiendo incluso que el rail Dakar no pase por Bolivia, evidencia la existencia de presos políticos por decisiones judiciales en los países del socialismo del siglo XXI.

Sean Penn actor en la película "Dead Man Walking" que ganó un Oscar, es un activista notorio en América Latina por su amistad con los dictadores Castro y con el fallecido Hugo Chávez, a través del que hizo amistad con Evo Morales. Evo declaró a Penn "embajador de buena voluntad de la causa marítima boliviana y por la despenalización de la coca".

Penn fue a Bolivia tres veces el año 2012 para pedir a Evo Morales la liberación de Ostreicher encarcelado 18 meses. Las gestiones permitieron que el juez cambiara la detención por arresto domiciliario y dieron lugar a un escándalo público derivado en una investigación que evidenció la red oficial de extorsión que involucra altos funcionarios del gobierno, fiscales y policías, algunos de ellos detenidos mientras el gobierno enfría el caso para evitar que llegue al propio Morales.

Constatada que la detención de Jacobo Ostreicher es una decisión política de Evo y muerto Hugo Chávez, al parecer Penn no tuvo más opción que reclamar y pedir ayuda a su propio Congreso, lo que provocó la furia de su amigo el líder cocalero boliviano, enojo justi-ficado porque pone a ojos del mundo el caso del preso político esta-dounidense en Bolivia.

El tema es que en los países del socialismo del siglo XXI, Cuba, Venezuela, Bolivia y Ecuador, (Argentina ha emprendido el mismo camino), la justicia como instrumento de represión y persecución política, manipulada desde el gobierno tiene muchas más víctimas. La lista de presos políticos en Cuba seguramente ocuparía todas las páginas del diario, siendo notable la del estadounidense Alan Gross ya sentenciado.

En Venezuela presos políticos como el Gral. Raúl Baduel, el My. Milton Revilla, los policías Ivan Simonovis y Lázaro Forero, la jue-za Afiuni, el empresario Víctor García, decenas de estudiantes uni-versitarios, el documentalista estadounidense Timothy Tracy, entre muchos otros.

En Bolivia son presos políticos a demanda de Evo Morales, los ge-nerales Roberto Claros, Juan Veliz, Luis Aranda, Gonzalo Rocabado y otros que en 2003 cumplieron sus obligaciones constitucionales; el gobernador de Pando Leopoldo Fernández; las víctimas de la masacre de La Calancha; los cívicos acusados en el caso terrorismo cuyo mon-taje gubernamental está demostrado, Juan C. Velarde, Hugo Paz, Gral. Gary Prado y decenas más; el ex ministro y senador Guillermo Fortún que murió preso; los funcionarios de la empresa aérea liquidada por el gobierno y muchos más acusados de delitos fraguados por el gobierno para anularlos como líderes y/o apropiarse de su patrimonio.

En Ecuador los jueces, a demanda de Rafael Correa, han conde-nado a 18 meses de prisión al asambleísta Clever Jiménez, a Carlos Figueroa y al periodista Fernando Villavicencio por difamación; acu-sada de terrorismo la dirigente Mery Zamora ha sido condenada a 12 años de prisión, por haber organizado una marcha de dirigentes y estudiantes.

Estos casos deben llamar la atención de las democracias del mundo para recordarles que hay presos políticos en los países del socialismo del siglo XXI y que además de abogar por su liberación, no le sigan llamando a eso democracia.

24 de mayo_de 2013

Aznar a Podemos: "Exceptio veritatis"

Por la entrevista realizada a José María Aznar por Manuel Aguilera en *Diario las Américas* el 23 de febrero de este año, el partido político español Podemos liderado por Pablo Iglesias ha demandado al entrevistado pidiendo "retractación y 100.00 euros" por "daños morales". La ventaja política que Podemos busca con esta demanda en el proceso electoral español, se convertirá en suicidio si —como todo indica— se plantea la *exceptio veritatis*.

Al contestar la sexta pregunta de la entrevista en Miami, el expresidente de España expresó que "Podemos es un movimiento político que defiende modelos totalmente totalitarios y postulados populistas y que ha sido financiado, al igual que sus dirigentes, por el régimen del chavismo". Este es el párrafo base del juicio por injuria.

La injuria es un delito contra el honor tipificado junto con la calumnia en el Título XII del Código Penal español, que señala: "Es injuria la acción o expresión que lesionan la dignidad de otra persona, menoscabo de su fama o atentado contra sus propia estimación". Esto representa que Podemos y sus dirigentes consideran que la declaración de haber sido financiados por el régimen chavista es una vergüenza (no una mentira) que lesiona su dignidad y fama; quiere decir que lo vinculado a Hugo Chávez, su gobierno y su dictadura (subsistente en Venezuela a cargo de Nicolás Maduro) los daña en su mérito y su condición, que les da mala fama y los desacredita. Por eso demandan, confesando que vincularlos con el chavismo es malo, negativo y vergonzoso, y que —más allá del financiamiento— repudian, reniegan y censuran al "régimen del chavismo".

La *exceptio veritatis* es la "excepción de verdad". Es la alegación por la que el demandado expresa que simplemente ha dicho la verdad, que sostiene algo que no se puede negar racionalmente. En el derecho comparado, la legislación y la justicia españolas son consideradas de tendencia amplia y abierta a la *exceptio veritatis*.

El planteamiento de la exceptio veritatis dará lugar a que los demandantes, judicialmente y en un momento políticamente muy interesante, puedan mostrar la procedencia de los recursos con los que impulsaron, organizaron y sostienen Podemos y la razón por la que acuden a los tribunales de justicia para tratar de castigar y censurar una opinión política. La represión judicial de la opinión política está institucionalizada en Cuba, Venezuela, Ecuador, Bolivia y otros países de la órbita chavista agrupados en el socialismo del siglo XXI.

En Podemos dicen que el partido no fue financiado por el chavismo porque se fundó en enero de 2014 y los dineros que sus promotores y dirigentes pudieron percibir del régimen chavista fueron anteriores a esa fecha. En cuanto al significado, no olvidar que "financiar" es "aportar dinero para una empresa" y que siendo Podemos tal emprendimiento, los aportes se hacen lógicamente antes del nacimiento de la entidad, para la creación e impulso del proyecto, sin olvidar de donde viene el dinero de los promotores.

El diario español *El Economista* escribió que los dos principales líderes de Podemos habrían recibido cerca de 1,5 millones de euros desde 2013 en que se preparaba el lanzamiento del partido a través de la CEPS. Que además entre 2002 y 2012, los gobiernos de Hugo Chávez y Rafael Correa pagaron 3,7 millones de euros al CEPS. Más grave aún es la denuncia que el dictador Maduro en Venezuela ha dirigido la represión y encarcelado líderes de oposición que sostuvieron y documentaron el financiamiento chavista para Podemos.

¿Existiría Podemos en España sin los recursos recibidos por su promotores y dirigentes del régimen chavista? El alcance del "régimen chavista" abarca la estructura no democrática que comprende los gobiernos de Cuba, Ecuador, Bolivia y Nicaragua, además de la influencia lograda por Chávez con el dinero venezolano sobre los países del Petrocaribe y la Argentina de los Kirchner.

La verdad de un "hecho notorio" como el sostenido por el ex presidente español está respaldada por confesiones de los demandantes, documentos, noticias, comentarios, columnas, datos y millones de testigos. Así las cosas, la demanda de Podemos contra Aznar puede ser el escenario donde los que van por lana saldrán trasquilados. Es cosa de la exceptio veritatis, ¡sólo la verdad!

7 de Marzo de 2015

2014 fue exitoso para la "justicia dictatorial"

Las dictaduras del socialismo del siglo XXI lideradas por Cuba e instituidas con disfraz de democracias en Venezuela, Ecuador, Bolivia y Nicaragua han librado exitosamente el año 2014. Se sostuvieron en el gobierno ejerciendo el control total del poder, anularon a la oposición, mantuvieron sus altos niveles de corrupción e impunidad, sometieron a la prensa, difundieron su simulación de democracias, aumentaron la represión, evitaron que la comunidad internacional los reconociera como las dictaduras que son pero, sobre todo, manipularon la justicia en su beneficio.

Esos éxitos de los gobiernos de los Castro, Maduro, Correa, Morales y Ortega, son al mismo tiempo una derrota para los ciudadanos, para los pueblos y para la comunidad internacional desde el punto de vista de los principios y los valores, desde una visión de respeto a la vida, a los derechos humanos, a las libertades fundamentales, la justicia, la igualdad, y de cumplimiento de los elementos esenciales de la democracia.

Todos estos gobiernos mantuvieron su característica fundamental: controlar todos los poderes, instituciones y organizaciones de sus países. La utilización del poder judicial que hicieron durante el 2014 fue especialmente exitosa, la manipularon abiertamente ejerciendo su propia legalidad, que no es lícita ni legítima. Las resoluciones de los jueces de Cuba, Venezuela, Ecuador, Bolivia y Nicaragua de este año son un legado histórico de manipulación dictatorial violando y conculcando la libertad y la justicia, que precisamente deberían proteger.

Las resoluciones de la justicia castrista contra opositores, cooperantes, empresarios, nacionales y extranjeros quedan instituidas como un importante instrumento de negociación de la dictadura: el caso Gross podría ser una buena muestra. En Venezuela, el dictador Maduro, sin la abierta subordinación y manipulación de sus jueces, simplemente no hubiera podido mantenerse en el poder: los casos contra Leopoldo López y María Corina Machado son dos muestras de la represión judicializada, mientras que con la otra mano la misma justicia protege y encubre los delitos del oficialismo. Miles de venezolanos están en la cárceles y en el exilio víctimas de la justicia dictatorial.

Con sus jueces, Correa, en Ecuador, sostuvo la persecución política que abarcó desde el caricaturista Bonill (obligado a pedir disculpas), los condenados y ahora clandestinos Clever Jiménez y Fernando Villavicencio, el opositor extraditado y encadenado Galo Lara, innumerables casos y fallos contra periodistas, empresarios, dirigentes indígenas y ciudadanos, hasta la resolución de su tribunal constitucional para que obtenga la reelección presidencial indefinida solo con su actual mayoría en la Asamblea.

En Bolivia, el uso de su sistema de justicia permitió a Evo Morales y a su vicepresidente ser habilitados para una tercera elección prohibida por su propia Constitución, fallo con el que pudieron poner en marcha su bien lubricado proceso de fraude electoral. El magistrado Gualberto Cusi, miembro del Tribunal Constitucional que criticó públicamente ese fallo, ya está enjuiciado y suspendido junto con otros dos miembros. Muchos bolivianos siguen perseguidos por los jueces del dictador boliviano, que manejan los juicios contra expresidentes, exministros, exgobernadores y miembros de los altos mandos militares. Cientos están presos, exiliados y acosados por los procesos judiciales con los que Morales encubre sus propios crímenes.

En Nicaragua, Daniel Ortega manipuló su sistema para lograr la aprobación de la reelección indefinida como simple enmienda constitucional ejecutada por el poder legislativo bajo su control. Ahora sus jueces funcionan en el asunto del canal interoceánico, como mecanismo de prevención y represión. Los enjuiciamientos a los opositores con generosos arreglos posteriores ya están escritos en la historia nicaragüense.

Los archivos de la Comisión Interamericana de Derechos Humanos están colmados de denuncias de varios de estos casos. Ninguno de los procesos judiciales digitados por las dictaduras del socialismo del siglo XXI resiste una auditoría jurídica. El problema radica en que los gobiernos de las democracias del mundo reconozcan como legales los fallos y decisiones de los jueces de las dictaduras en las que no se respeta el principio del "debido proceso legal".

21 de diciembre, 2014

La dictadura boliviana purga a sus magistrados

Los gobiernos del socialismo del siglo XXI en las Américas controlan todos los poderes públicos violando la división e independencia, que es elemento esencial de la democracia. Así convierten al poder judicial en mecanismo de represión y opresión. Cuando los jueces no responden a las instrucciones del gobierno, son perseguidos violentamente. Es el caso de los magistrados del Tribunal Constitucional en Bolivia, Gualberto Cusi, Soraida Chávez y Ligia Velásquez, jueces del régimen de Evo Morales, ahora perseguidos, suspendidos y listos para ser condenados por el aparato del dictador boliviano.

Gualberto Cusi Mamani es un abogado boliviano de origen aymará nacido en Jesús de Machaca, provincia Ingavi, del Departamento de La Paz. Es magistrado del Tribunal Constitucional Plurinacional (TCP), con el que Evo Morales reemplazó el Tribunal Constitucional de la República de Bolivia. Debe su nombramiento a Morales, pero cometió el "crimen" de declarar en septiembre de 2013 que "el fallo del Tribunal para la reelección de Evo Morales es inconstitucional, no debió disponerse la elección por tercera vez del presidente y vicepresidente". El magistrado oficialista afirmó que el Tribunal "dio una señal de una manipulación e injerencia política"

Evo Morales y su vicepresidente se favorecieron y usaron el fallo de "su Tribunal Constitucional" que no tomaba en cuenta el primer mandato de Morales, con el argumento que era anterior a la Constitución vigente y el nuevo "Estado plurinacional". De esa manera, Morales y García pudieron ser candidatos para re-reelegirse. Sin embargo, contra el magistrado Cusi las presiones fueron en aumento; Evo Morales y su régimen ordenaron su liquidación.

Cuando la Sala Segunda del (TCP), conformada por Gualberto Cusi y Soraida Chávez y Ligia Velásquez, admitió un recurso de inconstitucionalidad contra la Ley del Notariado y produjeron su paralización, "la institucionalidad dictatorial" encontró motivo, actuó e inició juicio de responsabilidades contra los tres magistrados. En el Senado, bajo total control oficialista, los acusaron, suspendieron de sus funciones, de sus derechos, ordenaron su aprehensión y tienen lista su condena. Una "purga" dictatorial para mantener la obediencia y obsecuencia de los jueces.

Purga es la "expulsión o eliminación de funcionarios o miembros de una organización, que se decreta por motivos políticos y que puede ir seguida de sanciones más graves". Esto es exactamente lo que Evo Morales y su vicepresidente están haciendo, eliminando a Gualberto Cusi y a los miembros de su sala por rebeldes, desobedientes y porque en lugar de acatar fiel y absolutamente sus órdenes, emitieron opiniones fundadas en la ley. Al parecer estos magistrados de la dictadura no entendieron que debían ser "absolutamente sometidos". La dictadura está dando además un buen ejemplo para el resto de jueces de su sistema.

El asunto, sobre todo en el caso de Cusi, es que se trata realmente de un ciudadano boliviano de origen indígena, comprometido con el proyecto de Morales, creyó lo del cambio pero no sabía que era para peor. Cusi está enfermo y con la suspensión, destitución y condena no tendrá seguro médico: lo "están condenando a muerte", como el mismo ha reclamado.

Este es un caso más de persecución política y de violación de los derechos humanos por Evo Morales y su régimen, como sucede en cientos de casos en la misma Bolivia, Cuba, Venezuela, Ecuador y Nicaragua. El abuso y descaro llega al extremo que el vicepresidente del régimen boliviano ofreció esta semana que "si los magistrados renuncian, se acabaría el juicio de responsabilidades", porque ha puesto en marcha el proyecto de ley 044 de "juzgamiento de altas autoridades del Estado", que establece esta concesión (ofrece salida con una ley que ni siquiera esta aprobada, confesando la maniobra).

Cuando se acusa desde el poder y no existe debido "proceso legal", no se respeta la "presunción de inocencia", en lugar de acusar con pruebas se sentencia previamente con "consigna política", no existe "juez imparcial", no se juzga con "leyes anteriores al hecho de la causa" y se violan todas la reglas básicas de la justicia, estamos frente a la "judicialización de la persecución política". Pero cuando, además, todo eso lo hace el gobierno contra su propios jueces, que trataron de aplicar sus leyes, estamos ante una "purga", que en el caso del magistrado Cusi representaría una "condena a muerte"… algo propio de las dictaduras, mientras las democracias del mundo no lo saben.

13 de diciembre de 2014

Decisiones judiciales del socialismo del siglo XXI

Una de las características de la persecución política que ejecutan los gobiernos del socialismo del siglo XXI, es la internacionalización de la persecución. Cuando las víctimas logran salir de su país y son acogidas como refugiados o asilados políticos, las dictaduras prosiguen con la manipulación aplicando el "paradigma de la judicialización de la represión y de la persecución política".

Producen decisiones, fallos y/o sentencias, y con éstas, continúan acosando, asesinando la reputación, persiguiendo y creando temas para la agenda política local. Existen innumerables casos en Cuba, Venezuela, Bolivia y Ecuador, en que los perseguidos que han sido forzados al exilio, continúan siendo enjuiciados o se les inicia nuevos procesos.

El propósito es que los "jueces del régimen" dicten órdenes de captura, de prisión, de confiscación de bienes, y/o sentencias con grandes condenas privativas de libertad y cuantiosos montos, para usarlos como "verdades jurídicas" internacionalmente.

Estos juicios, que forman parte de la aplicación del ya descrito paradigma consistente en acusar penal y falsamente a la víctima desde el gobierno no democrático, son hoy comunes en los países de América Latina, donde las acusaciones y las condenas son dictadas pública y anticipadamente por el jefe del gobierno.

A la inversa, y para sus socios y protegidos, dicta también absoluciones y declaraciones de inocencia.

Esta práctica es prueba fehaciente de la violación de los derechos humanos, ya que tales procesos violan la libertad, la dignidad, la seguridad de la persona, constituyen trato cruel y degradante, desconocen la personalidad jurídica de la víctima, la igualdad ante la ley, constituyen discriminación, impiden un recurso efectivo ante los tribunales nacionales, buscan justificar el destierro, violan la independencia e imparcialidad del juez, desconocen la presunción de inocencia y en muchos casos la irretroactividad de la ley, atentan contra el derecho de circular libremente y elegir residencia, violan el derecho de propiedad, el derecho de opinión y de expresión, el derecho al trabajo…esto es violar —entre otros— los articulos 1,2,3,5,6,7,8,9,10,11,1317,19 y 23 de la Declaración Universal de los Derechos Humanos. La judicialización de la persecución, viola el "debido proceso legal", que es el "principio por el que toda persona tiene derecho a las garantías mínimas que aseguren un resultado justo en un juicio", que supone el respeto de los derechos humanos ya citados.

El debido proceso es parte del "Estado de Derecho", en el que ningún individuo o entidad puede ponerse por encima de la Ley o ser la Ley, como acontece con los Castro, Chávez, Maduro, Morales y Correa.

Según Las Naciones Unidas el Estado de Derecho "exige que se adopten medidas para garantizar los principios de primacía de la ley, igualdad ante la ley, equidad en la aplicación de la ley, separación de poderes, participación en la adopción de decisiones, legalidad, no arbitrariedad y transparencia procesal y legal".

Para demostrar como se aplica el paradigma dictatorial, algunos casos: de los Castro la condena al dirigente político español Ángel Carromero, condenado a cuatro años de cárcel para disfrazar de accidente la muerte de Osvaldo Payá y Harold Cepeda, sentencia aceptada por el gobierno de España, y más; de Chávez y Maduro los juicios contra el dirigente Manuel Rosales, la juez Guisella Parra, el periodista Alexis Ortiz, el empresario Ramón Carmona, el Tte. José Colina y más; de Evo Morales los juicios contra el presidente Sánchez de Lozada y su gabinete, contra los gobernadores Manfred Reyes Villa, Mario Cosío, José Luis Paredes, el dirigente Cívico Marincovic, el Juez Tapia Pátzi, el empresario Humberto Roca, el senador Roger Pinto y más; de Rafael Correa los juicios contra el presidente Jamil Mahuad, el periodista Emilio Palacio, el empresario Guillermo Saltos, el alcalde de Gualaceo, el periodista Fernando Villavicencio y más.

Frente a esto resulta imposible que los países democráticos, con división de poderes, con tribunales de justicia independientes, con respeto al debido proceso y con vigencia del Estado de Derecho, puedan considerar siquiera el resultado del paradigma de la persecución política judicializada.

Tales decisiones judiciales son solo una expresión del poder totalitario de las dictaduras del socialismo del siglo XXI.

22 de agosto del 2014

Los jueces de las dictaduras del Siglo XXI

El procedimiento y la determinación del sistema de justicia de la dictadura de Maduro ha ordenado abrir juicio contra el opositor venezolano Leopoldo López, negándole la libertad mientras es procesado. Esto pone en evidencia una vez más cómo actúan los jueces de las dictaduras del siglo XXI, que son simples operadores judiciales de las decisiones políticas del régimen al que están sometidos, no para administrar justicia, sino para usar la justicia como mecanismo de represión y de amedrentamiento. Lo que Maduro está haciendo con Leopoldo por medio de sus jueces es "sentar precedente", "mostrarle a los venezolanos lo que le pasa a quienes se oponen al régimen". Un acto de matonaje dictatorial con procedimientos y firmas de juez.

Un juez es la persona que tiene autoridad y potestad para juzgar y sentenciar por medio de la aplicación de las leyes y las normas jurídicas. Entre las muchas características que una persona debe poseer para ser Juez, las más importantes son la independencia, la probidad, el conocimiento de la ley, la imparcialidad y la responsabilidad por sus actos.

La independencia de los jueces está basada en la división de los poderes u órganos del poder público dentro del Estado. La independencia del Poder Judicial y por lo tanto de los jueces es elemento fundamental del Estado de Derecho y se encuentra consagrada en todos los textos constitucionales. Es una característica de libertad como la facultad que debe tener un juez para obrar de acuerdo a ley, los datos del proceso y su mejor criterio.

Probidad es honradez y ser honrado representa la rectitud de ánimo y la integridad en el obrar. En el orden público implica una conducta moralmente intachable. Está estrechamente relacionada con la buena fe como principio general del Derecho definida como "la calidad jurídica de la conducta legalmente exigida de actuar en el proceso…".

La imparcialidad es la falta de un designio anticipado o de prevención a favor o en contra de alguien y que permite juzgar con rectitud. Es un criterio de Justicia por el que las decisiones del juez deben estar fundadas en criterios objetivos, sin sesgos ni prejuicios.

La responsabilidad de los jueces es la consecuencia jurídica que resulta del ejercicio de la potestad jurisdiccional para evitar casos de arbitrariedad y puede ser civil, penal y disciplinaria. La prevaricación es el delito que comete un juez cuando dicta a sabiendas una resolución injusta.

Con este recordatorio breve de los conceptos elementales de un juez y de sus características, el mundo debe saber que quienes ofician de jueces en los sistemas de los países como Cuba, Venezuela, Bolivia, Ecuador, donde se han instituido las dictaduras del siglo XXI, no poseen ninguno de estos elementos, no son jueces, son agentes de represión, son sólo parte del aparato represivo del régimen que tiene una característica fundamental: CORRUPCIÓN.

Además del caso de Leopoldo López en Venezuela, están centenas de procesos en la misma Venezuela, en Ecuador y en Bolivia, con los mismos abusos y vicios: las órdenes apertura del proceso, de detención, de confiscación de bienes, y la sentencia de los acusados han sido dictadas previa e incluso públicamente desde el poder político. Las víctimas no son solamente dirigentes políticos, son empresarios, periodistas, abogados, indígenas e incluso jueces que rehusaron cumplir las instrucciones de la dictadura. Si alguna duda tiene alguien, la sola revisión de este tipo de procesos lo espantaría.

Como consecuencia de este tipo de "sistema judicial" proliferan los presos políticos y los perseguidos forzados al exilio, por los abusos y por el aparato que ha "judicializado la represión" y "criminalizado la oposición política", que continúa actuando y produciendo víctimas. Leopoldo López es una de las recientes y notables víctimas de este sistema, y seguro vendrán más. Recuérdense las palabras de Maduro y con ellas que no sólo la detención, sino que la sentencia condenatoria de Leopoldo ya está dictada.

5 de junio de 2014

Perseguidos del socialismo del siglo XXI

Cuba, Venezuela, Ecuador, Bolivia, Nicaragua y ahora Argentina, cuyos gobiernos son el eje del denominado socialismo del siglo XXI, han convertido los poderes judiciales y por tanto la justicia de sus países (Argentina está ahora mismo en el proceso) en un mecanismo de persecución y represión. Han criminalizado la libertad y han judicializado la política.

En las dictaduras tradicionales los regímenes constituían sistemas de policía o de control político para perseguir y reprimir a los opositores, despojar empresarios, silenciar periodistas y para mantener amedrentada a la sociedad. Hoy, con los mismos propósitos, las dictaduras del siglo XXI han instituido la criminalización y judicialización de la represión; en lugar de que el opositor sea buscado por la policía política, en Venezuela, Bolivia, Ecuador.....lo busca un Fiscal, lo encausa por un "delito grave" ante la "justicia" que rápidamente lo encausa y encarcela.

El inicio del proceso judicial está acompañado de un sostenido y planificado ataque a la reputación de la víctima, con noticias usando todos los medios de comunicación bajo control del gobierno, despachos internacionales y gran despliegue en Internet y redes sociales buscando legitimar la falsa acusación.

Las acusaciones van desde la difamación al jefe del gobierno y se concentran en terrorismo, genocidio, corrupción y delitos contra el Estado. Los acusados no tienen ninguna posibilidad de defensa ante un proceso orquestado, con fiscales que son los creadores del caso y

con jueces que reciben instrucciones del presidente, incluso públicamente y por televisión.

A los así acusados solo les quedan tres posibilidades: Tratar de defenderse desde la cárcel engrosando la lista de presos políticos; tratar
de defenderse desde una situación de libertad provisional renuncian-
do a su actividad; salir al exilio dejando su imagen pública en manos
de los verdugos. De esta manera los gobiernos del socialismo del siglo XXI acaban con la liberad y con quienes consideran enemigos,
sometiéndolos o imponiendo la auto censura.

Algunos casos como muestra: en Venezuela el sistema judicial de
Hugo Chávez y ahora de su sucesor, procesan a opositores como Osvaldo Alvarez Paz, Leopoldo López, Nixon Moreno, militares como
Felipe Rodríguez; a los comisionados Vivas y Forero; después de la
impugnadas elecciones de este año al Gral. Antonio Rivero; Enirque
Capriles ya está públicamente amenazado y le han anunciado que tienen su celda lista; periodistas, estudiantes y empresarios están enjuiciados por el aparato gubernamental; el Universal.com ha registrado
194 procesos arbitrarios.

En Bolivia todos los ex presidentes de la república estaban acusados penalmente por Evo Morales, hasta que en las últimas semanas
el gobernante cocalero hizo terminar la acusación contra Eduardo
Rodríguez para nombrarlo como su embajador en el tema del mar;
procesos como el del estadounidense Jacobo Ostricher, y de los empresarios de aviación; acaba de cumplir un año en la Embajada de
Brasil en La Paz, con asilo político pero sin salvoconducto, el senador
Roger Pinto perseguido por Evo y sus jueces; el ex gobernador Reyes
Villa ha recibido varias condenas judiciales; dirigentes indígenas que
defendían áreas protegidas han sido enjuiciados; el ex gobernador
del Beni procesado, el de Pando preso, el de Tarija declarado pró-
fugo; Ministros y militares enjuiciados; dirigentes sindicales acusados En Ecuador la persecución judicial de Rafael Correa contra el

diario El Comercio y el periodista Emilio Palacio ha sido sin duda la mas conocida. Pero existen muchos casos mas, son perseguidos periodistas como Juan Carlos Calderón, Cristinan Zurita, Pablo Jaramillo, Fernando Villavicencio; policias como el Cnl. César Carrión y otros; asambleistas como Galo Lara, Clever Jimenez, Mery Zamora; dirigentes indígenas; los jóvenes de Luluncoto; empresarios, dueños de medios de comunicación, presentadores de televisión. Todos tratados como criminales sin posibilidad alguna de debido proceso, ni de igualdad jurídica, ni de presunción de inocencia. Así funciona la persecución en los países del socialismo del siglo XXI, que se siguen haciendo llamar democracias.

29 de mayo de 2013

CORRUPCIÓN

Corrupción con el pretexto de combatir la corrupción

Hay gobiernos no democráticos en las Américas, que para justificar y legalizar la persecución política, usando el control absoluto que tienen sobre los poderes públicos, han creado disposiciones apócrifas, violatorias de los derechos humanos y de la justicia. Se trata de herramientas de la dictadura para acusar, procesar, encarcelar, asesinar la reputación y eliminar a sus víctimas. Es el caso de la constitución del Estado plurinacional impuesta por Evo Morales en Bolivia, que con la ley 004, sirve para que el gobierno cometa corrupción con el pretexto de combatir la corrupción.

La constitución del Estado plurinacional del Bolivia puesta en vigencia el 7 de febrero de 2009, establece en su artículo 123 que la ley tendrá efecto retroactivo en "materia de corrupción para investigar, procesar y sancionar los delitos cometidos por servidores públicos contra los intereses del Estado...". La ley 004 del régimen denominada de "lucha contra la corrupción....", promulgada el 31 de marzo de 2010, establece los mecanismos, crea entidades, competencias, autoridades, delitos y procedimientos, señalando en sus disposiciones finales la retroactividad establecida en la constitución plurinacional.

Con estas normas, el gobierno de Evo Morales nombra las autoridades anticorrupción (generalmente de entre sus militantes y todas subordinadas al régimen) y se inician acusaciones y procesamientos de autoridades y funcionarios de los gobiernos anteriores a la fecha de la constitución plurinacional (febrero 7 de 2009) y anteriores a la ley anticorrupción (marzo 31 de 2010), por supuestos hechos de corrupción también anteriores a dichas fechas, aplicando en lo sustantivo y en lo procesal tales disposiciones. Así resultan investigados, enjuiciados, perseguidos y encarcelados opositores, civiles y militares, que son potenciales candidatos y líderes de la liquidada democracia boliviana.

El asunto lógico y jurídico es que ninguna norma ni sustantiva ni procesal del 7 de febrero de 2009 o posterior, puede aplicarse a hechos anteriores, porque viola el ámbito de aplicación temporal de la norma y porque hacerlo –como en la realidad sucede en Bolivia- se demuestra que tales disposiciones han sido específicamente concebidas y dictadas para la persecución política y no para la lucha contra la corrupción. No se trata de impunidad, solo corresponde y se trata de acusar a los mismos sospechosos pero con las leyes y procedimientos vigentes en el momento de las acciones u omisiones que se quieren investigar.

La pretendida retroactividad de las disposiciones de Evo Morales viola derechos y garantías de vigencia universal como los artículos 1 al 10 de la Declaración Universal de los Derechos Humanos y en particular el Art. 11 inciso 2 de la misma, por el que "nadie será condenado por actos u omisiones que en el momento de cometerse no fueron delictivos según el derecho nacional o internacional…"

La corrupción debe denunciarse, investigarse y sancionarse, los responsables deben pagar por sus delitos, pero resulta inadmisible que usando la lucha contra la corrupción como estandarte o como pretexto, lo que en verdad se haga sea "represión política" y violación de los derechos fundamentales.

La metodología de control del socialismo del siglo XXI sabe que la lucha contra la corrupción política resulta un recurso bien asistido, "una justa causa" ante los ojos de la ciudadanía para lograr la inhabilitación moral y la liquidación política de adversarios políticos a los que las dictaduras convierten en enemigos. El asunto es que las víctimas de este tipo de persecución no tienen la menor posibilidad de defenderse porque no hay tribunal ni juez que el dictador no controle.

La denuncia, investigación, enjuiciamiento y sanción de la corrupción política es un tema de interés general y vital para la sociedad, destinado a proteger los recursos del pueblo y sancionar "el mal uso del poder público para conseguir ventajas ilegítimas". Sin embargo cuando la lucha contra la corrupción se realiza por políticos contra políticos, y no por autoridades imparciales con mecanismos institucionalizados, con la transparencia y garantías esenciales, en general puede tratarse de acciones de encubrimiento o cortinas de humo a favor de los acusadores, de persecución política: corrupción con el pretexto de combatirla.

22 de mayo de 2014

Venezuela: del Estado de Derecho al "Estado criminal"

Los gobiernos del Socialismo del Siglo XXI han impulsado, alientan y sostienen la existencia de grupos y organizaciones violentas que, bajo diferentes denominaciones, se encargan de ejercer violencia criminal contra los defensores de la democracia, los opositores, los ciudadanos y quienes puedan representar amenaza a la perpetuación indefinida del régimen. Es el caso de los denominados "colectivos" en Venezuela, que forman parte del aparato político de la dictadura y que pone en evidencia la inexistencia del Estado de Derecho y su reemplazo por el "Estado criminal".

En ningún país con democracia se podría siquiera imaginar la existencia de grupos armados dedicados a la violencia organizada, promovidos por el gobierno. Estos son instrumentos característicos de las dictaduras. Cuando aparecen o forman parte de alguna organización política, sus actuaciones al margen de la ley ponen de inmediato a sus miembros en el escenario de lo criminal y al margen de la política. Pero cuando es caudillo y es el gobierno el que organiza y sostiene este tipo de organizaciones, ya no existe ninguna posibilidad de respeto a los derechos humanos del ciudadano.

La prensa internacional ha informado en los últimos días sobre los "colectivos en Venezuela", llamando la atención sobre este mecanismo que existe hace muchos años. Estos grupos han sido acusados por líderes de oposición de ejecutar los actos de violencia y muerte en el régimen de Hugo Chávez y Maduro. Son parte del aparato del Socialismo del Siglo XXI, son "oficiales" y fueron creados por Chávez para ser "el brazo armado de la revolución bolivariana". Ejercen intimidación, violencia, extorsión, asesinatos y toda clase de crímenes, pero tienen "impunidad".

Son muchos y no recientes los casos de ejercicio criminal de los "colectivos de la dictadura venezolana", desde sus acciones en los procesos electorales, los ataques a medios de comunicación como el caso de Globovisión, atentados en bandas motorizadas contra votantes en las zonas de influencia de los opositores, acciones de amedrentamiento y asesinatos contra protestas estudiantiles, golpizas y detenciones de estudiantes, hasta asesinatos sin esclarecer… Pero más allá de la política, ejercen poder estatal dirimiendo controversias, ejerciendo como ley, aplicando la violencia entre y sobre los ciudadanos comunes a los que extorsionan y aterrorizan.

El gobierno les dio armas, equipos de comunicación, motocicletas, instalaciones, edificios y recursos. Se ha probado que dependencias oficiales y policiales son hoy recintos ocupados por los "colectivos". Es tan evidente el rol político y oficial de estos grupos que la ministra venezolana de Servicio Penitenciario, Iris Varela, ha declarado que "los colectivos son un pilar para la defensa de la patria" y los estudiantes manifestantes "le tienen culillo a los colectivos" (como no les van a tener miedo si delinquen con aval del gobierno).

Todo este cuadro característico de una dictadura se ha convertido en noticia después del asesinato del diputado Robert Serra, dirigente del partido oficialista PSUV con su base de poder vinculada a los "colectivos" y al llamado "Frente Francisco de Miranda", formado por jóvenes adoctrinados por la dictadura cubana. El poder político de los "colectivos" —que utilizan los símbolos y colores del partido de gobierno— hizo que lograran la salida del ministro del Interior, Miguel Rodríguez, y ahora exigen la renuncia de Diosdado Cabello del cargo de la presidencia de la Asamblea Nacional.

Todo esto podría ser parte de la anarquía de un régimen en descomposición; podrían ser ajustes de cuentas entre antiguos compañeros; podría tratarse también de un proceso de purga interna digitado por Maduro con los efectivos mecanismos castristas que vienen salvando a la dictadura venezolana con operadores cubanos; o tal vez se trate del ajuste de cuentas en la estructura política usando los medios propios de la dictadura…

Lo que está claro es que estamos frente a las notas característicos de las dictaduras que tienen el control total de sus países por medio del fraude, el amedrentamiento, la persecución, el exilio, los asesinatos y mecanismos violatorios de los derechos humanos y las libertades individuales. Son las diferencias entre la vigencia de la ley y la imposición del poder, entre democracia y dictadura, entre el Estado de Derecho y el "Estado criminal".

28 de octubre de 2014

¿Es Venezuela un narcoestado?

El término "narcoestado" se puede explicar desde el concepto "política profunda" desarrollado por el investigador Peter Dale Scott como "la simbiosis entre los gobiernos (y en particular sus agencias de inteligencia) y las asociaciones criminales". Narcoestado es un neologismo que describe a un país en el que las instituciones políticas y sus principales autoridades forman parte de la comisión del delito de narcotráfico que es "la actividad ilegal consistente en el cultivo, fabricación, distribución, venta, control de mercados, consumo y reciclaje de estupefacientes o drogas". Con este marco de referencia y observando la realidad objetiva, preguntamos: ¿es Venezuela un narcoestado?

Desde los albores del gobierno de Hugo Chávez hubo denuncias y sospechas sobre la implicación de autoridades de su gobierno en el narcotráfico. La relación con las FARC y la protección demostrada del régimen venezolano a la operación de esta guerrilla en territorio Colombiano, el respaldo logístico, "no solo en el tráfico de armas sino también de drogas", fue uno de los indicadores directos de esta situación. La expulsión de la DEA por Hugo Chávez el año 2005 fue otro indicador importante. El Informe de Naciones Unidas que señala a Venezuela como la "fuente de más de la mitad de la cocaína incautada en el mar rumbo a Europa", es otro señalamiento.

El gobierno de Chávez fue reiteradamente acusado y se le exigieron explicaciones respecto a la protección de los llamados "narco generales". Líderes de oposición y de opinión pública en Venezuela cuestionaron permanentemente los "indicios demasiado abundantes" sobre que el país se estaba convirtiendo en un narcoestado.

La extradición de Walid Makled, considerado uno de los 5 más importantes narcotraficantes del mundo, realizada el año 2011 de Colombia a Venezuela y no a los Estados Unidos, marcó nuevamente el tema. Makled había declarado que "tenía 15 generales venezolanos (cartel de los soles), al hermano del ministro del Interior y a 5 legisladores a favor del gobierno en su nómina de un millón de dólares mensuales". Sobre el particular, Hugo Chávez declaró que habló con el presidente Santos de Colombia para pedir la extradición a Venezuela y no a los Estados Unidos y se defendió señalando que "la declaraciones de Makled forman parte de un complot de los Estados Unidos".

En septiembre de 2013 se incautaron en París, casi 1,400 kilos de cocaína procedentes de Caracas, en un vuelo regular de Air France, por un valor de 270 millones de Euros. Ante este hecho el líder de la oposición Henrique Capriles pidió sanción para "peces gordos" y preguntó si "¿esto es un narcoestado?"; agregando que "aquí es voz populi cómo el narcotráfico está de fiesta" en Venezuela.

Ahora llegó el caso del Gral. Hugo-pollo-Carvajal, ex jefe de inteligencia del régimen dictatorial venezolano, detenido en Aruba (Estado autónomo del Reino de Holanda) a pedido de los Estados Unidos por estar acusado de narcotráfico. La reacción del régimen venezolano fue inmediata y violenta, alegó que el detenido había sido nombrado Cónsul General de Venezuela aunque no recibió la aceptación, Nicolás Maduro lo defendió diciendo que se trataba de un diplomático víctima de secuestro e hizo del tema una cuestión de Estado. Luego agregaría que se trataba de un "chantaje del imperio".

Las sindicaciones por narcotráfico contra el general venezolano Carvajal no son recientes, el propio Hugo Chávez ya lo defendió públicamente frente a denuncias que lo vincularon al narcotráfico y al asesinato de dos militares colombianos.

El Fiscal Mayor de Aruba Peter Blanken dijo a CNN que "la justicia de la isla determinó que el arresto fue correcto y legal". Pero el gobierno de Venezuela —tratando el tema como asunto de Estado— ejerció presiones políticas, diplomáticas, económicas e incluso militares y el acusado Carvajal fue liberado, para ser trasladado a Venezuela donde fue recibido "como héroe" por Cilia Flores la esposa de Nicolás Maduro y por el Canciller venezolano. Después, el nuevo héroe de la dictadura venezolana del siglo XXI fue llevado al III Congreso del Partido Socialista Unido de Venezuela donde lo recibió Maduro lo abrazó y dijo públicamente: "nos hiciste sufrir, oíste", agregando "nos asustaste, teníamos un susto adentro cuando estabas allá".

Al parecer ya lo lograron y desde el gobierno de Venezuela ya respondieron a la pregunta: ¿es Venezuela un narcoestado?

31 de Julio de 2014

La corrupción en la defensa de la dictadura venezolana

La dictadura venezolana del siglo XXI defiende violenta y radicalmente su permanencia en el poder. Utiliza todas las formas y medios en busca del control interno, de la eliminación de los defensores de la libertad, y del apoyo internacional. Los hechos demuestran que la característica de todas las acciones que han tomado cubanos, venezolanos y sus aliados en la defensa de la dictadura de Maduro es la corrupción. La dictadura en Venezuela se defiende y permanece aún en el poder usando la corrupción como instrumento principal de su estrategia.

La Real Academia Española enseña que la corrupción "en las organizaciones, especialmente en las públicas, es la práctica consistente en la utilización de las funciones y medios de aquellas en provecho, económico o de otra índole, de sus gestores" . Transparencia Internacional define la corrupción como "el abuso del poder para beneficios privados que finalmente perjudica a todos y que depende de la integridad de las personas en una posición de autoridad". Corrupción política es el uso de la autoridad pública para conseguir una ventaja ilegítima, por eso lo opuesto a corrupción es la "transparencia".

Estos conceptos demuestran que la corrupción es la acción de una autoridad que abusa del poder en beneficio propio, no sólo con propósito de lucro o de provecho económico, aunque finalmente tal beneficio se produzca. Es corrupción cualquier acción que realizan las personas en posición de autoridad para obtener beneficios de naturaleza política, que les permitan continuar o permanecer indefinida e ilegalmente en el poder.

En lo interno, el dictador venezolano y los miembros de su gobierno están mostrando la corrupción del poder judicial, del poder legislativo, del mando militar y de todo el aparato estatal. Es corrupto un poder judicial que actúa por ordenes que el dictador imparte por los medios de comunicación y detiene a los opositores como Leopoldo López, para luego encarcelarlos en recintos militares. Es corrupto un poder legislativo que quita y desconoce la representación popular de María Corina Machado por haber sido invitada a denunciar a la dictadura en la Organización de Estados Americanos (OEA). Es corrupto un mando militar que se presta a la aparente detención de tres generales para simular un golpe de Estado y que se presenta luego como "defensor de la soberanía venezolana", en plena intervención castrista.

Todos los actos del gobierno venezolano y los hechos que se perpetran a diario en defensa de la dictadura de Maduro, son las pruebas de que sin corrupción (sin el abuso de poder para beneficio propio) la dictadura no es sostenible.

En el plano internacional, cuando vemos como en el Consejo Permanente de la OEA la representante de la dictadura venezolana vota por evitar la sesión pública diciendo "por trasparencia sesión reservada", lo que presenciamos es un acto de corrupción. Cuando en el mismo acto, los países digitados por el eje La Habana-Caracas protegen a la dictadura venezolana evitando que la OEA cumpla el mandato de su propia Carta y de la Carta Democrática Interamericana en defensa de la democracia, estamos ante un acto de corrupción, evidenciado además por la cantidad de barriles de petróleo (beneficio económico directo) que cada uno de los gobiernos cómplices recibe de Venezuela y que a su vez han generado notorios casos de corrupción locales.

Si revisamos cada una de las medidas internas y de las acciones internacionales que se producen en defensa de la dictadura venezolana, desde las operaciones de agresión criminal que se cometen en las calles por los denominados "colectivos" hasta la acción de los cancilleres de UNASUR, todas tienen una característica que hace a su naturaleza misma: corrupción.

27 de marzo de 2014

La impunidad dictatorial

El temor más grande de los gobernantes que han optado por la concentración total y la permanencia indefinida en el poder, es la posibilidad de tener que responder por sus actos, asumir responsabilidades penales por los crímenes que cometieron en el acceso y ejercicio del poder, la probabilidad de ser juzgados. La esencia de la dictadura es la impunidad de sus líderes, por eso los dictadores procuran gobernar hasta su muerte, instituir un régimen que les garantice la protección de los delitos cometidos o, cuando menos, una transición que los proteja.

Más allá de la forma de acceso al poder, un gobernante se convierte en dictador cuando suplanta el Estado de Derecho y pone su voluntad y sus decisiones por encima de la ley; cuando un jefe de gobierno convierte sus acciones en normas con las que viola los derechos humanos y las libertades fundamentales y controla todos los poderes públicos. El dictador ejerce el poder para permanecer indefinidamente en el gobierno con ausencia o simulación de los elementos esenciales de la democracia.

Impunidad es básicamente la falta de castigo. Es la imposibilidad de sancionar jurídica e institucionalmente a quien ha cometido delitos. La impunidad es una consecuencia de la ausencia del Estado de Derecho y de la falta de "división e independencia de los poderes públicos". En sentido inverso, es un elemento esencial de las dictaduras. Impunidad es "la inexistencia de hecho o de derecho, de responsabilidad penal por parte de los autores de violaciones, porque escapan a toda investigación, procesamiento, sanción e, incluso, a la indemnización del daño causado a sus víctimas".

La impunidad es una garantía a la corrupción y es en sí misma una forma de corrupción. Los gobiernos dictatoriales se aseguran impunidad acusando de sus delitos a sus víctimas, haciendo funcionar a sus fiscales y jueces para acusar y sancionar hechos que acomodan a su conveniencia, para hacer desaparecer sus responsabilidades, para institucionalizar actos de encubrimiento. No hay indicación más contundente de corrupción que el no tener que rendirle cuentas a nadie por los actos de gobierno, en medio del permanente uso del poder para obtener ventajas ilegítimas.

Para que no exista impunidad es necesario, cuando menos, la libertad para ejercer el derecho de acusar, investigar y probar; es imprescindible la igualdad jurídica de las partes; jueces imparciales con libertad e independencia para poder juzgar; la acción de la prensa libre. Estos aspectos no existen hoy en gobiernos como los de Cuba, Venezuela, Ecuador, Bolivia y Nicaragua, donde los poderes judiciales han sido convertidos más bien en instrumentos de represión.

En las dictaduras del denominado socialismo del siglo XXI en América Latina existe impunidad de los gobernantes y de sus entornos, que, además, se han convertido en nuevos ricos. La concentración del poder, el estatismo y el centralismo han dado lugar a la concentración del poder económico en manos de los gobernantes dictatoriales de hoy que antes de serlo no tenían nada. Cuando el sistema financiero, de los recursos naturales y cualquier acción, emprendimiento o inversión económica importante dependen del gobierno en manos de un dictador, el enriquecimiento ilícito de éste y de su entorno es sólo una consecuencia del sistema.

¿Quién puede hoy saber, por ejemplo, las fortunas de los dictadores Castro, de su entorno y de sus familias y la manera cómo están colocadas o lavadas en el mundo libre? ¿Quién puede explicar la riqueza y la dimensión de los recursos de los familiares del dictador Hugo Chávez, de su entorno y sucesores económicos y políticos? ¿Quién puede saber de cuantas empresas, concesiones, propiedades y sociedades son dueños o partícipes Evo Morales, Rafael Correa o Daniel Ortega y sus entornos hoy millonarios? ¿Quién no sabe que el temor de estos dictadores es ser puestos en evidencia y ser juzgados?

Las denuncias y pruebas de violaciones a los derechos humanos, de fusilamientos, masacres, hechos de violencia, corruptela, confiscaciones ilegales, extorsiones, prevaricaciones y todo tipo de delitos que tales dictadores y sus gobiernos han cometido y cometen son miles, públicas y dramáticas. Pero hoy, no existen condiciones para acabar con la impunidad.

En ausencia de democracia no debemos olvidar el tema de la "impunidad", que no debería estar ausente incluso si se opta por el camino de la "normalización" en relación con este tipo de gobiernos. Consentir implícita o explícitamente la impunidad, podría entenderse como complicidad.

6 de febrero de 2015

La corrupción es elemento esencial de las dictaduras

Corromper es depravar, dañar, pudrir, pervertir, sobornar, estragar, viciar, y en política se presenta por medio del poder y de la función pública para beneficio personal. La corrupción es sin duda una condición lamentablemente presente en toda sociedad humana, pero la cuestión radica en la actitud del gobierno de cada Estado respecto a la manera como se la puede tratar (ignorar, tolerar, asumir o prevenir, poner en evidencia y sancionar).

Un gobierno debe escoger entre combatir y luchar contra la corrupción, o tolerar, alentar e incluso asumir la corrupción como mecanismo de gestión. La elección es solo entre ser o no ser corrupto.

La actitud de un gobierno respecto a la corrupción está inicialmente determinada por el marco institucional del Estado, esto es por el conjunto de leyes, normas y procedimientos, la permanencia y vigencia de los mismos.

Es esencial el nivel de acceso a la información y la libertad de prensa para que los casos sean conocidos por la opinión pública con entera libertad; fiscales y jueces independientes y libres de presión son imprescindibles; autoridades con obligación de rendición de cuentas y sometidas a control permanente y abierto son la únicas aceptables.

Para una efectiva política contra la corrupción es necesaria la vigencia de los elementos fundamentales de la democracia: libertad, respeto a los derechos humanos, Estado de Derecho, institucionalidad, libertad de prensa, opinión pública, división de poderes.

Las dictaduras son por su propia naturaleza regímenes por encima de la ley, o sea, al margen de la ley. En las dictaduras el gobernante dicta y somete al pueblo a sus dictados, así sea por medio de sus leyes. Aún con supuesto apoyo electoral, no hay institucionalidad, no hay Estado de Derecho, no hay respeto a las libertades, no hay prensa libre ni opinión pública independiente, no hay jueces imparciales: hay corrupción.

La corrupción es para los dictadores del siglo XXI una política de Estado. Las dictaduras no son sostenibles sin corrupción. La corrupción de origen, que nace con fraude que comenten en las elecciones para simular democracia como ha sucedido en Venezuela y Ecuador, Bolivia y Nicaragua; se sostiene con la liquidación de los adversarios políticos y de los líderes de opinión que no se subordinan, y se consuma con la suplantación del orden constitucional y legal.

La corrupción de ejercicio se evidencia en sus Gobiernos plagados de nepotismo, donde han creado "familias reales" que se consideran como parte del poder, pero sobretodo de sus beneficios, como el clan de los Chávez o el hijo de Maduro en Venezuela.

Cuando los países controlados por los dictadores del siglo XXI incrementan su condición de productores, exportadores y comercializadores en la cadena del narcotráfico. Cuando exhiben la multiplicación de "nuevos ricos" como la "boliburguesía" en Venezuela, o los parientes y socios del presidente o vicepresidente en Bolivia, o el gran hermano y el gran primo en Ecuador, o la pública demostración de su fortuna en Nicaragua. Cuando los pueblos no pueden conocer el monto y detalle de la deuda de sus países, como en los créditos chinos, o cuando compran chatarra a precio de alta tecnología.

Todos los dictadores del socialismo del siglo XXI son dueños directa o indirectamente de medios de comunicación, de empresas contratistas, de recursos ilimitados para su acción política y del Estado mismo (como sucede en Cuba y en Corea del Norte).

Son compradores compulsivos y viajeros impenitentes, con aviones nuevos. No hay nadie que los controle y menos —por ahora— que les pueda pedir cuentas. Estos gobernantes son solo la cabeza de grupos de corrupción a los que alientan con la impunidad y protegen desde el poder. Esta es la forma como le cuentan a sus pueblos —en otro acto de corrupción— que luchan contra la pobreza y se oponen al capitalismo.

4 de octubre de 2013

La doble moral de Morales

Estar sometidos a las leyes es perjudicarnos, aunque digan que nuestros decretos son inconstitucionales, no importa;…. "si algo que hago dicen que es ilegal yo le meto nomás y que lo arreglen…" son algunos de los conceptos de Evo Morales que muestran cómo un individuo se ha puesto por encima de las leyes en Bolivia y ha terminado con los valores y la democracia.

Lo que parecía al principio la repetición de muestras de ignorancia del dirigente cocalero, son hoy la constante de cómo se gobierna en Bolivia y en los países del socialismo del siglo XXI, con conceptos inmorales que resultan de cumplimiento obligatorio. Esta forma prepotente de proceder se aplica también a las relaciones internacionales y amenaza con convertir a la Bolivia de hoy en un Estado aislado y de cuidado.

Cuando Morales tomó el poder, Bolivia tenía relaciones cordiales y libres de conflicto con todos los países del mundo democrático, sosteniendo con Chile el problema de la reivindicación marítima con relaciones a nivel consular. Las inversiones de empresas internacionales en el país y la cooperación internacional así lo demostraban. Hoy los principales aliados del gobierno de Morales son Cuba, Venezuela, Irán, Ecuador, Nicaragua y lo fue Libia hasta la muerte del dictador Gadafi del que Morales recibió importante apoyo económico en su camino a la destrucción de la nación boliviana. La inversión externa estratégica ha desaparecido prácticamente y el gobierno se ha beneficiado de millonarios aportes de Venezuela libres de todo control y fuente de corrupción; cientos y hasta miles de millones de dólares venezolanos para la caja política de un gobierno operado por cubanos.

Evo Morales ha expulsado de Bolivia desde hace varios años a embajadores, cooperadores internacionales y agencias, sobre todo las vinculadas a la lucha contra el narcotráfico, tensionando las relaciones o generado distanciamientos con casi todos los países de la región a quienes ha convertido en mercados del incremento en la producción de droga. Como resultado de su último viaje a Moscú y del incidente del avión presidencial ha entrado en conflicto con España, Francia, Italia y Portugal a quienes acaba de hacer saber que "exige sanciones para los responsables porque las disculpas no son suficientes".

El trato que hoy reciben los países europeos que terminaron complicados en el mecanismo de propaganda y las presiones de los países no democráticos del socialismo del siglo XXI, se ha convertido además en un importante instrumento de campaña electoral para la fraudulenta reelección que Evo ya ha empezado, exacerbando el sentimiento nacionalista.

Como Morales está acostumbrado a hacer lo que quiere en Bolivia, ahora ejerce esta potestad en el ámbito internacional, con doble moral y doble conducta como en todo. Por ejemplo, no le gusta que le recuerden que desde el 28 de mayo de 2012 retiene en la Embajada de Brasil en La Paz al senador Roger Pinto, un opositor que investigaba vinculaciones del gobierno de Morales con el narcotráfico y que tuvo que pedir asilo en la legación diplomática brasilera al ser perseguido por los jueces y fiscales del gobierno para frenar tales investigaciones. Brasil ha concedido asilo al senador boliviano, pero Evo Morales ha negado hasta hoy el salvoconducto.

El ministro de Defensa de Brasil Celso Amorin ha revelado esta semana, según la Folha de Sao Paolo, que el gobierno de Evo Morales por medio de agentes antinarcóticos, revisó en Bolivia en tres ocasiones, aviones militares brasileros "uno de ellos que transportó al Ministro de Defensa de Brasil buscando presuntamente al senador Pinto que podría ser trasladado al Brasil en base al asilo concedido (en este caso la alegada inmunidad no existió). El gobierno de Brasil ha calificado el incidente como "abusivo, lamentable y condenable", y el gobierno boliviano no se ha disculpado pero ha contestado "recomendado a la prensa no caer en estas tomaduras de pelo".

La dualidad moral de Morales escrita está, pero como dice el rumor popular, "tal vez los gobiernos europeos no tendrían que disculparse si la revisión del avión de Evo hubiera sido hecha por agentes antinarcóticos".

19 de julio de 2013

ORGANISMOS INTERNACIONALES

El pastor, el Pontífice y el jefe de Estado

El Papa, el líder mundial, el padre espiritual de los católicos, el Vicario de Cristo, el Sumo Pontífice romano, el sucesor de San Pedro en el gobierno universal de la Iglesia Católica, es su cabeza visible y el Jefe del Estado Vaticano. Sus homilías, mensajes, discursos, viajes, encíclicas, comunicaciones, generan impresiones y efectos diferenciados, dependiendo de la posición o el interés del público. Esta posición de extraordinario poder e influencia representa el ejercicio de por lo menos tres funciones o condiciones: el pastor, el Pontífice y el Jefe del Estado.

Papa "es la voz para llamar al padre", en el latín clásico representa "tutor o padre". Es la denominación exclusiva del Romano Pontífice desde el siglo XI. También se le da el significado de un acrónimo del latín "Petri Apostoli Potestatem Accipiens: el que sucede al Apóstol Pedro", recordando que en el Evangelio de Mateo, luego que Pedro afirma que Jesús es el Cristo, éste lo instituye como "la piedra sobre la que edificaré mi iglesia".

El Papa como PASTOR es reconocido como el padre espiritual de los fieles católicos, la máxima autoridad que cuida la congregación de creyentes. Este rol está fundado en la fe que es "el conjunto de creencias de una religión", y que en el catolicismo es "la primera de las tres virtudes teologales, asentimiento a la revelación de Dios propuesta por la iglesia" . Es el "siervo de los siervos de Dios" y sin duda, ésta es la principal función que genera y refleja la confianza, creencia y seguridad de los católicos en su líder máximo.

El Papa como PONTÍFICE es "el prelado supremo de la Iglesia Católica Romana" el Jefe Supremo de la estructura eclesiástica que comprende a todos los ordenados y la congregación de fieles. El Sumo Pontífice es el "jefe del gobierno eclesiástico general", en un sistema que determina la organización y jerarquías de la religión. Es el jefe "infalible" de una organización con capacidad legal, patrimonio e intereses, que se relaciona con otros sujetos sociales, políticos, civiles, privados y estatales en todo el mundo. Ejerce en la Santa Sede que "es la expresión con la que se alude a la posición del Papa como cabeza suprema de la Iglesia Católica".

El Papa como JEFE DE ESTADO, es la autoridad máxima del Estado de la Ciudad del Vaticano, "el Estado independiente más pequeño del mundo", que nació con el Tratado de Letrán firmado entre la Santa Sede e Italia el año 1929. Su forma de gobierno es la "Monarquía Absoluta" y el Papa "como Jefe de Estado tiene plenos poderes legislativo, ejecutivo y judicial" que puede delegar. Ejerce la representación y relaciones con los demás Estados y organismos internacionales.

Recordando esta "trinidad" tenemos herramientas para el análisis, con las que podremos establecer si los mensajes son pastorales, pontificios, estatales, o una mezcla de ellos; observar quien, con que interés o propósito actúa, a quien y porqué dirige tal o cual señal. Si estamos en el campo solamente de la fe, como católicos, escucharemos al Pastor sin objeciones e incluso con obediencia; si interesa analizar las relaciones de la Iglesia Católica y de sus intereses con gobiernos y organizaciones, veremos acciones del Sumo Pontífice; y si reparamos en las relaciones y política internacionales observaremos al Jefe de Estado.

Las concentraciones y misas multitudinarias en Ecuador, Bolivia y Paraguay demostraron que la popularidad del Papa Francisco supera en mucho la de los gobernantes visitados y fueron el escenario para el Pastor. En sus homilías en Ecuador destacan: la invocación papal a favor de "la familia como la gran riqueza social que otras instituciones no pueden sustituir"; la "educación como una herramienta de responsabilidad social"; y la notable "alerta sobre los sectarismos" y la "tentación de dictaduras y liderazgos únicos".

Las reuniones privadas con los jefes de gobierno son el escenario del Pontífice y del Jefe de Estado. Evo Morales declaró el año 2009 que "la Iglesia Católica es un símbolo del colonialismo europeo y por lo tanto debe desaparecer de Bolivia", suplantó la constitución y borró a la religión católica; suprimió licencias de radiodifusión, acotó convenios de educación y salud a la Iglesia Católica; se confronta con obispos y sacerdotes que defienden la libertad; impulsa el cobro de impuestos a los templos y limosnas a la Iglesia…planteando desafíos para el Sumo Pontífice, lo mismo que el resto de las dictaduras del socialismo del siglo XXI, Ecuador, Cuba, Venezuela…… donde violan los derechos humanos y acosan a la Iglesia Católica cuando los defiende. Conflictos entre gobierno y la Iglesia por la realidad que muestra perseguidos, presos y exiliados políticos.

El Papa pidió en Paraguay "que nunca más existan guerras como la de la triple alianza". En Bolivia mencionó el tema del mar aunque en el vuelo de retorno a Roma, explicando su condición de Jefe de Estado, dijo que no intervendría al estar pendiente una acción de tribunal internacional. En los tres países los gobernantes llenaron de regalos al Jefe de Estado, incluido el "crucifijo comunista" que le dio Morales.

Los hechos indican que en el viaje que terminó, el Pastor fue extraordinario, el Pontífice eficiente y el Jefe de Estado prudente. Las acciones del Papa analizadas en sus funciones de Pastor, Pontífice y Jefe de Estado, pueden mostrar resultados y efectos variables y hasta diferentes.

13 de julio de 2015

¿Qué dirá el Papa en Ecuador y Bolivia?

Del 5 al 12 de julio, el papa Francisco visitará Ecuador, Bolivia y Paraguay, cuyos gobiernos han desarrollado agendas oficiales y programas para obtener el mayor beneficio posible a su favor. Los jefes de gobierno de los países visitados esperan recibir bendiciones y mensajes papales que les permitan fortalecerse políticamente. Sin embargo, hay un conjunto de temas que las agendas oficiales en Ecuador y Bolivia han evitado cuidadosamente, son los temas de democracia sobre los que está pendiente la pregunta: ¿qué dirá el Papa?

Los temas inexcusables que plantea la realidad objetiva al Papa Francisco en su visita, se refieren a ese sistema y forma de vida descrito por medio de sus elementos esenciales en la Carta Democrática Interamericana, que todos los países a los que llegará el Pontífice han firmado. Se trata de los derechos humanos y las libertades fundamentales, del Estado de Derecho, de las elecciones libres y sin fraude, del régimen plural de partidos y organizaciones políticas, y de la separación e independencia de los poderes públicos. Se trata de valores y principios coincidentes, incluso fundados, en los de la Iglesia Católica y su prédica de justicia.

Ecuador y Bolivia son países gobernados por los denominados dictadores del socialismo del siglo XXI. Son gobernantes que llegaron al poder por elecciones y que "una vez instalados en el gobierno, a través de sucesivos mini golpes de Estado (golpes blandos) desconocieron el orden jurídico bajo el que fueron elegidos y conformaron un sistema político contrario a la democracia". Se trata de regímenes que controlan todos los órganos y el poder del Estado, donde la sociedad no puede defenderse; son gobiernos que han "impuesto su autoridad violando la legislación anteriormente vigente", que han liquidado la "previsibilidad de la democracia", y que se "mantienen indefinidamente en el poder".

El papa Francisco y su bien informado sistema Vaticano saben que hoy en Ecuador y Bolivia hay perseguidos, presos y exiliados políticos. Saben que el medio son los fiscales y jueces del sistema de justicia convertido en el órgano de represión política. Conocen que se ha criminalizado la oposición y judicializando la represión. Conocen que los perseguidos, presos y exiliados políticos en los países del socialismo del siglo XXI son víctimas de órdenes judiciales dictadas por un poder judicial manipulado por el dictador, que ha formado un exilio ecuatoriano y boliviano con centenas de ciudadanos asilados y refugiados en Brasil, Paraguay, Perú, Estados Unidos, España y otros países.

El Papa ha sido informado que libertad de expresión y de prensa están reprimidas, sobre todo por medio de la ley Mordaza de Rafael Correa en Ecuador; que los gobiernos dictatoriales han confiscado, suprimido, reducido y silenciado medios de comunicación social, entre ellos varios vinculados a la Iglesia católica; que el Estado de Derecho ha desaparecido para ser suplantado por la voluntad de los ahora anfitriones del Papa, y que lo han hecho por medio de normas dictadas por los poderes legislativos controlados. El gobierno maneja el sistema electoral. Rafael Correa en Ecuador y Evo Morales en Bolivia están abocados a asegurar su "reelección indefinida", o sea la "el fraude y la farsa a perpetuidad".

Hay constancia que decenas de perseguidos, presos y exiliados políticos de Ecuador y Bolivia han dirigido desde hace años cartas públicas al papa Francisco, pidiendo que clame por los derechos humanos y la justicia ante los gobiernos de Ecuador, Bolivia, Cuba y

Venezuela. Fieles y sacerdotes católicos son objeto de amenazas y re-presión en estos países. Con el discurso de favorecer a los pobres estos gobiernos han institucionalizado la "corrupción" creando nue-vos ricos pero no menos pobres, sin que puedan acreditar resultados proporcionales que correspondan al auge económico que han tenido en última década a favor de la pobreza y la desigualdad, ahora que llevan a sus pueblos a la crisis.

La Iglesia Católica sabe que los indígenas a quien Rafael Correa dice defender y de quienes Evo Morales se esfuerza en simular ser uno de sus miembros, están acosados, amenazados y enjuiciados por estos gobiernos dictatoriales que –como nunca antes- han emitido normas en contra de las reservas ecológicas y de las áreas protegidas, ya sea para autorizar la explotación minera y petrolera en Ecuador y Bolivia, y para extender los cultivos de coca ilegal en beneficio del narcotráfico como en Bolivia. Todo lo contrario a lo sostenido por el Papa en su última Encíclica.

En pocos días sabremos que dijo el Papa en Ecuador y Bolivia res-pecto: a la ley mordaza y a la represión que Correa realiza con ella; a la penetración del TIPNIS que ejecuta Morales contra los indígenas y a favor del narcotráfico; a la penetración y violación de las reservas ecológicas protegidas; a los perseguidos, presos y exiliados políticos víctimas de jueces oficialistas que violan el debido proceso; a las ma-niobras que realizan Rafael y Evo para perpetuarse indefinidamente en el poder; en suma frente a las violaciones a los derechos humanos denunciadas ante el Papa con anterioridad a su visita y respecto a la necesidad de que estos países recuperen la democracia.

28 de junio de 2015

La OEA de Almagro: Inflexible en el respeto a la democracia

Comenzó en Washington DC. la 45ta Asamblea General de la Organización de Estados Americanos (OEA), el tema es "El presente y futuro de la OEA", con el excanciller uruguayo Luis Almagro que se estrena como secretario general y que propone recuperar la credibilidad de la Institución, comprometiéndose a "eliminar los dobles estándares" y "ser inflexibles en el respeto a los derechos humanos y la democracia". La principal dificultad para cumplir este compromiso está en el poder político del socialismo del siglo XXI, pues el respeto a la democracia –que incluye los derechos humanos- representa el fin de los gobiernos dictatoriales.

Una OEA inflexible en el respeto a la democracia solo tiene que cumplir sus principios y objetivos, recordando en su Carta que "la democracia representativa es condición indispensable para la estabilidad, la paz y el desarrollo de la región", y que se creó con el propósito de "promover y consolidar la democracia". El Secretario Almagro tiene razón, ya es tiempo que la OEA salga del doble estándar que caracterizó la gestión de Insulza y recuerde que "el respeto a los derechos humanos y las libertades fundamentales" es solo el primero de los elementos esenciales de la democracia establecidos en el artículo 3 de la Carta Democrática Interamericana.

La agenda del nuevo Secretario General no puede ser mejor cuando propone que la OEA pueda "prestar servicios de calidad en áreas de seguridad, gobernabilidad, justicia, anticorrupción, ética en las políticas publicas y sistemas electorales entre otras". Se trata de preservar y consolidar el "Estado de Derecho"; que las "elecciones sean libres, justas", libres de fraude; que se respete "el régimen plural de partidos y organizaciones políticas"; que "la separación e independencia de los poderes públicos" sea real y no una simulación dictatorial. Todo está proclamado, escrito y pactado en la OEA, si Almagro lo puede cumplir, producirá un verdadero cambio.

Desde hace mas de 10 años la OEA es víctima de la estrategia del proyecto alba, bolivariano o del socialismo del siglo XXI, nacido de la alianza entre Hugo Chávez y Fidel Castro, que tiene como objetivo el desprestigio, la neutralización, desinstitucionalización, paralización, sustitución y liquidación de la OEA. Impulsaron y ejecutaron esta estrategia señalando a la OEA como instrumento del "imperialismo", cuando en verdad se trata de que los principios y objetivos de la OEA son totalmente contrarios al ejercicio dictatorial del poder que los gobiernos del socialismo del siglo XXI practican. Un modelo no democrático, no puede menos que pretender terminar con la organización creada por y para la democracia.

La elección de Insulza como Secretario General de la OEA y su permanencia por 10 años en el cargo fue parte de la estrategia de destrucción de la OEA; fue el secretario del chavismo, autor por acción y por omisión de la terminación de la democracia en Venezuela, Ecuador, Bolivia, Nicaragua, y de los perseguidos, presos y exiliados políticos de la región. La OEA de Chávez-Insulza fue una amenaza permanente contra la libertad y la democracia, ejecutó y protegió la institucionalización del fraude electoral, la judicialización de la represión política, la liquidación del Estado de Derecho.….

Unasur y Celac, son solo mecanismos de la estrategia de sustitución de la OEA. Hay que recordar las declaraciones de Castro, Chávez, Maduro, Morales, Correa y Ortega respecto a la OEA para aceptar que la liquidación de la OEA es uno de los objetivos de las dictaduras del socialismo del siglo XXI. Muerto Chávez, el gobierno castrista es el que controla la influencia en la mayoría de los países miembros de la OEA. Cuba no necesita reintegrarse a la OEA para digitar lo que suceda en ella, aunque es posible que como efecto de la "normalización" produzca el show de su retorno. La crisis económica venezolana y la pérdida de influencia en los países del Petrocaribe amenaza este control.

Terminar con la OEA pasa también por la de penetración de la Organización y se pone en evidencia cuando vemos la decisión de Correa, Morales y sus colegas de controlar los organismos de Derechos Humanos, de hacer nombrar dependientes suyos como miembros de la Comisión y de la Corte Interamericana de Derechos Humanos, para evitar ser señalados por las innumerables violaciones que cometen.

Para cumplir su propósito de cambiar la OEA, devolverle credibilidad como institución y tener una organización "inflexible en el respeto a los derechos humanos y la democracia", el Secretario Almagro tiene que lograr primero que la mayoría de los Estados miembros de la OEA abandonen la agenda castrista del socialismo del siglo XXI. Almagro lo sabe, es una tarea difícil, pero todo indica que él ha decidido poner los principios por delante de los compromisos políticos.

02 de junio de 2015

El desafío histórico de Almagro

La Organización de Estados Americanos (OEA), en su momento de mayor crisis, ha elegido como secretario general a Luis Leonardo Almagro Lemes, abogado, diplomático y político uruguayo, militante del partido Frente Amplio "con definición antioligárquica y antiimperialista". El nuevo secretario general tiene el desafío histórico de recuperar la institucionalidad de la OEA cumpliendo sus principios y objetivos: "Un orden de paz y justicia con la democracia como condición indispensable para la estabilidad, la paz y el desarrollo de la región".

"No me interesa ser el administrador de la crisis de la OEA, sino el facilitador de su renovación", ha declarado Almagro. El marco institucional de la OEA está determinado por su carta constitutiva, la Carta de Bogotá de 1948, reformada por los protocolos de 1967, de 1985, de 1992 y de 1993. La OEA es un "organismo regional" dentro de las Naciones Unidas. La democracia representativa es fundamento, objetivo y pate de la naturaleza misma de la OEA. Luis Almagro es militante de un partido que ha llegado al poder luego de la recuperación de la democracia tras las dictaduras militares.

Almagro expresó que su gestión "dará prioridad a la seguridad ciudadana, la prevención de conflictos sociales, la prevención y gestión de desastres naturales en el Caribe y Centroamérica, la interconectividad en el Caribe y a la calidad de la educación", y ratificó su intención de "lograr la reincorporación plena de Cuba" a la organización. Pero mientras era elegido, ciudadanos venezolanos se manifestaban pidiendo democracia y la liberación de los presos políticos en su país y sobre temas de democracia, sobre los que el nuevo funcionario no ha dicho nada aún.

La OEA está hoy polarizada. Aunque se describe la confrontación como ideológica a partir de las posiciones autoproclamadas de izquierda y antiimperialistas del grupo del ALBA, o socialismo del siglo XXI, la naturaleza real de la crisis en la OEA es de democracia. La OEA y el secretario Insulza han sido incapaces de aplicar los principios y disposiciones vigentes en el sistema interamericano y han amparado y respaldado procesos de ruptura de la democracia, auspiciando la instalación y sostenimiento de los gobiernos no democráticos impulsados por Castro y Chávez, en Venezuela, Ecuador, Bolivia y Nicaragua.

El eje de confrontación en las Américas y al interior de la OEA no es de izquierdas contra derechas, ni siquiera de progresistas contra conservadores; es de dictaduras versus democracia. La prueba son los gobiernos de izquierda que respetan la democracia y el Estado de Derecho, como Chile, Uruguay, Brasil…, a cuyos líderes no se les ha ocurrido suplantar sus constituciones políticas para permanecer indefinidamente en el poder, utilizar el poder judicial para perseguir y reprimir, terminar con la libertad de prensa y tener presos y exiliados políticos.

La crisis de la OEA nace por la falta de credibilidad, por incumplimiento de su propósito esencial de "promover y consolidar la democracia representativa" (Art. 2 inc b de su Carta). La crisis de la OEA es su desprestigio por no cumplir con el mandato de que "los pueblos de América tienen derecho a la democracia y sus gobiernos la obligación de promoverla y defenderla" (Art. 1 de la Carta Democrática Interamericana CDI).

La penosa forma en que Insulza termina su gestión y la crisis a la que ha llevado a la OEA, se funda en la ignorancia de los elementos esenciales de la democracia: "El respeto a los derechos humanos y las libertades fundamentales; el acceso al poder y su ejercicio con sujeción al Estado de Derecho; la celebración de elecciones periódicas, libres, justas y basadas en el sufragio universal y secreto como expresión de la soberanía popular; el régimen plural de partidos y organizaciones políticas; y la separación e independencia de los poderes públicos" (Art. 3 de la CDI).

Independientemente de su posición política y de quienes lo llevaron al cargo, Luis Almagro es considerado un político democrático. El éxito o fracaso de su gestión radica en si será capaz de reconocer que los gobiernos de Venezuela, Ecuador, Bolivia y Nicaragua han producido "alteraciones del orden constitucional". Si contribuirá a que esos países recuperen la democracia. Si el "diálogo con Cuba" que se ha anunciado es para respetar los principios y llevar al pueblo cubano hacia la democracia o para consolidar el castrismo que hoy ejerce el liderazgo regional. El desafío es, si la OEA con Almagro defenderá y restituirá la democracia o triunfarán y aumentarán las dictaduras con el sofisma de "inventar nuevas formas de democracia".

20 de abril de 2015

La cumbre de las dos Américas

La VII Cumbre de las Américas realizada en Panamá ha demostrado que existen dos Américas, la democrática y la dictatorial, que se han encontrado, confrontado, chocado y presentado al mundo la realidad política de la región. Ha sido el encuentro entre dos formas totalmente diferentes de concebir la sociedad, el Estado y el poder. Esta "Cumbre de las dos Américas" ha establecido el momento histórico de la inevitable liquidación de las dictaduras y el retorno de los pueblos oprimidos a la democracia.

La América dictatorial se presentó en crisis económica, necesitada, dividida, abusiva, falta de argumentos, minoritaria y atrapada en el pasado. Liderado por el castrismo, el socialismo del siglo XXI con Venezuela, Ecuador, Bolivia, Nicaragua y el gobierno argentino, ha mostrado que muchos le temen o aún deben favores. Esto ha generado el silencio prudente, cómplice o cobarde de muchos presidentes de gobiernos democráticos de la región, al extremo que ha sido posible que, por ejemplo, el castrismo ejerza "represión dictatorial extraterritorial" en Panamá, agrediendo incluso a ciudadanos norteamericanos que piden democracia y liberad para Cuba.

La América democrática afirmada en la defensa de la libertad, los derechos humanos, la democracia, la propiedad privada, los principios y valores de la civilización se ha expresado, más que por las voces de los presidentes de los países donde existe democracia, por medio de los eventos previos y paralelos a la Cumbre. En todos los foros de la sociedad civil, académicos, políticos, empresariales, gremiales, celebrados en torno a la Cumbre, se ha mostrado la "otra cara de la moneda": que en América Latina hay dictaduras en por lo menos cinco países donde la democracia se ha suplantado, pero que los pueblos le van perdiendo el miedo a los dictadores.

No ha quedado duda de que Cuba es la dictadura que cambia y que para sobrevivir debe reconocer derechos humanos, libertades fundamentales y democracia a sus ciudadanos. Raúl Castro, aparentemente legalizado y en busca de legitimarse, no ha podido menos que entender que el proceso de normalización de relaciones con los Estados Unidos pasa por ese camino.

Con criticas, reticencias y pretensiones, lo que haga la dictadura cubana en la normalización, solo la conduce a la pérdida del poder total. La dictadura lo sabe y el esfuerzo castrista pasa por dilatar el trámite y demorar el final.

El papelón protagonizado por el dictador Maduro y las muestras de repudio recibidas no podían ser más contundentes. Desde la declaración de 22 expresidentes —que ahora ya son 31— pidiendo democracia y liberación de presos políticos en Venezuela, hasta el rechazo y protesta de los ciudadanos panameños y de los vecinos del centro de convenciones, han mostrado lo insostenible de la situación dictatorial y lo indeseable que resulta su confundido conductor.

Los discursos de subordinación a Cuba y de pago de favores a la dictadura venezolana que han expresado —cada quien en su estilo— Rafael Correa, de Ecuador; Evo Morales, (Bolivia); Daniel Ortega (Nicaragua) y Cristina Kirchner (Argentina), han sido el ejemplo de lo que no se debe hacer si se pretende por lo menos disimular la dependencia y control que tiene el castrismo de tales gobiernos. Vociferar y mentir, cuando están llevando a sus pueblos a crisis económicas que amenazan ser peores que la de Venezuela, y a crisis políticas y sociales inevitables, con la corrupción como política de Estado, han resultado vergonzoso.

La Cumbre de Panamá había sido preparada para ser de los dictadores Castro y Maduro, que debían obtener resoluciones de solidaridad y apoyo, para que se legalicen y legitimen. Ha sucedido todo lo contario, no existe documento final; la prensa libre ha permitido que la opinión pública pruebe la inferioridad dictatorial frente a la democracia; que los argumentos de la dictadura más antigua de la región no pueden con los principios de la democracia; que la gente quiere libertad; que la confrontación no es ideológica. Tan clara ha sido la derrota que los miembros de las dictaduras del socialismo del siglo XXI no asistieron a la cena de clausura del evento que digitaron.

La "Cumbre de las dos Américas" —la dictatorial contra la democrática— nos deja la señal inequívoca de que la próxima cumbre será sólo de una: la América democrática.

17 de abril de 2015

Desafíos de la VII Cumbre de las Américas

El 10 y 11 de abril de este año se reúne en Panamá la Cumbre de las Américas que por sus objetivos y la situación actual de la región afronta temas inexcusables que tratar. Son los relativos a la libertad, la democracia y los derechos humanos, que se violan como política de Estado en, por lo menos, cinco países, cuyos gobiernos vulneran las libertades fundamentales, la libertad de prensa, tienen presos y exiliados políticos, han hecho desaparecer el Estado de Derecho, la división e independencia de los poderes públicos y manipulan las elecciones como mecanismo de perpetuación indefinida en el poder.

La Cumbre de las Américas, que se desarrolla en el sistema de la Organización de Estados Americanos (OEA), es la "reunión de los jefes de Estado y de gobierno de los Estados miembros del hemisferio para debatir sobre aspectos políticos compartidos, afirmar valores comunes y comprometerse a acciones concertadas a nivel nacional y regional con el fin de hacer frente a desafíos presentes y futuros que enfrentan los países de las Américas".

La de Panamá es la séptima reunión de este tipo, desde su primera edición en Miami en 1994. El centro de atención de esta cumbre fue marcado por la asistencia o ausencia del dictador de Cuba a la misma. Parecería que el tema central no es la reunión en sí misma, sino quiénes asistirán, entre los presidentes de los Estados miembros de la organización, que tiene como fundamentos esenciales la democracia y los derechos humanos, y el jefe de esa dictadura, que ahora se hace llamar "presidente".

Lo que en principio fue motivo de polémica, es hoy ya un hecho cierto a partir del anuncio de normalización de relaciones entre Estados Unidos y Cuba. El dictador cubano asistirá a la VII Cumbre de las Américas, para convertirla ahora en la cumbre que reconoce y afirma el liderazgo castrista de la región.

Anotada ya como un éxito más de la política cubana, la presencia de su jefe en la cumbre, por esa misma asistencia, los temas de imprescindible e inevitable consideración son libertad, democracia, derechos humanos, libertad de prensa, Estado de Derecho… Estamos por ver si los jefes de Estado democráticos serán capaces de tomar posiciones y acciones positivas, o serán indiferentes; si asumirán complicidad o simplemente incurrirán al pecado de omisión.

Si los temas de libertad, democracia, derechos humanos y Estado de Derecho, no merecen consideración como "afirmación de valores comunes" para "concertar acciones a nivel nacional y regional" porque "es necesario hacer frente a este desafío presente y futuro" (objetivos de las cumbres), tal vez la mejor resolución que la reunión de Panamá podría tomar sería la de anular y renegar de la Carta Democrática Interamericana firmada en Lima, cuya adopción se decidió en la Cumbre de Quebec de 2001.

La realidad objetiva de las Américas muestra que desde hace años, a partir de la alianza Castro-Chávez, del proyecto que terminó llamándose Socialismo del Siglo XXI, de los miles de millones de dólares del pueblo venezolano despilfarrados en esta aventura, de la expansión política del castrismo y de la ruptura de la democracia, existen caudillos en Venezuela, Ecuador, Bolivia y Nicaragua que no cumplen ninguno de los elementos esenciales de la democracia, que tienen presos y exiliados políticos, que son gobiernos en diversos grados de totalitarismo, que son enemigos de la libertad de prensa y están operados por el castrismo.

¿Dirá algo la Cumbre de la Américas sobre los presos políticos en Cuba, Venezuela, Bolivia y Ecuador; sobre los perseguidos y exiliados cubanos, ecuatorianos, venezolanos, bolivianos; sobre la utilización de los sistemas de Justicia como instrumento de represión política? ¿Tocará el tema del control absoluto de los sistemas electorales y las reelecciones indefinidas basadas en ese control; la corrupción, los nuevos ricos y la impunidad en los países del Socialismo del Siglo XXI? ¿Dirá algo sobre la existencia o riesgo de existencia de narcoestados?

La Cumbre de Panamá es la oportunidad para que los jefes de Estados y gobiernos democráticos de las Américas demuestren que los principios y valores están vigentes. Ya no se trata de la asistencia del dictador cubano, del venezolano y de los otros. El asunto de fondo es para qué se reúnen. Si respetan los principios y valores, lo importante no es quién asista, importa lo que hagan y resuelvan. De lo contrario, sería hora de que proclamen cuáles son los nuevos paradigmas de la coexistencia y las relaciones en las Américas y con el mundo.

20 de febrero de 2015

Imposturas en las Naciones Unidas

La Asamblea General de las Naciones Unidas y los eventos de su entorno, se han convertido en estos días en el escenario de la impostura de algunos gobernantes y funcionarios internacionales que pretenden —entre otras cosas— presentar la lucha contra el terrorismo como un atentado imperialista, a los gobiernos no democráticos y dictatoriales como democracias, a los agresores como víctimas, a deudores corruptos y contumaces como damnificados y a los violadores de la libertad y los derechos humanos como sus defensores.

Impostura es el "fingimiento o engaño con apariencia de verdad", es una simulación con la que se intenta hacer que algo parezca distinto a lo que en realidad es. Es parte de una estrategia de los gobiernos que no respetan los principios y valores de la democracia, pero que se protegen y escudan en ellos, por lo que resulta imprescindible ponerlos en evidencia.

Ante el problema del cambio climático y la importancia de las acciones a concertar, Nicolás Maduro se ha presentado como defensor del tema, politizándolo y atacando al capitalismo. Una evidente coartada para evitar dar cuenta sobre la crisis de Venezuela, las violaciones a los derechos humanos, los presos políticos, los exiliados y la corrupción institucionalizada que son de su responsabilidad. Faltaba que el dictador venezolano sostenga que la crisis y la necesidades de su sometido pueblo son efecto del cambio climático.

Frente al inevitable combate contra el terrorismo del grupo ISIL y otras organizaciones extremistas, que ha emprendido el mundo civilizado en acto de "legítima defensa", la impostura se presenta en las posiciones de los jefes de Irán, Bolivia, Venezuela, Cuba, Ecuador, que bajo distintos matices pero con el mismo mensaje proponen "utilizar la paz para erradicar los extremismos", reclamando cumplimiento de "legalidad".

Maduro acusó a Occidente de haber "amamantado al monstruo del terrorismo" afirmando que la "única forma de derrotarlo es una gran alianza de paz…". Evo Morales propuso "erradicar el guerrerismo imperial que promueve los Estados Unidos que ante la guerra amenaza con más guerra" y abogó por la "cultura de la paz". El Ecuador de Rafael Correa ha rechazado los bombardeos contra el grupo yihadista declarando que "las acciones llevadas a cabo contravienen el Derecho Internacional pues no han sido conocidas por la Asamblea General…". Puros sofismas para apoyar y proteger al terrorismo cuando estos gobiernos son los responsables de la penetración islámica en la región.

Los presidentes de Irán y Bolivia reunidos en la ONU, mandaron declarar que han "coincidido en defender la vida, los intereses de los pueblos, la democracia y los derechos humanos". Podrían empezar a hacerlo liberando los presos políticos en sus respectivos países, dejando de perseguir opositores y de aumentar el exilio, respetando la libertad, los derechos humanos, reponiendo el "Estado de Derecho" y permitiendo la vigencia de los elementos esenciales de la democracia.

La presidenta de Argentina, para justificar la cesación de pagos a la que condujo a su país ha afirmado que "no solamente son terroristas los que andan poniendo bombas, también son terroristas económicos los que desestabilizan la economía de un país y provocan pobreza, hambre y miseria…." Es tan interesante esta impostura, que siguiendo su concepto, el propio gobierno de la Sra. Cristina Fernández de Kirchner cae en "su categoría de terrorista", obviamente extensiva a las dictaduras de Cuba y Venezuela que están administrando la pobreza, hambre y miseria que han provocado.

El Secretario General de la ONU Ban Ki Moon declaró a Evo Morales "símbolo del mundo en desarrollo". Dicen las redes sociales que es el afán de agradecer los costosos regalos —reflejados en la prensa por su precio y peso en oro— que Morales dio a Ban en su visita a Bolivia. Por lo que fuera, Ban no recordó: que con datos de ACNUR (organismo de la ONU), Evo Morales tiene a más de 774 bolivianos expatriados y refugiados sin contar los asilados; que ha aumentado en seiscientos por ciento la producción de coca para el narcotráfico; que Morales debe responder por más de 17 masacres sangrientas en su gestión, con acusación pendiente en La Haya; y otras cuestiones que no lo hacen precisamente un personaje susceptible de imitar.

La repetición de las imposturas está destinada a modificar la opinión pública.

25 de septiembre de 2014

El G-77 convertida en cumbre de dictadores

La reunión del Grupo de los 77 (G-77) más China realizada en Santa Cruz-Bolivia la semana pasada, ha resultado convirtiéndose en una reunión de dictadores que emitieron la declaración denominada "Por un Nuevo Orden Mundial para Vivir Bien" con 242 conclusiones, que son expresiones de deseo de posiciones económicas y políticas de los participantes y sus tendencias. Asistieron a la cumbre 14 presidentes entre los que contaron a 6 dictadores: Robert Mugabe de Zimbabwe, Teodoro Obiang de Guinea Ecuatorial, Raúl Castro de Cuba, Nicolás Maduro de Venezuela, Rafael Correa de Ecuador y el anfitrión Evo Morales.

El G-77 creado en 1964 por 77 países que hoy son 133, es una organización intergubernamental de Estados en vías de desarrollo que busca proveer a los países del sur medios para articular y promover sus intereses económicos, mejorar su capacidad conjunta de negociación en el sistema de Naciones Unidas y la "promoción de la cooperación Sur-Sur para el desarrollo".

En los últimos años el eje Caracas-La Habana con su proyecto del socialismo del siglo XXI, tiene el control político del G-77, lo ha convertido en mecanismo político de protección de dictaduras habiendo logrando que la presidencia pro-tempore del 2013 sea para Cristina de Kirchner y la del 2014 para Evo Morales, llevando la reunión de este año a Bolivia, como parte de la campaña para seguir encubriendo sus dictaduras como si fueran democracias, además de favorecer a Morales en el proceso electoral articulado para re-reelegirse en octubre de este año.

Entre las 242 conclusiones, establecidas por la reunión vale la pena analizar la 35 sobre la democracia, hecha para encubrir y proteger los procesos dictatoriales cuyos caudillos se concentraron en la reunión. La conclusión 35 expresa: "Consideramos que la democracia es un valor universal basado en la voluntad libremente expresada de los pueblos de determinar sus propios sistemas políticos, económicos, sociales y culturales y participar plenamente en todos los aspectos de la vida. Reafirmamos que, si bien todas las democracias tienen características comunes, no existe un modelo único de democracia, y que la democracia no pertenece a ningún país o región, y reafirmamos además la necesidad de respetar debidamente la soberanía, la unidad y la integridad territorial y el derecho a la libre determinación, así como el rechazo a cualquier intento de desestabilizar los sistemas constitucionales y democráticos legítimamente establecidos por los pueblos".

La democracia es un valor universal, pero para ser considerada y reconocida como tal tienen que concurrir los elementos esenciales universalmente aceptados y obligatoriamente vigentes en el marco de la Carta Democrática Interamericana, que son "el respeto a los derechos humanos y las libertades fundamentales; el acceso al poder y su ejercicio con sujeción al Estado de Derecho; la celebración de elecciones periódicas, libres, justas y basadas en el sufragio universal y secreto como expresión de la soberanía del pueblo; el régimen plural de partidos y organizaciones políticas; y la separación e independencia de los poderes públicos". Ninguno de estos elementos de la democracia existe en ninguno de los países sometidos por los dictadores Mugabe, Obiang, Castro, Maduro, Correa y Morales.

De esta manera por vía de declaración del G-77 más China, con la asistencia y beneplácito de delegados de más de cien países, los dictadores ha fijado su noción utilitaria de democracia que les sirve para confundir y para encubrir sus dictaduras. Así pueden seguir reclamando la denominación de democracia, violando los derechos humanos y las libertades fundamentales, habiendo liquidado el Estado de Derecho, realizando elecciones manipuladas con los principales líderes de oposición perseguidos, exiliados, presos o muertos, articulando sistemas de partido único o de oposición regulada, y concentrando el control de todos los poderes del Estado.

No extraña que en la misma cumbre se haya pedido eliminar el Consejo de Seguridad de la ONU, proponer un nuevo orden mundial alentado por dictadores, apoyar a Nicolás Maduro, expresar solidaridad con Morales y más. Lo que llama la atención es que esto haya sucedido en presencia del Secretario General de la Naciones Unidas y de representantes de países democráticos de quienes no se escuchó ni una palabra por los perseguidos, presos, exiliados y asesinados políticos víctimas de la dictadura del anfitrión y de las de sus más notables huéspedes de Zimbabwe, Guinea Ecuatorial, Cuba, Venezuela y Ecuador.

19 de junio de 2014

La derrota de Maduro en la OEA y la trampa de UNASUR

La declaración del Consejo Permanente de la Organización de Estados Americanos (OEA) que el 7 de marzo pasado expresó "solidaridad y respaldo a la institucionalidad democrática, al diálogo y a la paz en la República Bolivariana de Venezuela", es sin duda una muestra de que socialismo del siglo XXI controla el voto de la mayoría de los Estados miembros de la OEA quienes han buscado ayudar al dictador venezolano evitando la aplicación de la Carta Democrática Interamericana.

Sin embargo, la evidencia de que ha sido una resolución manipulada y el voto en contra de Estados Unidos, Canadá y Panamá con la inclusión de "reservas", demuestran que, lo que parece un apoyo, sea en verdad una derrota para el dictador Maduro.

Veamos algunos datos de la realidad objetiva. Hace un año hubiera sido imposible que el Consejo Permanente de la OEA se reúna siquiera para tratar un tema contra la dictadura de Venezuela. Ahora tuvo que hacerlo ante la realidad de que Maduro viola los derechos humanos, suprime la libertad de prensa, produce más perseguidos, detenidos y exiliados políticos, reprime, mata y aplica la estrategia castrista para sostenerse en el poder.

En Derecho Internacional una "reserva" es la declaración unilateral que hace un Estado para excluir o modificar los efectos jurídicos de un instrumento internacional, en este caso de la declaración del Consejo Permanente.

Panamá estableció como reserva —entre otras— que "considera que el respaldo y aliento a las iniciativas y esfuerzos del gobierno de Venezuela puede interpretarse como una parcialización hacia el gobierno, frente al resto de los actores sociales".

La reserva de Estados Unidos expresa: "Estados Unidos no puede respaldar esta declaración dado que no refleja adecuadamente el compromiso de la Organización de promover la democracia y los derechos humanos en el hemisferio. Además coloca a la OEA en una posición de parcialismo, lo cual no puede hacer. Específicamente el párrafo 2 sugiere, incorrectamente, que la supuesta necesidad de mantener el orden y el respeto por el principio de no intervención tiene prioridad sobre los compromisos de todos los Estados miembros de la OEA de promover y proteger los derechos humanos y la democracia. La declaración contradice el artículo 2 de la Carta de la OEA y los principios consagrados en la Carta Democrática Interamericana".

Las reservas son parte de la declaración y ponen en evidencia una manipulación política de una mayoría eventual que no respeta la libertad y la democracia. Una mayoría sometida que no cambia los hechos, solo muestra la existencia y ejercicio de una dictadura en Venezuela, la expone.

Una declaración de la OEA que no respeta la Carta de la Organización ni la Carta Democrática Interamericana es prueba de la existencia de una dictadura en Venezuela, si alguna faltaba.

Frente al fracaso en la OEA, el socialismo del siglo XXI ha pasado a utilizar UNASUR, que es un instrumento propio, ya usado en 2008 para consolidar al dictador boliviano Evo Morales, criminalizar, derrotar y perseguir a los defensores de la democracia en Bolivia.

Fue el dictador Hugo Chávez quien precisamente en una reunión en Santiago de Chile usó al grupo de países de lo que hoy se llama Unión de Naciones Suramericanas para afianzar la dictadura del siglo XXI en Bolivia. El resultado fueron jóvenes, líderes cívicos, sindicales, políticos, indígenas y ciudadanos asesinados, presos y exiliados…una de sus facetas se llama "el caso terrorismo".

UNASUR acaba de resolver el envío de una misión de cancilleres a Venezuela para "asesorar al gobierno de Nicolás Maduro en un diálogo que permita la convivencia pacífica", o sea para que el dictador se quede en el poder.

Maduro que no aceptó ninguna misión de la OEA, que la rechazó a gritos y con improperios, ahora celebra encantado la de UNASUR.

Si recordamos que UNASUR fue creada por Hugo Chávez y es usada por el eje Caracas-La Habana para estabilizar sus gobiernos dictatoriales en base a los intereses económicos que sostiene el petróleo venezolano, vemos que la acción de este organismo es una TRAMPA para la democracia y para quienes luchan por la libertad en Venezuela. Es una señal de alerta porque el proceso de intervención transnacional del socialismo del siglo XXI se ha puesto en marcha nuevamente.

13 de marzo de 2014

CELAC: Cumbre de la impostura

Impostura es el "fingimiento o engaño con apariencia de verdad" y es eso lo que la dictadura castrista presidiendo la Comunidad de Estados Latinoamericanos y Caribeños (CELAC) acaba de mostrarle al mundo en la cumbre presidencial de la Habana. Para constatar la impostura sólo es necesario comparar los postulados, declaraciones y conclusiones de la CELAC y de la reunión que termina, con los hechos y la realidad.

La Declaración de Caracas de 3 de diciembre de 2011 en la que se organiza la CELAC, establece como "valores y principios comunes: el respeto al Derecho Internacional, la solución pacífica de controversias, la prohibición del uso y de la amenaza del uso de la fuerza, el respeto a la autodeterminación, el respeto a la soberanía, el respeto a la integridad territorial, la no injerencia en los asuntos internos de cada país, la protección y promoción de todos los derechos humanos y de la democracia". La declaración de La Habana de 29 de enero de 2014 que consta de 82 puntos, repite tales principios y agrega que "la CELAC se asienta en… la protección y promoción de todos los derechos humanos, el Estado de Derecho en los planos nacional e internacional, el fomento de la participación ciudadana y la democracia"

La dictadura castrista anfitriona de la Cumbre, no respeta el derecho a la vida, a la libertad, a la seguridad de las personas; tiene establecidos sistemas de servidumbre, cárceles con presos políticos, millones de exiliados; no reconoce la igualdad ante la ley; ha procedido en los mismos días de la Cumbre a detenciones arbitrarias, ha impedido reuniones, realizado injerencias en la vida privada, impedido el derecho de circular libremente, evitando incluso que dignatarios visitantes puedan reunirse con ciudadanos cubanos. Antes, durante y después de la reunión de la CELAC, el gobierno de Cuba ha violado por lo menos los artículos del 1 al 15 de la Declaración Universal de los Derechos Humanos.

Cuba está gobernada por un régimen dictatorial del que Raúl Castro se ufanó al ironizar a un comentario del Presidente de Chile, quien le había recordado que la presidencia de la CELAC era por un año y no por más de 50. No se respetan a los derechos humanos y las libertades fundamentales, no se ejerce el poder con sujeción al Estado de Derecho, no existen elecciones libres, no hay división ni independencia de los poderes públicos, todo el poder está concentrado en el dictador. Se violan los derechos humanos y se proclama su respeto, no hay democracia y se la invoca. Se violan los elementos esenciales de la democracia establecidos en la Carta Democrática Interamericana firmada el 11 de septiembre de 2001 por todos los Estados que invitados por Cuba asistieron a la reunión de La Habana, y el Secretario General de la OEA está presente, aplaudiendo.

Las Naciones Unidas ha establecido en agosto de 2004, en el "Informe sobre el Estado de Derecho y la Justicia" que "Estado de Derecho se refiere a un principio de gobierno según el cual todas las personas, instituciones y entidades, públicas y privadas, incluido el propio Estado, están sometidas a unas leyes que se promulgan públicamente, se hacen cumplir por igual y se aplican con independencia, además de ser compatibles con las normas y los principios internacionales de derechos humanos". Esto no existe en Cuba, Venezuela, Ecuador, Bolivia y Nicaragua, y el Secretario General de la ONU está en La Habana de la mano del dictador, sin recordar este principio ahora proclamado por quienes lo ignoran y vulneran.

228 | Carlos Sánchez Berzaín

Durante la reunión de la CELAC, la dictadura impidió el II Foro Democrático en Relaciones Internacionales y Derechos Humanos convocado en paralelo. El Director del Centro para la Apertura y el Desarrollo de América Latina (CADAL) Gabriel Salvia de nacionalidad argentina, uno de los organizadores del foro, fue detenido en el aeropuerto de La Habana y expulsado a El Salvador. La Presidenta de Argentina se olvidó de su nacionalismo y no dijo nada sobre el abuso a su compatriota. Los presidentes democráticos ignoraron estos y otros atropellos para terminar declarando a la región como de "PAZ". Tal vez también ignoran que Benito Juárez enseñó que "el respeto al derecho ajeno es La Paz".

Cuando los ilustres visitantes salen de Cuba, quedan los presos políticos, los apaleados y amenazados; queda vulnerada la libertad de prensa que no pudo entrevistar a ningún cubano que reclama por su libertad; queda la pobreza y la desigualdad producida por la dictadura castrista. Nada ha cambiado, sólo han sido más declaraciones en unos días de impostura.

30 de enero de 2014

Dictaduras del siglo XXI escapan
al sistema interamericano de derechos humanos

Cuando el 10 de septiembre de 2012, Hugo Chávez como presidente de Venezuela por intermedio de su ministro de relaciones exteriores Nicolás Maduro, denunció la Convención Americana sobre Derechos Humanos, lo que el dictador venezolano estaba reflejando era la cada vez más fuerte presión de una larga lista de casos de violaciones a los derechos humanos que él y su gobierno habían cometido contra opositores, políticos, sindicalistas, empresarios, periodistas y ciudadanos venezolanos.

Muchas denuncias se tramitaban, algunas habían sido probadas ante la Comisión Interamericana de Derechos Humanos (CIDH) y pasado a competencia de la Corte Interamericana de Derechos Humanos; existían ya sentencias que no querían cumplir. Era simplemente la reacción del acusado perdidoso, la del violador de los derechos humanos cuyos actos son objeto de condena, temeroso de que estas instancias pongan prontamente en evidencia centenares de casos demostrando que la violación de los derechos humanos en la Venezuela del socialismo del siglo XXI es regla de gobierno.

Ya antes de la denuncia de Hugo Chávez, había comenzado una dura campaña de los países del socialismo del siglo XXI o proyecto Alba contra la CIDH y el sistema interamericano mismo, pretendiendo modificar sus competencias e incluso trasladar su sede de Washington DC a un territorio controlado por ellos, con la sencilla lógica que los perseguidos no podrían presentar demandas en un país donde no podrían llegar sin temor a ser convertidos en presos políticos por sus perseguidores.

El Secretario Ejecutivo de la CIDH fue una de las víctimas de esta campaña y denunció la presión del Secretario de la General de la OEA, José Miguel Insulza, y de Venezuela para su retiro. En la Asamblea General Extraordinaria de la OEA en marzo de 2013, Ecuador declaró su intención de retirarse del sistema interamericano de derechos humanos; la siguió Nicaragua y luego Bolivia por medio de Evo Morales, incluso con la amenaza de abandonar la OEA. Argentina y los países vinculados a Petrocaribe llevaron esta situación a una virtual crisis que fue soslayada ante el evidente y aún útil control político que tiene de la OEA el grupo de los gobiernos del Alba con el secretario Insulza como operador.

La Alta Comisionada de Derechos Humanos de las Naciones Unidas y prácticamente todas las organizaciones de defensa de los derechos humanos del hemisferio y muchas del mundo emitieron declaraciones de pedido, reflexión y protesta, pidiendo al gobierno de Venezuela que no haga efectivo su retiro.

13 de septiembre de 2013

La OEA y el avión de Evo

El Consejo Permanente de la Organización de Estados Americanos ha expedido una resolución argumentando "que el 2 de julio de 2013, el avión presidencial FAB-001 que trasladaba a Evo Morales se vio forzado a aterrizar de emergencia en Viena, Austria, por la cancelación, denegación o demora de las autorizaciones previamente emitidas de sobrevuelo y aterrizaje en los espacios aéreos de Francia, Portugal, Italia y España."

Agregando que "el secretario general de la Organización, de manera oportuna, mediante comunicado de prensa ha expresado su profunda molestia ante la decisión de las autoridades de varios países europeos que impidieron el uso del espacio aéreo del avión que transportaba desde Moscú hasta La Paz al presidente Evo Morales y al mismo tiempo solicitó a los países involucrados las razones por las cuales tomaron esta decisión, particularmente porque ello puso en riesgo la vida del primer mandatario de un país miembro de la OEA".

Con tales consideraciones resuelven: "expresar la solidaridad de los Estados Miembros"; "condenar las actuaciones que violan las normas y principio del derecho internacional, como la inviolabilidad de los jefes de Estado" y "hacer un firme llamado a los Gobiernos de Francia, Portugal, Italia y España para que brinden explicaciones necesarias…así como las disculpas correspondientes".

El embajador de España ha declarado que esta resolución "ya estaba hecha antes de la reunión del Consejo Permanente" en la que no ha tenido ninguna oportunidad de hacer valer la explicación de su país sobre el incidente. El embajador de Italia, en tono indignado ha reclamado, que se ha tomado por cierta la versión del denunciante y se ha emitido condena contra su país sin derecho a explicación ni defensa alguna.

Canadá ha discrepado expresando "en este caso existen interpretaciones conflictivas" y que además "el supuesto otorgamiento o cancelación de la autorización para sobrevolar un territorio es una cuestión bilateral independiente de la cuestión relativa a los privilegios e inmunidades de los jefes de Estado". Estados Unidos ha anotado que "los hechos pertinentes al incidente en cuestión no son claros y son objeto de informes conflictivos" de donde "resulta inadecuado que esta Organización haga declaraciones sobre éstos en este momento".

Resultado, el socialismo del siglo XXI ha usado nuevamente la OEA como instrumento político, esta vez para favorecer la imagen de su socio Evo Morales, forzando la competencia del Consejo Permanente que sólo ha ratificado la comunicación pública previa del secretario Insulza.

Considerando como verdadera y aceptado la descripción de los hechos realizada por Evo Morales y su gobierno, ha decidido "condenar" las actuaciones de Francia, Portugal, Italia y España, cuyas versiones de los hechos y argumentos ni se mencionan. La OEA se ha convertido de pronto en acusador y juez de estos cuatro países europeos a los que ha condenado "sin derecho de defensa", sin derecho a investigación alguna, "sin presunción de inocencia (buena fe en el ámbito de las relaciones internacionales), sin imparcialidad, y con argumentos jurídicos forzados.

Condenar quiere decir pronunciar sentencia emitiendo un fallo, es reprobar o forzar a alguien a hacer algo penoso. Por eso la decisión política de la OEA esta marcada por la ilegalidad y la prepotencia que hará más daño que bien a los actores que con el argumento de la "inviolabilidad de los Jefes de Estado", han aceptado una denuncia, sin investigación ni valoración alguna.

Esta actuación de la OEA de Insulza es la prueba de lo que venimos denunciando, es simplemente similar a las acciones de los fiscales y jueces de los países sin democracia del socialismo del siglo XXI como Venezuela, Cuba, Bolivia, Ecuador y Nicaragua, donde opositores, empresarios, dirigentes sindicales, indígenas, cívicos y ciudadanos en general, son acusados y condenados solamente con la versión y según el interés político del gobierno.

¡Y sorpresa! En la primera página del *Diario Las Américas*, Insulza "asegura que desconoce el fondo de lo que provocó el incidente". Sólo la OEA de Insulza puede hacer una resolución de condena sin conocer la causa del asunto!! Sirve esto para que los gobiernos europeos dejen de llamar democracias a los países con perseguidos, presos y exiliados políticos de América Latina?

12 de julio de 2013

La OEA de Insulza y la ruptura del orden democrático

Uno de los primeros pasos en la ruptura del Estado de Derecho y del orden democrático en los países del socialismo del siglo XXI para convertirlos en las dictaduras que son hoy, fue la sustitución de sus constituciones políticas. Lo hicieron en Venezuela, Ecuador y Bolivia. Crearon su propia legalidad que no es lícita ni es legítima, pero que aún les sirve para presentarse como democracias.

Los inspiradores y asesores contratados de las nuevas constituciones fueron los mismos en todos estos países, un grupo de auto denominados nuevos constitucionalistas de la Universidad de Valencia-España, que enseñan Derecho Constitucional en La Habana y que convirtieron los textos constitucionales en algo menos que leyes ordinarias, modificables cada que sea necesario con el principal propósito de mantener indefinidamente en el gobierno al dictador y darle "legalmente" todo el poder que quiera, cuando lo necesite.

En este camino los procesos de reforma constitucional estuvieron plagados de atropellos. En el caso de Bolivia —violando la Constitución vigente— se convocó a una asamblea constituyente que al vencimiento de su plazo de vigencia no tenía resultados y perdió competencia. El Congreso ordinario que seguía en funciones le amplió el plazo bajando los porcentajes de votación requeridos. Cuando ni así pudieron redactar un proyecto, ante la reacción del pueblo, Evo Morales produjo una masacre en Sucre (ver masacre de la Calancha) y los constituyentes tuvieron que ser trasladados a Oruro, desde donde remitieron un texto.

Negociaciones secretas entre Evo Morales y Jorge Quiroga modificaron el contenido del proyecto, redactando la nueva constitución —la de Evo Morales— aprobada luego por medio del "acuerdo político"entre el gobernante cocalero y el "opositor Jorge Quiroga" que tenía los votos en el Senado para impedir tal maniobra.

Todo esto es conocido. Lo nuevo es que cuando Evo Morales anuncia este año ir a la reelección por un tercer periodo y manipula su Tribunal Constitucional para que así lo permita, Jorge Quiroga el autor y líder de la aprobación de la constitución de Evo, protesta porque el "acuerdo fue dar a Evo la reelección solo por una vez", y acude en queja con una carta a la Organización de Estados Americanos que había sido partícipe del "acuerdo".

El Secretario de Asuntos Políticos de la OEA responde que "Morales se aparta de acuerdos previos" afirmando que los acuerdos en que se tradujo esa negociación avalada por la OEA…. "fueron públicamente endosados por Evo Morales" . La OEA admite haber participado de acuerdos en el año 2009 para hacer una nueva constitución violando todo el orden legal y democrático de Bolivia!!

A los pocos días, José Miguel Insulza el Secretario General de la OEA pide públicamente disculpas al gobierno boliviano afirmando que las expresiones del Secretario de Asuntos Políticos de la OEA, Kevin Casas (ex Vicepresidente de Costa Rica), "no expresan una valoración de la Secretaría General".

De esta manera la OEA de Insulza, se muestra como operadora del socialismo del siglo XXI y no solo confiesa su participación en la ruptura del orden democrático en Bolivia, sino que además y en contra incluso de la ilícita constitución de Evo Morales que ayudó a crear, avala el primer acto del fraude electoral del dirigente cocalero para las elecciones del 2014.

Así como en Bolivia —cuyo caso resumimos— la OEA de Insulza actúa en Venezuela, Ecuador, Nicaragua, Honduras, Paraguay, y en

cuanto país miembro ha sido necesario apoyar el proyecto antidemocrático del eje Chávez-Castro o castigar a los países que han resistido
en defensa de sus valores e instituciones democráticas.

5 de julio de 2013

Los incumplimientos de la OEA

Hay que transcribir los textos para recordar a la Organización de Estados Americanos y al mundo entero el contenido del Art. 3 de la Carta Democrática Interamericana que enseña: "son elementos esenciales de la democracia representativa, entre otros, el respeto a los derechos humanos y las libertades fundamentales; el acceso al poder y su ejercicio con sujeción al Estado de Derecho; la celebración de elecciones periódicas, libres, justas y basadas en el sufragio universal y secreto como expresión de la soberanía del pueblo; el régimen plural de partidos y organizaciones políticas; y la separación e independencia de los poderes públicos".Los hechos en Venezuela, Ecuador, Bolivia, Nicaragua y otros países del denominado socialismo del siglo XXI, acreditan que estos elementos esenciales de la democracia no existen, que no son democracias, que se han convertido en dictaduras donde el gobernante está por encima de la ley y que han terminado con el Estado de Derecho. Basta revisar las listas de perseguidos, presos políticos y exiliados, la liquidación de la libertad de prensa y de expresión, el fraude electoral, la concentración de todo el poder en manos de sus dirigentes y el uso del poder judicial como una nueva versión de policía política.

Lo descrito forma parte de la crisis de legitimidad y credibilidad que tiene la Organización de Estados Americanos, agravada ya que además de ignorar la violación a la democracia en los países mencionados, la OEA y específicamente su secretario general, evitan cumplir el mandato del Art. 18 de la misma Carta Democrática que expresa: "cuando en un Estado Miembro se produzcan situaciones que pudieran afectar el desarrollo del proceso político institucional democrático o el legítimo ejercicio del poder, el Secretario General o el Consejo Permanente podrá, con el consentimiento previo del gobierno afectado, disponer visitas y otras gestiones con la finalidad de hacer un análisis de la situación. El Secretario General elevará un informe al Consejo Permanente y éste realizará una apreciación colectiva de la situación y, en caso necesario podrá adoptar decisiones dirigidas a la preservación de la institucionalidad democrática y su fortalecimiento".

La complacencia y subordinación del secretario general al socialismo del siglo XXI estaría llegando al punto en que ni siquiera ha pedido o intentado pedir el consentimiento de los gobiernos de Venezuela, Ecuador, Bolivia… para hacer un análisis de la situación. Todo lo contario, respalda y apoya incondicionalmente los actos de tales gobiernos que violan los elementos esenciales de la democracia. Parecería la constatación del precio a pagar por el apoyo político que ha permitido su llegada y reelección en el cargo.

El Art. 19 de la Carta Democrática establece que: "la ruptura del orden democrático o una alteración del orden constitucional que afecte gravemente el orden democrático en un Estado miembro constituye, mientras persista, un obstáculo insuperable para la participación de su gobierno en la sesiones de la Asamblea General… y demás órganos de la organización". Y en este caso no se necesita consentimiento previo del gobierno, ya que es el gobierno quien rompe el orden democrático y altera el orden constitucional. Pero al parecer este mandato no es parte de las lecturas de los funcionarios de la OEA.

Cuando la opositora venezolana María Corina Machado denuncia la traición de Latinoamérica a su país, está reclamando la violación de principios universales y de normas jurídicas suscritas por todos los países americanos, reclama la aplicación del derecho. El tema es que Venezuela no es la única traicionada, junto a ella están los pueblos de Ecuador, Bolivia, Nicaragua y Cuba por lo menos, presenciando como los funcionarios de la OEA mantienen sus posiciones en la burocracia política internacional a costa de tratar como democracias a las dictaduras del siglo XXI.

29 de junio de2013

CUBA

¿América Latina liderada por la dictadura castrista?

En los últimos quince años, el gobierno totalitario de Cuba ha pasado de ser una aislada y miserable dictadura al foco de atención de la región, convirtiéndose en actor real en las relaciones internacionales y en temas de política interna de los países de la región. La dictadura castrista tiene el control directo en por lo menos cinco países, tiene influencia y ha subordinado por razones ideológicas y hasta sentimentales a varios gobiernos, e influye en los otros gobiernos por una mezcla de temor y pragmatismo. América Latina está liderada o controlada por la dictadura castrista.

El origen de este fenómeno de la dictadura cubana —que agonizaba en el período especial— fue el proyecto político de Hugo Chávez y Fidel Castro, en principio de sobrevivencia y asistencia recíproca. Chávez necesitaba mantenerse en el poder y Castro necesitaba comida y petróleo. De la atención de esas necesidades básicas pasaron al desarrollo del soñado expansionismo comunista en las Américas, aquel que fracasó por la vía guerrillera y subversiva en los años sesenta y setenta.

Mientras el Sistema Interamericano se dedicaba a la democracia en la región con la aprobación de la Carta Democrática Interamericana en septiembre de 2001, el proyecto del dinero venezolano y la subversión castrista, iniciaban su expansión con el objetivo de controlar América Latina. El discurso antisistema, anti partidista, antiimperialista, populista, la crisis económica al empezar el nuevo milenio, la operación de los servicios especiales cubanos, la generación y administración de la violencia, y el dinero sin límite, fueron los fundamentos del sofisma llamado hoy "socialismo del siglo XXI".

La estrategia castrista en el siglo XXI es la de usar los mecanismos de la democracia misma, sus oportunidades y debilidades para la toma del poder por parte de operadores locales incondicionales. Aseguraron Venezuela donde se puso en marcha la creación de una "nueva institucionalidad" que "legalice" el control total de poder y la permanencia indefinida en el gobierno del aliado esencial Hugo Chávez. Al mismo tiempo, ejecutaban acciones de desestabilización de gobiernos y sistemas en los países más vulnerables de la región.

Tomaron Ecuador, Bolivia, Nicaragua, que sumados a la misma Cuba y Venezuela, constituyen el bloque central del proyecto. Sustituyeron la institucionalidad democrática por la dictatorial mediante la suplantación constitucional y la represión judicializada, con muertos, presos y exiliados políticos. Con millones de dólares, préstamos, equipamiento, publicidad y prebenda con recursos provenientes de las arcas venezolanas, además de extraordinarios precios de las materias primas, viabilizaron la aventura "electoralizada".

Con petróleo venezolano alinearon a los países del Caribe, acumularon votos y, ante la confusión de la región, designaron en la Organización de Estados Americanos (OEA) un secretario general subordinado y obsecuente, para incapacitar a la OEA desde adentro, debilitarla y servirse de ella, como lo prueban los hechos.

Pasaron por La Habana a los presidentes y jefes de gobierno del sistema interamericano, como por un oráculo, y la dictadura logró que la OEA le ofreciera el retorno pleno a Cuba, para maniobrar con la indiferencia. Crearon mecanismos sustitutivos de la OEA, como UNASUR, donde igualaron al dictador como "presidente" entre los gobernantes de las democracias de la región. Hicieron de La Habana la puerta de entrada a América Latina para Irán, China, Rusia, Corea del Norte y otros aliados antiimperialistas.

La realidad objetiva muestra que hoy no hay políticos más influyentes sobre los gobiernos de América Latina que los dictadores Castro. Por ejemplo, el castrismo es anfitrión de las conversaciones de paz entre las FARC y Colombia(¡?). En las posesiones de presidentes democráticos, el dictador es la figura principal. Con la normalización de relaciones con Estados Unidos —bendición papal incluida— la Unión Europea se apresura en el mismo camino. La dictadura antiimperialista muestra que ha construido el "imperialismo castrista".

La Séptima Cumbre de las Américas será el 10 y 11 de abril en Panamá y su tema central es la foto del presidente de la democracia más importante del mundo y el jefe de la dictadura más antigua del hemisferio. Parece el momento de mayor triunfo del castrismo, pero es al mismo tiempo, el que marcará el principio de su final inevitable.

6 de marzo de 2015

¿Y las víctimas del castrismo?

Anunciada la normalización de relaciones entre los Estados Unidos y Cuba, se abre un conjunto muy amplio de cuestiones relativas a que la dictadura se encamine al cumplimiento de los principios de libertad y democracia, sin cuyo logro en el corto plazo, la nueva política podría quedar reducida sólo a una exitosa maniobra castrista. Entre tales cuestiones, una de las más importantes y poco mencionada es la relativa a las víctimas de la dictadura castrista.

Los Estados de las Américas reconocen la "democracia" como "indispensable para la paz y el desarrollo de la región". Está concebida, descrita, enunciada y aceptada como fundamento y obligación internacional en la "Carta Democrática Interamericana" (CDI), firmada por todos los Estados americanos, menos Cuba.

El artículo 7 de la CDI manda que "la democracia es indispensable para el ejercicio efectivo de las libertades fundamentales y los derechos humanos, en su carácter universal, indivisible e interdependiente…". El artículo 10 de la CDI establece que "la promoción y fortalecimiento de la democracia requieren el ejercicio pleno y eficaz de los derechos de los trabajadores y la aplicación de normas laborales básicas…". El artículo 11 proclama que "la democracia y el desarrollo económico y social son interdependientes y se refuerzan mutuamente".

Los principios se aglutinan en los "elementos esenciales de la democracia", resumidos en el artículo 3 de la CDI: el "respeto a los derechos humanos y las libertades fundamentales", al que se agregan "el acceso al poder y su ejercicio con sujeción al Estado de Derecho", la "celebración de elecciones libres", un "régimen plural de partidos y organizaciones políticas" y "la separación e independencia de los poderes públicos".

Esto permite afirmar que sobre la "democracia" no hay nada que inventar, conceptualizar, ni negociar en las Américas. Lo que si hay son principios muy claros, de vigencia universal, que los gobiernos de todos los Estados americanos tienen la obligación de cumplir. La normalidad es la democracia.

La dictadura cubana ha ignorado, violado y desconocido estos principios en los últimos 55 años. De la mano del dinero venezolano aportado por Hugo Chávez, el castrismo ha expandido su influencia y su modelo en los últimos 15 años, al punto de dar fin con los sistemas democráticos en Venezuela, Ecuador, Bolivia y Nicaragua, cuyos gobiernos, prácticamente de duración indefinida como su modelo, conforman hoy el grupo de "las dictaduras del socialismo del siglo XXI" en las Américas.

Por su misma naturaleza, la dictadura cubana ha producido millones de víctimas en su territorio y en los países en los que interviene. La dictadura castrista ha generado diversas clases de víctimas: muertos entre fusilados y asesinados; exiliados; perseguidos; presos políticos y de conciencia; huérfanos, viudas; víctimas de sus incursiones guerrilleras y de las guerrillas que organiza, alienta y aún sostiene; masacres y atentados; asesinatos de reputaciones; violencia contra la liberad de prensa; utilización de sus sistemas de justicia como medio de persecución y represión política; víctimas y más víctimas de una exitosa y eficiente dictadura que no ha dejado libertad sin vulnerar ni derecho fundamental sin violar.

Entre las víctimas vivas hay muchas han desarrollado sus potencialidades en la libertad que les ha brindado el exilio. Son personas muy exitosas en diversos ámbitos pero no en su patria; han ganado espacios de poder económico y político; asumiendo la nacionalidad del Estado que los ha acogido, forman incluso parte del liderazgo nacional, pero siguen siendo víctimas.

Normalizar es "regularizar o poner en orden algo que no lo estaba", significa "hacer que algo se estabilice en la normalidad". Se trata de un propósito al que nadie podría oponerse si produce un resultado para que Cuba vuelva a ser normal. En el fondo debería tratarse de un proceso que de inmediato evite que la dictadura produzca más víctimas y para devolver su libertad, sus derechos y su patria a las víctimas que han sobrevivido. No parece posible una normalización en sentido estricto, sin las víctimas en el centro del tablero.

19 de diciembre, 2014

¿Internacionalismo o esclavitud castrista?

Cuba define como "cooperantes o internacionalistas" a sus ciudadanos enviados a trabajar en el exterior. En el área de la medicina operan por el Ministerio de Salud Pública (MINSAP) a través de su dependencia la Comercializadora Servicios Médicos Cubanos S.A. que dice tener más de 50.000 cooperantes en Latinoamérica, África y Oceanía, aunque la cifra parece ser mucho mayor. Esta modalidad se revela como "un negocio que el gobierno cubano maneja" como un "trabajo forzoso", de "trata de seres humanos" y de "esclavitud".

Esta semana, fiscales federales del Brasil pidieron a la presidenta Dilma Rousseff que pague directamente los salarios a los médicos cubanos del programa "Más Médicos" (firmado con intervención de la Organización Panamericana de la Salud, OPS), al constatar que "el gobierno de Cuba sólo paga un salario de 1.000 dólares mensuales, lo que constituye la cuarta parte del pago que el gobierno del Brasil realiza a Cuba por cada médico". La fiscal Luciana Oliveira indicó que "el contrato de la OPS tiene graves vicios y viola los principios de legalidad, publicidad y transparencia".

La llamada cooperación médica cubana es parte de la propaganda castrista. La directora general de la Comercializadora Servicios Médicos Cubanos S.A., Yilián Jiménez Expósito, declaró en Gramma (órgano oficial del Comité Central del Partido Comunista de Cuba), que "el secreto es el resultado de un médico formado en un sistema socialista donde nunca se ve al paciente como una mercancía o un cliente". La prensa brasilera informó que sólo en el segundo semestre de 2013, Brasil pagó a Cuba 200 millones de dólares por sueldos de los "médicos cooperantes". Así resulta que la mercancía no es el paciente sino el médico cubano, el propietario es la dictadura castrista, y clientes son los países que auspician la esclavitud en pleno siglo XXI.

En Venezuela, el embajador de Cuba, Rogelio Polanco, reveló en el año 2012 que "31.315 profesionales cubanos trabajaban en la Misión Barrio Adentro". Ramón G. Aveledo, como secretario de la Mesa de Unidad Democrática, denunció que "cada médico cubano cuesta a Venezuela 135.800 dólares anuales, de los cuales solo 230 dólares mensuales son para el médico y el saldo para el gobierno cubano". El diario *El Nuevo Herald* informó que "cerca de 3.000 profesionales cubanos, la mayoría de ellos médicos, desertaron de los programas sociales de Venezuela en el 2013".

En Ecuador, Bolivia, Nicaragua, Uruguay, países del ALBA, donde hay miles de médicos cubanos "ganando" más que los nacionales, los gobiernos guardan como "secreto de Estado" los montos que pagan a Cuba por medio de su "sociedad anónima", la Comercializadora Servicios Médicos Cubanos SA", y de otras entidades de la dictadura.

La Organización Internacional del Trabajo (OIT) es el organismo especializado de las Naciones Unidas cuyo principal objetivo es "promover los derechos laborales, fomentar oportunidades de trabajo decente, mejorar la protección social…" El Convenio 105 sobre La abolición del trabajo forzoso, del que Cuba, Brasil, Venezuela, Bolivia, Ecuador, entre 167 Estados, son parte, manda que "todo miembro de la OIT se obliga a suprimir y a no hacer uso de ninguna forma de trabajo forzoso (…) como medio de coerción o de educación políticas (…), como método de movilización y utilización de la mano de obra con fines de fomento económico…"

Hoy "esclavo" es "una persona que carece de libertad por estar bajo el dominio de otra". La esclavitud es la "sujeción excesiva por la cual se ve sometida una persona a otra, o a un trabajo u obligación". La Declaración Universal de los Derechos Humanos en su Artículo 4 manda que "nadie estará sometido a esclavitud ni a servidumbre; la esclavitud y la trata de esclavos están prohibidas en todas sus formas". El Artículo 23 garantiza el derecho al salario, a la remuneración equitativa y a la sindicalización.

El trabajo forzoso, la trata de seres humanos y la esclavitud con que lucra la dictadura cubana, son violaciones a los derechos humanos y crímenes contra la humanidad que no pueden ser pagados por gobiernos democráticos como el de Brasil. Mas allá de su capacidad profesional (frecuentemente cuestionada), los médicos cubanos convertidos en mercancía son víctimas de "trabajo forzoso", de "trata de seres humanos" y de "esclavitud". El pago por su trabajo no es para ellos, no son libres, están extorsionados, sometidos, tienen a sus familias como rehenes, cuando pueden escapan… ¿Hace falta alguna prueba más?

Las democracias del mundo y el sistema de las Naciones Unidas saben esto y más. ¿Qué esperan para cumplir la obligación legal y moral de respetar sus propios principios y tratados?

1 de noviembre de 2014

¡Es el castrismo!

No equivocarse en la definición de quién es el adversario y en reconocer cuál es el problema principal, son las bases de una buena estrategia. Lo demostró James Carvell, el estratega electoral de Bill Clinton para ganar la campaña de 1992, cuando urgido de mantener la atención y concentrar el trabajo del candidato en el tema adecuado, pegó un cartel en la oficina de campaña en el que resaltaba "la economía estúpido!", frase que después se popularizó como "¡Es la economía, estúpido!".

Cuando expertos, analistas, académicos, políticos, burócratas, perseguidos y los interesados en asuntos de América Latina trabajan sobre cuestiones políticas de la región o de un país específico, frecuentemente cometemos el error de no enfocar el principal factor de alteración de la normalidad política y democrática, que ejerce hoy importante influencia y es la amenaza más grande contra la libertad, la democracia y la estabilidad institucional de los Estados en las Américas: el castrismo.

Castrismo es la denominación política del régimen dictatorial impuesto por Fidel Castro en Cuba desde 1959 y que somete sus habitantes hasta el presente. Es el movimiento político de ideología comunista en el que el régimen dictatorial de Cuba se funda. Es una variante del comunismo con contenidos nacionalistas, antimperialistas, de solidaridad latinoamericana y declaraciones de justicia social. Pero es fundamentalmente el sistema político dictatorial con fundamentos comunistas, pragmático, amoral y desarrollado con el principal objetivo de mantenerse indefinidamente en el poder.

En estado de extinción, en el peor momento del denominado periodo especial el castrismo fue resucitado por Hugo Chávez y el dinero de Venezuela. Así Castro y Chávez construyeron lo que hoy denominan "socialismo del siglo XXI", que solo es castrismo disfrazado, el foquismo armado de los 60 convertido en foquismo electoral. Con la misma ideología y método el castrismo ha logrado expandir su proyecto dictatorial a Venezuela, Ecuador, Bolivia y Nicaragua, controlar los países del Caribe y otros de América. Ha creado organizaciones de acción política internacional como el Alba, la Celac; controla la mayoría en la OEA para someterla y paralizarla; digita el G-77, el más numeroso grupo de presión dentro de la ONU, al punto de lograr que la Cuba dictatorial sea miembro del Consejo de Derechos Humanos de la ONU.

Desde que el castrismo tomó impulso con el dinero venezolano, el nivel de conflictividad interna en las democracias de las Américas se incrementó. Volvieron las conspiraciones y derrocamientos de gobiernos democráticos disfrazados de reivindicación como en Bolivia y Ecuador. Instauraron los "golpes blandos" sustituyendo la institucionalidad y creando una "legalidad ilícita", para dar paso a las dictaduras del siglo XXI que hoy conocemos.

Impusieron el discurso antisistema de liquidación de los partidos políticos, creando la crisis de la política para generar la crisis del Estado democrático y repusieron el discurso antiimperialista. El exilio cubano se volvió latinoamericano, proliferaron la persecución política, las masacres, los presos políticos y el asesinato de la reputación. El respeto a los derechos humanos quedó reducido a pretexto para acusar a sus víctimas. Las técnicas castristas se convirtieron en franquicia.

Los gobiernos democráticos más fuertes prefirieron la transacción que la confrontación con el castrismo y así bajaron el nivel de conflictividad interna alentado por los operadores castristas con dinero venezolano. De esta manera se instaló en La Habana un oráculo por donde pasaron los hijos, los aliados, los admiradores, los prudentes, los asustados y los sometidos por el castrismo (cada quien elija su lugar). Los presidentes democráticos "prudentes" se llevan bien con el castrismo pues eso garantiza controlar el nivel de conflictividad político-social interna, un buen pasar respecto a su imagen y tranquilidad cuando hayan dejado el poder. El precio parece razonable pues los males están en otros países.

El dictador cubano es ahora llamado presidente y recibe ese tratamiento por presidentes democráticos. La dictadura pasó a cumplir el rol de "mediadora" de los conflictos y guerrillas que ella misma generó y sostiene. Ningún gobierno de las Américas recuerda es signatario de la Carta Democrática Interamericana e ignora las violaciones y la pérdida de democracia en otros Estados. Las embajadas cubanas en las Américas son las más influyentes. Así construyeron el "imperialismo castrista", un fenómeno de un país inviable, sometido a dictadura, pero con el poder que describimos, toleramos y sufrimos.

Cuando la crisis de Cuba de la mano del comunismo y la corrupción llegó a Venezuela, como llegará todas las dictaduras del socialismo del siglo XXI, el castrismo aplicó los implacables métodos de sostenimiento de su propio régimen dictatorial, demostró que el problema de la recuperación de la democracia en Venezuela no es un asunto entre venezolanos, es parte de la ocupación del imperialismo castrista. Y los presidentes democráticos continuaron con su política prudente de "No problems".

Quien no lo reconozca sufrirá las consecuencias. ¡Es el castrismo…!

26 de junio de 2014

La sobrevivencia de la dictadura cubana se pelea en Venezuela

La crisis en Venezuela ha puesto en evidencia muchas cosas. La dictadura de Maduro, la lucha del pueblo venezolano por recuperar su libertad y democracia, el heroísmo de la juventud venezolana, la profundidad de la intervención cubana en los Estados del denominado socialismo del siglo XXI, la decisión de los dictadores de mantenerse en el poder a como dé lugar, la violación de los derechos humanos como política de Estado, y ahora, no hay duda, que la disputa de fondo en Venezuela es la sobrevivencia de la dictadura cubana. La continuidad del régimen castrista, después de 55 años de dictadura, es la cuestión política central del conflicto venezolano.

Hace pocos días, Moody's decidió bajar la calificación de Cuba luego de evaluar la vulnerabilidad de este país a choques externos y domésticos, en relación a países con calificación similar. Moody's es una agencia de calificación de riesgo que trabaja en investigación financiera internacional y en el análisis de entidades comerciales y gubernamentales; es un proveedor de calificaciones crediticias, investigación y análisis de riesgos que cubre cerca de 115 países, 11.000 emisores corporativos y 21.000 emisores de finanzas públicas.

La calificadora de riesgos ha constatado que en cuanto a los choques externos, Cuba depende de Venezuela para obtener petróleo, el cual importa con favorables condiciones de financiamiento a través del acuerdo Petrocaribe. La calificación crediticia de Cuba ha sido bajada de Caa1 a Caa2 que son títulos de baja solvencia que presentan riesgo de impago, o sea que de una mala calificación la dictadura cubana ha caído a la peor.

Lo destacable es que Moody's advierte sobre la posibilidad de un "colapso financiero de Venezuela de la que Cuba depende en muy buena medida", expresando que por "datos de los crecientes e insostenibles desequilibrios macroeconómicos de Venezuela y el alto riesgo de un colapso económico y financiero, el futuro de este acuerdo es incierto, lo que deja a Cuba vulnerable a un fuerte ajuste en el costo de sus importaciones energéticas".

Lo que la agencia de calificación acaba de recordar desde la economía, es algo que aún se trata de soslayar, tapar y manipular desde la política. La crisis de Venezuela es la crisis de Cuba, de manera que si cae Maduro en Venezuela el gobierno de los Castro en Cuba no se sostiene. La dictadura castrista tiene que defender el poder político en Venezuela porque se está jugando la vida. Un gobierno democrático en Venezuela que suspenda la exportación (regalo en criterio de los opositores venezolanos) de petróleo con destino a Cuba, produce simplemente el fin del gobierno dictatorial de la isla.

En estrategia no se puede cometer el error de no definir y saber quién es el adversario. Si no se reconoce exactamente contra quien se lucha y a quien se confronta, se corre el grave riesgo de perder y perecer. Quienes piensan que el enemigo de la libertad y la democracia en Venezuela es solo el dictador Maduro, corren el riesgo de confundir el "operador" con el "enemigo", el ejecutor de los mandados con el mandatario. Los enemigos de Venezuela son sus actuales dueños: los dictadores Castro, la dictadura de Cuba. Lo mismo pasa en Ecuador, Bolivia y Nicaragua donde han instituido las dictaduras del siglo XXI.

Reconocer en Venezuela a la dictadura cubana como el verdadero espíritu del gobierno títere de Maduro, por interés de su propia sobrevivencia, ayudará grandemente a derrotar las prácticas y alcances de la estrategia de "eterna sobrevivencia" utilizada por la dictadura castrista para haber durado hasta hoy.

El fin de la dictadura en Venezuela trae consigo el fin de la dictadura en Cuba y en los países ocupados por el neocomunismo, ahora denominado socialismo del siglo XXI. La sobrevivencia de la dictadura cubana se decide en Venezuela y la están peleando los Castro, sus agentes, sus fuerzas de represión, sus servicios de inteligencia, de prensa y todas sus agencias. Por esta razón la recuperación de la democracia es ardua, pero está más cerca de lo que parece.

1 de mayo de 2014

CELAC: mecanismo político del castrismo

La Comunidad de Estados Latinoamericanos y Caribeños (CELAC) fue anunciada el 23 de febrero de 2010 en la XXI Cumbre del Grupo de Río, denominada Cumbre de la Unidad de América Latina y del Caribe, en Playa del Carmen (México), en base al Grupo de Rio y a la Cumbre de América Latina y del Caribe.

Se estableció que su proceso de constitución culmine en reuniones de Venezuela (2010) y Chile (2012). Anunciaron su creación "con vocación de promover la cooperación entre los mecanismos subregionales y al abrigo de principios como el respeto al derecho internacional, la igualdad soberana de los Estados, el no uso ni amenaza del uso de la fuerza y la promoción de la democracia y los derechos humanos".

La CELAC se constituyó oficialmente en la reunión de Caracas (2011), donde se adoptaron documentos entre los que destacan la Declaración de Caracas y el Plan de Acción. Sucedió bajo la dirección de Hugo Chávez, a quien Prensa Latina declara como "uno de sus máximos inspiradores".

Desde los medios de información de la dictadura castrista se considera a la CELAC como "un foro que se consolida como instrumento de concertación y defensa de la identidad, las aspiraciones y la cultura regionales, con una visión humanista".

Su inspiración se atribuye a Hugo Chávez, a Luis Ignacio Lula da Silva, que como presidente de Brasil promovió la Cumbre de Costa do Suípe en 2008, y a Cuba, que se sumó al Grupo de Río para hacer natural su presencia en la entidad a crear.

Los entusiastas fueron los gobernantes de Ecuador, Bolivia y Nicaragua como parte activa de las dictaduras del siglo XXI y los Estados miembros de Petrocaribe alentados con el petróleo venezolano.

Los discursos y declaraciones de los líderes de los países del denominado Socialismo del siglo XXI en el proceso de creación e impulso de la CELAC, la declaran "antiimperialista" y establecen la "oposición a medidas unilaterales y extraterritoriales como el bloqueo económico, comercial y financiero impuesto por Estados Unidos a Cuba y a las evaluaciones y certificaciones que emiten algunos países desarrollados" como ser las de lucha contra el narcotráfico o de respeto a los derechos humanos, en las que obviamente los Gobiernos de Cuba, Venezuela, Ecuador, Bolivia y Nicaragua resultan reiteradamente puestos en evidencia.

Estas posiciones políticas han sido llevadas a declaraciones del propio foro.

Resulta evidente el hecho de que la creación e impulso a la CELAC es parte de la estrategia de la dictadura castrista de "normalización" internacional, al punto de haber logrado que en la Primera Cumbre en Santiago de Chile (enero 2013) se entregue la presidencia pro témpore del mecanismo al dictador cubano Raúl Castro, y que la próxima semana se celebre la Segunda Cumbre de la CELAC en Cuba.

Además, el mecanismo estableció en Caracas que "la presidencia pro témpore estará asistida por una TROIKA compuesta por el estado que ostenta la presidencia, por el que lo precedió y por el que lo sucederá" (de esta manera el dictador Castro dirige la entidad prácticamente desde su creación).

Frente a esta realidad y ante la inexplicable adhesión de los gobiernos democráticos de América Latina y del Caribe, sólo resta recordar a éstos y al Secretario General de la Organización de Estados Americanos (OEA) que estarán en la Cumbre de La Habana, que la Carta Democrática Interamericana —que están obligados a cumplir— establece que "los pueblos de América tienen derecho a la democracia y sus gobiernos la obligación de promoverla y defenderla"; y que "la democracia es indispensable para el ejercicio efectivo de las libertades fundamentales y los derechos humanos…".

Las acciones de la CELAC están lejos de tener efectos serios en el ámbito de la integración, la economía, el comercio, la tecnología o en la vida práctica de los pueblos, ya que todas sus declaraciones son sólo artificios frente a los tratados de libre comercio que prosperan de mano de la libertad y la democracia en la región. Sin embargo, la propaganda y los efectos políticos inmediatos de esta prestidigitación llamada CELAC, importan a la sobrevivencia de la dictadura que —como queda demostrado— ha creado y opera la entidad como un mecanismo político del castrismo.

24 de enero de 2014

El imperialismo castrista

Una de las banderas que desde hace 55 años utiliza la dictadura castrista en Cuba es el "antiimperialismo", esto es su publicitada confrontación contra lo que denomina el imperialismo norteamericano.
Sin embargo, si observamos hoy la realidad objetiva de América Latina en relación al concepto de "imperialismo", nos encontramos con
la sorpresa de que es a la dictadura cubana a la que le corresponde
realmente esta denominación. En América Latina está operando y
vigente el "imperialismo castrista", con discurso antiimperialista. Imperialismo es la "actitud y doctrina de quienes propugnan o practican
la extensión del dominio de un país sobre otro u otros por medio de
la fuerza militar, económica o política".

Este proceder político justifica la dominación de los Estados o de
los pueblos por medio de diferentes mecanismos de subordinación o
colonización como ser la presencia militar, la explotación económica
y aspectos que representen formas de dominación política y cultural.

Observemos hoy lo que la Cuba castrista ha logrado desde hace
más de diez años en Venezuela, a la que ha sometido a una situación
de explotación económica por medio de la recepción de petróleo
venezolano, al extremo que Cuba puede vender este producto. Cuba
ha llevado al gobierno y al pueblo venezolano al punto en que, su-
midos en una crisis económica, no pueden prescindir de seguir ali-
mentando al Estado imperial aún a costa de su propia estabilidad y
subsistencia.

Resulta evidente que si el gobierno venezolano prescinde de la relación con la dictadura cubana, la situación política interna se vería gravemente afectada al punto de producirse la caída del régimen, ya que en los hechos el régimen de Maduro es una administración castrista. Esto es imperialismo porque es dependencia. El imperialismo económico desde el propio punto de vista marxista está fundado y explicado a partir de la dependencia.

En la misma Venezuela y en Ecuador, Nicaragua y Bolivia, que han perdido sus democracias en el marco del denominado proyecto alba o del socialismo del siglo XXI dirigido por Cuba y operado por el fallecido Hugo Chávez, la presencia cubana es abrumadora. Todos estos países cuentan con "apoyo político" castrista, que no es otra cosa que el control de la seguridad y la inteligencia del Estado destinado a suprimir las libertades, manejar la estrategia política y la propaganda, consolidar y prorrogar regímenes totalitarios. Sus fuerzas armadas y organismos de seguridad están "asesorados" por los castristas. El sistema de identificación personal y los órganos electorales corren la misma suerte. Muchos de estos Gobiernos han expulsado agencias, cooperadores y embajadores americanos. Las embajadas de Cuba en estos países se han convertido en los referentes políticos de los Gobiernos y sus funcionarios.

En los países ya mencionados, miles de médicos cubanos prestan servicios que han provocado el desplazamiento y justificado reclamo de profesionales nacionales.

Esta influencia de "servicios médicos" se expande a países grandes con aspiraciones imperiales como Brasil, cuyo Gobiernos —no sin problemas— ha logrado imponer la presencia de los médicos del castrismo que además de servicios de salud son principalmente aperadores de adoctrinamiento político en sectores rurales y populares.

En Bolivia la denominada "cooperación cubana" además de las áreas mencionadas, abarca desde la administración de los correos, la alfabetización y educación rurales, telecomunicaciones, agricultura y una infinidad de aspectos en los que la dictadura castrista solo puede ser reconocida por sus fracasos y en las que en consecuencia no tiene ninguna tecnología, experiencia o experticia que ofrecer. Lo mismo sucede en varios países centroamericanos y del Caribe bajo presión del mecanismo del "Petrocaribe" que con petróleo venezolano expande la dominación castrista.

Si a esta observación de la realidad, agregamos que los países que reciben la influencia y dominación de la dictadura cubana por las vías anotadas, pagan por tales injerencias y verdaderos procesos de colonización ideológica, solo resta aceptar que si algún proyecto de extensión de dominio, de subordinación y de influencia política y cultural está vigente en América Latina, es el "Imperialismo Castrista".

10 de enero de 2014

¿Quién será el Gorbachov de Cuba?

Los últimos diez años han sido sin duda los mejores desde el punto de vista político para la dictadura en Cuba. Desde la aparición de su benefactor y socio capitalista Hugo Chávez, el castrismo ha podido ejecutar su sueño de expandir el socialismo en América Latina recreando el foquismo armando de los sesentas convertido en foquismo electoral disfrazado de democracia. Controlando directamente varios países y promoviendo el proyecto Alba, bolivariano o del socialismo del siglo XXI con Chávez como punta de lanza y Fidel como líder, Cuba logró más gravitación que nunca en el ámbito internacional, llegando a ser miembro del Consejo de Derechos Humanos de las Naciones Unidas, a rechazar su reingreso a la Organización de Estados Americanos, y presidir la Comunidad de Estados latinoamericanos y Caribeños (CELAC).De esta manera, La Habana se convirtió en centro de peregrinación de los gobernantes sometidos, admiradores, amenazados o simplemente "razonables". Una especie de oráculo cuya veneración dejó de lado principios y valores como la libertad, la democracia y el respeto a los derechos humanos.Sin embargo, la realidad muestra que la situación de Cuba y su gobierno dictatorial es muy frágil y el encargado de explicarlo es precisamente Marx, quien enseñó que "la infraestructura económica determina la superestructura política y social". Lo que no se puede ocultar es que la economía cubana está muy mal y estará peor incluso que en el denominado periodo especial, porque muerto Chávez y con Venezuela en crisis, poco puede esperar el socialismo castrista —persistiendo en su dogmática— para siquiera sobrevivir en los tiempos de la revolución tecnológica y comunicacional. Se podría utilizar hoy el anuncio que hizo Mijail Gorbachov en 1985 en la URSS, cuando declaró estancada la economía soviética y que la reorganización era imperativa, para poner luego en marcha sus reformas.Recordemos que las principales reformas de Gorbachov fueron la "Perestroika" (reestructuración) destinada a la reforma de la economía soviética y el "glásnost" (apertura, transparencia) concentrada en liberalizar el sistema político, incluyendo libertades a la prensa para permitir críticas al gobierno. Este proceso llevó a la terminación del socialismo soviético, permitió la libertad de varias naciones y avances importantes en términos de libertad, participación y economía en la Federación Rusa. Gorbachov quedó reflejado en la historia como un visionario, un liberador, premiado internacionalmente, respetado como un personaje intocable a nivel nacional y en alta consideración internacional. Todo lo contrario de lo que se hubiera podido esperar respecto al último dictador de la Unión Soviética. Frente a lo que hubiera sido el futuro de los soviéticos de persistir en el proyecto socialista, hay sin duda —no sin problemas— extraordinarios beneficios para la población y la Federación Rusa.

Como el proceso cubano va rumbo a lo inevitable como aconteció en la Unión Soviética… ¿habrá un Gorbachov en Cuba? El asunto es que para ser Gorbachov en estos escenarios hay que tener el poder, ser el dictador, de manera que hoy sólo lo puede hacer Raúl Castro y luego el elegido o sucesor —si llega— Miguel Díaz-Canel. Quien asuma este reto de la historia debe actuar a tiempo y estar dispuesto a perder el poder por el proyecto, porque ser Gorbachov en Cuba supone poner en marcha un proceso de cambio que termine primero con el absoluto poder político del impulsor, pero que de inmediato deje grandes réditos al pueblo y al líder que promovió el cambio.

Ser el Gorbachov de Cuba es la manera más rápida de pasar de dictador a líder de la democracia, de potencial perseguido e investigado, a intocable, de cuestionado personaje a honrado ejemplo, de verdugo a liberador, con gran respeto nacional y prestigio internacional. Es tal vez la única manera de salvar al pueblo salvándose a sí mismo. ¿Quién será el Gorbachov de Cuba?

23 de agosto de 2013

VENEZUELA

El gobierno títere de Venezuela

Nicolás Maduro llegó al poder como el elegido de la dictadura castrista y, desde entonces, lo que en principio pudo interpretarse como acciones de solidaridad o de ayuda, han pasado a ser de intervención directa.

El gobernante venezolano cumple decisiones de un poder externo, contrarias a los intereses de Venezuela y de su pueblo. La realidad objetiva muestra que Maduro encabeza un gobierno impuesto, dirigido y protegido por la dictadura castrista: Venezuela está sometida a un gobierno títere.

Con la muerte de Hugo Chávez y del truculento proceso montado para que Nicolás Maduro sea su sucesor, se han denunciado y probado hechos muy importantes: que la fecha del deceso de Chávez fue cuando menos manipulada, que Maduro estaba inhabilitado por las propias leyes del régimen chavista para ser el sucesor, que para tal fin violaron su propia institucionalidad, que el poder judicial chavista prevaricó con ese propósito, que hicieron fraude electoral…, todo un verdadero concurso delictivo, desde el poder para prorrogar el régimen dictatorial en Venezuela, como acción imprescindible para el sostenimiento de la dictadura cubana y su influencia en América Latina.

Un títere es un "individuo que se deja manejar por otro", es un muñeco, una marioneta. Un gobierno títere es aquel que "debe su existencia", su esencia y sobrevivencia "al apoyo o control de una entidad mas poderosa", a un poder extranjero. Este tipo de gobierno "es una imposición" que se produce y sostiene siempre "en contra del sentimiento de la nación sometida".

El gobierno títere da lugar al "país satélite" por la evidente dependencia. Un gobierno títere no puede darse nunca en democracia, porque se trata de un gobierno de hecho, de fuerza. El gobierno títere se impone y responde por un poder ajeno a la soberanía nacional, pero queda protegido por el poder externo que lo articula en interno y lo arropa en las relaciones internacionales.

Un país bajo un gobierno títere no es soberano, no es democrático, no es independiente, no tiene posibilidad de poseer oposición política, está reducido a la dependencia y lo que puede tener es "resistencia". La oposición política para ser tal debe tener la posibilidad de acceder al gobierno por los mecanismos democráticos fundados en el Estado de Derecho y la alternancia en el poder, situación imposible en el gobierno títere, que es dictatorial e indefinido.

Ser un gobierno títere no es sinónimo de debilidad pero sí de imposición e impopularidad, ya que el Estado dominante tiene como tarea esencial mantener su marioneta en el poder por razones estratégicas, económicas y políticas, de interés propio. La fortaleza del títere viene de su mandante y está fundamentalmente destinada a sostenerse en el gobierno, para lo que implementa políticas y acciones antinacionales y de clara traición a la patria. No puede ser de otra manera, ya que el interés al que responde el gobierno títere no es el de los ciudadanos de su país, sino el del poder que lo ha impuesto y lo sostiene.

Apliquemos las características precedentes a hechos de la historia reciente de Venezuela: la designación de Maduro como sucesor de Chávez fue hecha en Cuba y por el gobierno castrista, que estableció incluso el día de la muerte oficial del caudillo. La seguridad interna del régimen venezolano está dirigida, sino operada, por el régimen cubano. El gobierno de Maduro pese a la crisis económica venezolana no deja —sin pago evidente— de enviar petróleo a Cuba para que ésta lo revenda y se sostenga, pues el interés del interventor está por encima del Estado sometido. La defensa de la dictadura de Maduro está a cargo del castrismo y de su influencia internacional trabajada con dinero y petróleo venezolanos. El modelo de gobierno —y de crisis— en Venezuela es una copia del cubano y, como ya no cuidan ni siquiera las apariencias, ¡Maduro ha desfilado el primero de Mayo en La Habana!

El pueblo venezolano, sus periodistas, obreros, líderes, estudiantes, empresarios, presos políticos, exiliados, mujeres que claman por la libertad, todos, pueden llenar un libro con los casos que comprueban la naturaleza del gobierno títere que los oprime. Pero además, tal vez sea tiempo de que en Ecuador, Bolivia y Nicaragua lo piensen, porque se trata del modelo dictatorial del socialismo del siglo XXI de propiedad castrista que también rige en esos países.

1ro de mayo de 2015

¿Maduro necesita diez plagas?

Para salvar a los israelitas de la opresión en Egipto, luego del rechazo inicial, Moisés pidió diez veces al faraón que los liberara y después de cada negativa Dios envió una plaga. El faraón rehusó hasta la última plaga, pero la misma noche de la décima les dijo "váyanse" y el pueblo judío fue liberado. En la situación por la que atraviesa actualmente Venezuela, el dictador Maduro ya sufre varias plagas por no devolver la libertad y la democracia al pueblo venezolano, por no irse. ¿Cuántas plagas requiere Maduro para irse?

El pueblo judío celebra en estos días el "Hagadá de Pesaj", el "camino a la libertad", el éxodo de Egipto hacia la tierra prometida. La historia en El Éxodo describe las diez plagas que Dios envió sobre Egipto por negarse el faraón a dar libertad a los hijos de Israel. Las mismas fueron: la plaga de la sangre, de las ranas, de los piojos, del ganado, de la peste, de la sarna, del granizo, de las langostas, de la oscuridad y de la muerte de los primogénitos. Esta celebración y el texto histórico milenario nos enseñan que los opresores no cesan en las vejaciones, humillaciones, violencia y tiranía si no es bajo presión y poder.

Hoy el pueblo venezolano está luchando por su libertad y, a diferencia de los judíos en Egipto que querían salir del país que los esclavizaba, los venezolanos para ser libres esperan que el opresor se vaya. El gobierno de Maduro ha hecho de Venezuela un Estado en el que no se cumple ninguno de los elementos esenciales de la democracia. Maduro permanece en el poder a costa de la vida, del hambre, de la libertad y del dolor de su pueblo, sostenido por la red de dictadores de Cuba, Ecuador, Bolivia y Nicaragua, que temen que su caída los arrastre.

Maduro carece hoy de legalidad y legitimidad para gobernar Venezuela. Su ilegalidad es de origen por la simulación, fraude y manipulación de la muerte de Hugo Chávez, de quien se instituyó en sucesor con falsificación, violando la constitución y las leyes chavistas, y por el fraude electoral con el que se proclamó presidente luego de haber perdido las elecciones ante el candidato Capriles. Su ilegitimidad es de origen y de ejercicio, porque llegó al poder ilegalmente y se mantiene en él violando los derechos humanos, concentrando todos los poderes del Estado en sí mismo, en un régimen de corrupción, bajo intervención extranjera y con un respaldo popular menor al 20%.

Las plagas que hasta ahora sufren Maduro y su régimen son ya siete: la inflación; el desabastecimiento alimentario, sanitario y de todo orden; la caída del precio del petróleo; la inseguridad ciudadana; las protestas populares con asesinatos de Estado y presos políticos; el narcoestado y la corrupción; y la normalización de relaciones Estados Unidos-Cuba.

Se está formando la octava plaga para la dictadura, que es la presión internacional: el Parlamento Europeo se ha pronunciado, Estados Unidos ha sancionado, algunos líderes latinoamericanos están recordando que hay que defender la democracia y hasta Costa Rica ha destituido a su embajador en Venezuela por apoyar a Maduro. La dictadura venezolana se ha puesto a gritar porque el expresidente español Felipe González se ha propuesto defender a los presos políticos, porque en verdad lo que defiende es la democracia frente a la dictadura.

Las plagas restantes, para cumplir con el ejemplo histórico y que la libertad llegue a Venezuela con la terminación de la dictadura, parecen venir de las Fuerzas Armadas de Venezuela; de la intervención castrista; de más violencia; más corrupción en el círculo íntimo del poder, en su propia familia y en la de su predecesor Hugo Chávez; de sus extraordinaria incapacidad para gobernar; o de traiciones internas. Habrá que ver qué sucede primero o que más puede suceder.

Lo cierto es que el dictador venezolano está llegando al límite y si Maduro necesita de diez plagas para permitir la libertad del pueblo venezolano, puede que no vayan a tardar mucho más. Parece llegar el tiempo en que Maduro diga el "me voy" que los venezolanos están esperando.

27 de marzo de 2015

Las mujeres venezolanas terminarán con la dictadura.

El castrismo por medio de su operador local en Venezuela esta nuevamente a la defensiva, aplicando la metodología represiva que le ha funcionado en Cuba, Bolivia, Ecuador, en la misma Venezuela y otros países, para sostener sus regímenes totalitarios. Lo que sucede hoy en Venezuela es parte del curso político previsto por el castrismo. Ya han pasado por esto varias veces, en Cuba y en diferentes países, y han retenido el poder con éxito. Sin embargo, en el caso de Venezuela se presenta un elemento que puede terminar con la dictadura de Maduro: las mujeres venezolanas han tomado el liderazgo.

Las condiciones políticas y sociales que crea el castrismo cuando toma el poder en un país están fundadas en el miedo, la explotación de las necesidades y pecados de la gente, el castigo y la eliminación ejemplar de los opositores, el asesinato de las reputaciones, el discurso populista y antiimperialista, la destrucción de la institución, el empoderamiento de los mediocres, que de otra manera nunca hubieran tenido mando, la corrupción y la prebenda, el ventajismo, la apariencia de cambio, la explotación de la esperanza de la gente, el control de medios de comunicación, el reemplazo de la libertad de prensa por la opinión publicitada del régimen, etc.

Todas esas técnicas de política dictatorial, que no son aceptables ni posibles en democracia, han sido llevadas a un nivel de eficiencia extraordinario por el gobierno de Cuba, e implementadas en Venezuela, Ecuador, Bolivia y Nicaragua, con tal éxito que incluso miembros de los gobiernos de los países ocupados —y obviamente los pueblos— no perciben la injerencia cubana, que en realidad es intervención.

Lo que está pasando ahora en Venezuela ya sucedió hace un año y la metodología cubana libró de la caída al dictador Maduro con una mezcla de represión sangrienta, amedrentamiento, división de la oposición, respaldo internacional de las otras dictaduras y gobiernos asustados o equivocados, indiferencia real o provocada de gobiernos democráticos, la operación de su instrumento político, la CELAC, y finalmente un tramposo diálogo.

Pasó también en Bolivia a partir del año 2003 y siguientes, cuando Evo Morales produjo sucesivamente cerca de una veintena de masacres y golpes a la democracia, en el Alto, La Paz, Chapare, Achacachi, Huanuni, las minas, Cochabamba, Arani, Sucre, la Calancha, el Porvenir, Pando, el Hotel Las Américas, Chaparina, y prácticamente en todo el país, donde defendieron la democracia. Hoy, con el dictador cocalero en control de todo y de todos, ya pocos recuerdan o se atreven a analizar —menos investigar— que este proceso fue creado, organizado y dirigido por la intervención castrista.

Las derrotas de los defensores de la democracia en los países controlados por el castrismo, que han perdido sus democracias, son muchas y sucesivas. Pesan tanto que se cumple la previsión de la estrategia dictatorial: el desaliento, la división, la desorganización y la desesperanza. Han aumentado los perseguidos, los acusados, los presos políticos y los exiliados, mientras el castrismo acelera su campaña para hacer crecer la imagen de los dictadores.

Este es el escenario en el que las mujeres venezolanas han tomado el liderazgo. Los hombres están muertos, presos, exiliados, perseguidos, confundidos, divididos. La juventud venezolana lucha valientemente, pero necesitaba un liderazgo claro. Como sucedió en el pasado en innumerables hechos de la historia, en Venezuela se ha llegado al punto en que las mujeres han decidido terminar con el oprobio.

La seguridad del Estado castrista lo sabe, por eso Maduro no apresa a María Corina Machado y otras líderes, y por eso mismo en Cuba están dividiendo a las Damas de Blanco.

Los gobiernos democráticos del mundo no podrán seguir ignorando la existencia y ejercicio de las dictaduras del siglo XXI en las Américas. La recuperación de la libertad y la democracia en Venezuela está ahora en manos de las venezolanas. Maduro y los operadores del castrismo saben que las mujeres terminarán con la dictadura.

27 de febrero de 2015

Liberar a Leopoldo es la caída de Maduro

El 18 de febrero se cumple un año de la detención del preso político más importante del socialismo del siglo XXI. Las protestas que comenzaron el 12 de febrero de 2014 en Venezuela, y que aún no concluyen, han podido ser controladas hasta ahora por medio de la represión, manteniendo al gobierno en el poder, pero causándole el mayor daño político que podría sufrir. La estrategia de la dictadura en este asunto la ha llevado a la encrucijada en que la liberación de Leopoldo López es la caída de Nicolás Maduro y su régimen.

Un preso político es una persona privada de su libertad porque sus ideas y/o su acción política representan un peligro para el gobierno. La condición de preso político es en sí misma un acto de arbitrariedad y de violación a los derechos humanos. Sólo existe en los Estados no democráticos, o sea en los que la vigencia del Estado de Derecho ha desaparecido.

En un sistema democrático, lo que evita la existencia de presos políticos es el respeto a los derechos humanos y las libertades fundamentales, la prensa libre, un poder judicial fundado en la separación e independencia de los poderes públicos, la prohibición de la permanencia indefinida en el poder, en suma, la vigencia de la ley por encima de la voluntad de cualquier individuo.

En democracia, el oponente político es un "adversario" al que se puede convencer o vencer en el marco de la institucionalidad previamente establecida y por voluntad popular. Para los dictadores, el oponente político es un "enemigo" al que sólo se debe eliminar política y hasta físicamente. Una de las formas de corto plazo para tal eliminación es la privación de libertad y el sometimiento a condiciones que pueden terminar con su prestigio, su viabilidad política e incluso su salud y capacidad física. Por eso, preso político es convertir una opción, un líder, un idealista, en un criminal o en una miseria humana, o es una manera de terminar con él.

En democracia, el eje de confrontación es la toma del poder en función de la decisión popular mediante elecciones justas, limpias, y periódicas. En dictadura, el eje de confrontación se traslada —por la esencia misma del sistema— a la eliminación de cualquier oponente con opciones de tener simpatías populares o de tomar el poder. Este es el delito de Leopoldo López, María Corina Machado y los miembros de su movimiento político en Venezuela, el tremendo crimen de ser una alternativa a la dictadura que enajenó la patria, la sometió a poder extranjero y la transformó en una tierra sin libertad y con crisis.

El preso político está acusado de todo y no es culpable de nada. Se le imputan los crímenes que han cometido el dictador y su régimen. La responsabilidad y autoría de la dictadura en los hechos de violencia son volcadas contra las propias víctimas por un sistema judicial corrupto y sometido al poder totalitario. Se aplica la criminalización de la política, la judicialización de la represión y el asesinato de la reputación de los injustamente acusados.

La condición de preso político supone una condena indefinida y caprichosa de privación de libertad. Se está preso mientas el dictador lo necesite y mientas convenga al mantenimiento del régimen. Si el preso no se doblega, no reniega de sus ideas, mientras no se "quiebre", o mientras no se lo pueda "canjear" neutralizándolo, sigue preso. Esta es la situación de Leopoldo López, pero para desencanto de la dictadura, este preso político lo sabe, lo dice y no parece tener la menor intención de someterse o de ser canjeado. En un año no lo han quebrado y lo que se quiebra y rompe es la dictadura.

La dictadura venezolana esta atrapada en su propia trampa. Ha hecho del preso político la opción real de recuperación de la democracia en Venezuela, lo ha victimizado y le ha abierto el camino presidencial. La estrategia castrista aplicada en Venezuela ha logrado que hoy, la liberación de López sea la caída de Nicolás Maduro. Si López sigue resistiendo, estaremos viviendo la crónica de un dictador que cae y de un presidente democrático que viene.

13 de febrero de 2015

"No podemos tener miedo"

María Corina Machado, víctima de persecución política y de la violación de sus derechos fundamentales, luego de ser imputada por el sistema represivo de la dictadura venezolana y acusada del delito de conspiración que inicia el camino de una farsa para imponerle una pena privativa de libertad de 8 a 16 años, ha dado un mensaje al mundo: *"No podemos tener miedo"*.

Está demostrado que el gobierno de Nicolás Maduro en Venezuela no respeta los derechos humanos ni las libertades fundamentales, que no accedió al poder ni lo ejerce de acuerdo con el Estado de Derecho, que no existe separación ni independencia de los poderes públicos; que se trata solamente de un gobierno dictatorial impuesto por sucesión al fallecimiento de Hugo Chávez, mediante un colosal fraude legal y electoral, manipulado por la dictadura cubana.

Se ha constatado también que en el régimen venezolano, igual que en Ecuador, Bolivia y Nicaragua, no hay lugar para la pluralidad de partidos y organizaciones políticas y menos para la oposición. En todos estos países se ha impuesto la metodología castrista de supresión o eliminación del adversario. Son Estados que como Cuba, tienen exiliados, presos políticos, perseguidos políticos, control de prensa…

En esta "institucionalidad dictatorial", los gobiernos del socialismo del siglo XXI usan a los fiscales y jueces —designados y sometidos a su conveniencia— como el mecanismo de represión al que revisten del sarcástico rótulo de "sistema de justicia", que es una copia del aparato castrista que sirve para eliminar a los opositores, extorsionar a nacionales y extranjeros, pero sobre todo para mantener al dictador en el poder en base al miedo.

Existen miles de casos en los que la institucionalidad dictatorial, por medio de sus fiscales y jueces en Cuba, Ecuador, Bolivia y Nicaragua, en las dictaduras del siglo XXI de América Latina, han aplicado sus irritas leyes con base en hechos falsamente imputados, para condenar inocentes, perseguirlos, encarcelarlos y "vacunar con el miedo" a la gente.

Algunos ejemplos: en Cuba, desde el juicio contra el comandante Huber Matos, contra Amando Valladares, miles de condenados muertos en prisiones inhumanas, hasta el caso de Alan Gross que ya lleva 5 años preso de la "justicia dictatorial"; en Ecuador, el caso del diario *El Universo*, el juicio contra el asambleísta Klever Jiménez y el periodista Villavicencio y más; en Bolivia los juicios contra el Alto Mando Militar de 2003, cuyos miembros son hoy presos políticos, el de la "masacre del Hotel Las Américas" perpetrada por el gobierno, que abrió el caso "terrorismo" encarcelando y extorsionando decenas de dirigentes, el sostenido contra el gobernador de Pando Leopoldo Fernández luego de la "masacre del Porvenir", los de los ex presidentes, y más.

La "justicia dictatorial" sirve para anular al adversario, para someterlo y reeducarlo haciendo que acepte el sistema, para acusar a la víctimas (a quienes enjuician y condenan) por los crímenes que comete el dictador o miembros del régimen, para apropiarse de sus bienes (mejor si son medios de comunicación), pero fundamentalmente esta destinada a imponer "miedo". La gente debe saber lo que le pasa a quien se enfrenta al dictador, un juicio sin "debido proceso", sin "presunción de inocencia", sin "igualdad de las partes", sin "juez imparcial" y con la prisión y el asesinato de la reputación asegurados.

El miedo es "la perturbación angustiosa del ánimo por un riesgo o daño real o imaginario", supone percepción de peligro, es muy desagradable e influye seriamente en la conducta humana. El miedo es parte de las percepciones de todo ser humano. Las dictaduras cons-truyen la imposición de su autoridad explotando esta condición, en cambio la democracia como sistema de "garantías" se funda en la confianza, la seguridad, la libertad, el Estado de Derecho.

Cuando María Corina Machado con irrefutables argumentos dice "NO PODEMOS TENER MIEDO", además de una muestra de cora-je, valor y valentía, está expresando un pedido, incluso un reclamo a los líderes de la región y del mundo. Es un mensaje a los poderosos, a los gobernantes, congresos, organizaciones e instituciones democrá-ticas, para que dejen de tolerar (tal vez de tener miedo) a las dictadu-ras del siglo XXI de las Américas.

4 de diciembre de 2014

¿El chavismo tomará España?

El proyecto transnacional de ruptura de la democracia, llamado socialismo del siglo XXI, ha tenido éxito en el control del poder en Venezuela, Ecuador, Bolivia, Ecuador y Nicaragua. Ha fracasado en Argentina, Perú, Honduras, Costa Rica y otros países. Donde ha tomado el poder ha liquidado el Estado de Derecho, reemplazándolo por su nuevo orden basado en el control total para la permanencia indefinida en el gobierno. Por su origen, el escenario, los procedimientos, el discurso, los actores… con Podemos, parece que va a España.

Está aceptado que la agrupación política española Podemos recibió y/o recibe financiamiento y apoyo del chavismo venezolano, de Irán, del gobierno boliviano (al que han visitado recientemente) y de otros regímenes no democráticos. Está claro que Pablo Iglesias, el líder de Podemos, es seguidor de Hugo Chávez (chavista), para quien trabajó durante ocho años en el gobierno de Venezuela, recibiendo más de cinco millones de dólares registrados y no se sabe cuánto por mecanismos como la maleta de dinero (Antonini) enviada de Miami e incautada en Argentina.

En cuanto país ha tenido éxito en la toma del poder, este proyecto se conduce en un escenario que parte de la "crisis económica", desarrolla una "crisis de partidos políticos" que hace evolucionar en una "crisis política", genera una "crisis del sistema" y remata concretando una "crisis de Estado". Así sucedió en la propia Venezuela, donde se ejecutó el plan por primera vez, ser repitió en Bolivia, Ecuador, Nicaragua y se intentó sin éxito en los países que ya se mencionaron.

Crisis es una situación difícil o complicada y cuando es económica supone un movimiento cíclico descendente con disminución del Producto Interno Bruto, recesión que produce desempleo, falta de ingresos, escasez, carestía, deterioro de las condiciones de vida de la gente. Eso es lo que tiene España y es lo que vivieron todos los países del socialismo del siglo XXI como base del proceso de toma del poder.

Sobre los síntomas y efectos de la crisis económica, de por sí muy graves, sobrevienen muy justificadas causas que dan lugar a la "crisis de los partidos políticos", como la corrupción, la ineficiencia o insuficiencia del gobierno, la confrontación entre gobierno y oposición sin nada para la gente, oposición vista como más de lo mismo, percepción de que los políticos viven mejor y no pierden nada, etc. Esta crisis presenta partidos políticos que no resuelven los problemas de la gente, que han dejado de proporcionar bienestar a los ciudadanos. El discurso "populista" funciona muy bien, es el tiempo de los "antisistémicos".

Convertir la "crisis de partidos" en "crisis política" es un paso muy corto. Cuando se logra tocar la legitimidad de los partidos políticos y se altera o rompe el normal funcionamiento de la relaciones entre los actores políticos y la sociedad, se crea inestabilidad, estamos en crisis política. Es fácilmente manipulable para que se exprese en conflictos, huelgas, movilizaciones populares, pedido de renuncia de funcionarios… amenaza la normalidad y busca amenazar la continuidad del gobierno.

La "crisis del sistema" es el estadio siguiente. Un sistema es "un conjunto de cosas que relacionadas entre sí ordenadamente contribuyen un determinado objeto". El sistema político esta formado por individuos, ideales, valores, organizaciones, leyes, instituciones, creencias, por cuya interacción estable se ejerce la política. Se produce la crisis cuando sectores crecientes de la población sienten que el sistema no resuelve sus problemas y sobreviene la "crisis de Estado" por la que se propondrá el cambio de la estructura y forma de organización del Estado.

Es este el camino que se ha usado en América Latina y que parece que se ejecuta desde Podemos en España. Profundizar la crisis, llevarla su máxima expresión, agudizar las luchas, concentrar las contradicciones nacionales y de clase, llegar a destrozar el Estado para reemplazarlo por un nuevo orden. Es la estrategia. Ojalá el pueblo y los dirigentes españoles la entiendan y puedan defenderse a tiempo.

16 de noviembre de 2014

Leopoldo, estudiantes y paradigma dictatorial en Venezuela

Paradigma es "un concepto de esquema formal de organización a ser utilizado como sinónimo de marco teórico", puede entenderse como un modelo o un ejemplo. Las dictaduras del socialismo del siglo XXI en Cuba, Venezuela, Bolivia, Ecuador, Nicaragua y en algunos otros países bajo su influencia, tienen un paradigma que puede identificarse bajo las denominaciones de "liquidación del opositor político por la vía judicial", la "criminalización de la oposición" y la "judicialización de represión política".

Este paradigma dictatorial consiste en acusar penalmente a la víctima. El acusado es considerado "enemigo". Pueden ser opositores políticos, potenciales candidatos, líderes sociales, sindicales, estudiantiles o de cualquier sector, que no se han podido reclutar o neutralizar; periodistas, líderes de opinión, empresarios cuyos negocios o medios de comunicación interesan a la dictadura; puede ser cualquier ciudadano al que el régimen considere "de interés".

La acción inicial es una acusación, la más grave posible para mostrar a la víctima frente a lo opinión pública como un criminal o como un delincuente común. Los actos del acusado deben presentarse como extremos y peligrosos.

El objetivo inicial es mostrar que el ciudadano al que se criminaliza es una amenaza para al sociedad reducida a la conveniencia del régimen. Este paso es también el inicio del "asesinato de la reputación" de la víctima.

Antes de la sustitución del sistema legal del Estado, usaron tipos delictivos extremos que debían ser considerados como imprescriptibles. En cuanto cambiaron el sistema legal —lo que ya ocurrió en Cuba, Venezuela, Bolivia y Ecuador— introdujeron tipos delictivos restrictivos de la libertades, modificaron la tipificación penal para la protección de su gobierno con penas agravadas. Producen la "legislación proteccionista del régimen", un simulado marco legal de encubrimiento y corrupción.

El paradigma requiere el control del Poder Judicial al que sustituyen a título de reforma. Los jueces son convertidos en el brazo de la represión política del sistema. Las dictaduras del socialismo del siglo XXI han "reformado" sus sistemas de justicia y ejercen total control sobre los jueces, al extremo de poder castigar al juez que no "cumpla" adecuadamente. Por ejemplo, en la suplantación de los sistemas de justicia, en Venezuela, Bolivia y Ecuador han usado el artificio de cambiar el nombre a las instituciones para dejar cesantes a sus miembros, cambiar la Corte Suprema de Justicia por el Tribunal Supremo de Justicia, el Tribunal Constitucional por el Tribunal Supremo Constitucional, etc.

El resto es procedimiento. El dictador en persona acusa y en ocasiones dicta sentencia en mensajes televisados. Los fiscales acusan por orden del gobierno y citan; la policía detiene; los jueces ordenan prisión preventiva y confiscaciones de bienes; los carceleros incomunican, apalean, torturan; el aparato de comunicación ejecuta el asesinato de la reputación de la víctima y de sus defensores; los jueces falsifican prueba de cargo, rechazan la de descargo y condenan. Luego puede ser que el dictador perdone o reduzca los padecimientos de la víctima convertida en "criminal condenado", con alguna detención domiciliaria o reducción de la pena por enfermedad.

Este paradigma está vigente en Cuba, Venezuela, Bolivia, Ecuador y otros países, son notorios, tienen nombres, están denunciados.

Lo ejercen Castro, Chávez, Maduro, Morales, Correa, Ortega. Así las dictaduras han apresado, confiscado, forzado al exilio, a mal vender, han neutralizado y/o liquidado defensores de la democracia, expulsado congresistas. En suma desalentado y reducido la oposición y la política.

El caso actual, más notorio de aplicación de este paradigma dictatorial es el de Leopoldo López y los estudiantes en Venezuela. Ellos ya están condenados mientras la dictadura venezolana permanece en el poder.

14 de agosto del 2014

Más de lo mismo en la defensa
de la dictadura en Venezuela

El libreto que ejecuta el gobierno venezolano para mantenerse ilegal e ilegítimamente en el poder es sólo la repetición de los mecanismos utilizados por el castrismo en Cuba, Bolivia, Ecuador y otros países para sostener a sus dictadores.

Los regímenes alineados en el denominado socialismo del siglo XXI que han terminado con la democracia en sus países, están preparados con "manual" para situaciones como la que hoy afronta Venezuela.

Los castristas saben que en cualquier momento pueden producirse expresiones de búsqueda de recuperación de la libertad y la primera regla es prevenir buscando el control de los sectores sociales, reclutando o neutralizando el liderazgo de potenciales amenazas.

Por eso destrozan el sistema de partidos políticos, criminalizan a los líderes de oposición, los persiguen y asesinan sus reputaciones mediante la fabricación de procesos y campañas. Se apoderan de los medios de comunicación y buscan hacer desaparecer la libertad de prensa y de expresión. Controlan todos los poderes del Estado e implementan un sistema de represión judicial para darle a los ciudadanos la señal de que la única manera de hacer política es del lado del gobierno.

Con todo ese andamiaje de poder, cuando se producen movimientos de reclamo por la libertad y la democracia lo primero que utilizan es la "represión violenta" y directa como hemos visto en los últimos meses en Venezuela, como sucedió en las más de 15 masacres producidas por Evo Morales durante su gobierno, como pasó en Ecuador en el denominado 30 S y como sucederá siempre en estos Gobiernos dictatoriales. Buscan "terminar con el liderazgo de la oposición" por medio de acusaciones, amenazas, detenciones y ejecuciones.

Así hemos visto pasar recientemente en Venezuela con la detención de Leopoldo López hoy preso político, aislado y silenciado, los alcaldes y centenas de estudiantes presos, violados, heridos, muertos y toda la sociedad amenazada. Igual sucedió en Bolivia el 2008 cuando 6 de los 9 departamentos del país se oponían a Evo Morales que terminó ordenando la "masacre del hotel Las Américas" cuya responsabilidad asumió personalmente el mismo día desde Caracas.

Ponen en marcha la "división de la oposición" para lo que usan la amenaza, la infiltración, la presión y el manejo de la esperanza de que las cosas puedan terminar pronto.

Cuando todo esto no contiene el conflicto ponen en acción su sistema de "respaldo internacional" y si es imprescindible ponen en marcha el mecanismo del "diálogo para mantenerse en el poder" por medio de los Gobiernos dependientes de los negocios petroleros de Venezuela, a través de mecanismos creados para eso, como UNASUR ya ha intervenido en Bolivia, Ecuador y ahora en Venezuela.

Reclaman impropiamente el respeto al principio "no intervención" contra Gobiernos que opinan en defensa de la libertad, mientras ejecutan todas estas reiteradas violaciones a los derechos humanos. Ejercen el "control de la información" y directa pero encubiertamente ejecutan su plan preestablecido "operado por cubanos castristas", que ni responden a las reiteradas denuncias y pruebas de su intervención.

Pasan al ataque implementando la "denuncia de derrocamiento con magnicidio", siempre vinculado al discurso antiimperialista y a acusaciones contra diplomáticos de los Estados Unidos y de países que se hayan manifestado en contra de los abusos del régimen dictatorial. Luego se consolidan y preparan el fraude para la "utilización de las elecciones" como mecanismo de simulación de normalidad. ¿Acaso no hemos visto ya esto en Bolivia el 2008, en Ecuador el 2010 y siempre en la Cuba castrista?

Es lo mismo que estamos viendo hoy en Venezuela y que terminará con el enjuiciamiento, apresamiento y/o exilio de los defensores de la libertad convertidos en criminales, traidores a la patria y asesinos, porque los dictadores también tienen en su bagaje la "acusación de sus propios crímenes a sus víctimas".

Es la violación flagrante de los derechos fundamentales y del Estado de Derecho. Es más de lo mismo en la defensa de las dictaduras del siglo XXI.

29 de mayo de 2014

Venezuela: ¿Cuándo se deja de ser una democracia?

El premio Nobel de Literatura Mario Vargas Llosa ha declarado esta semana desde Caracas, que "Venezuela ha dejado de ser una democracia", que en la situación venezolana hay una enorme responsabilidad de los grandes países democráticos latinoamericanos "que han mantenido una neutralidad que se parece mucho a la complicidad", neutralidad que ha calificado de "oportunista y una manifestación de cobardía". Sin duda, Vargas Llosa tiene razón. Su declaración plantea —entre otras— la cuestión de cuándo un país deja de ser una democracia.

La manera positiva de saber cuándo se deja de ser una democracia, sujeta al derecho internacional e interno vigentes, es aplicar la Carta Democrática Interamericana, una norma obligatoria para los Estados de las Américas, pues de trata de un instrumento jurídico firmado por todos los miembros de la Organización de Estados Americanos (OEA), aprobado en la Sesión Especial de la Asamblea General de 11 de septiembre de 2001 de esa Organización como una actualización de su Carta fundacional.

La Carta Democrática establece en su artículo 3 que los elementos esenciales de la democracia, "son entre otros, el respeto a los derechos humanos y las libertades fundamentales; el acceso al poder y su ejercicio con sujeción al Estado de Derecho; la celebración de elecciones periódicas, libres, justas y basadas en el sufragio universal y secreto como expresión de la soberanía del pueblo; el régimen plural de partidos y organizaciones políticas; y la separación e independencia de los poderes públicos". En estricto sentido jurídico un Estado americano deja de ser una democracia cuando le falta cualquiera de los elementos esenciales de la democracia. Pero si consideramos que la ausencia de uno o varios de estos elementos podría ser temporal y anteponemos el concepto "crisis de democracia" al de "pérdida de la democracia", encontramos que la propia Carta Democrática Interamericana señala un mecanismo para tratar y resolver las crisis como "una alteración del orden constitucional que afecte gravemente su orden democrático".

El Articulo 20 de la Carta manda que "cualquier Estado Miembro o el Secretario General podrá solicitar la convocatoria inmediata del Consejo Permanente" el que "según la situación, podrá disponer la realización de las gestiones diplomáticas necesarias, incluidos los buenos oficios, para promover la normalización de la institucionalidad democrática" . "Si las gestiones diplomáticas resultaren infructuosas o si la urgencia del caso lo aconsejare el Consejo Permanente convocará de inmediato un período extraordinario de sesiones de la Asamblea General para que ésta adopte las decisiones que estime apropiadas, incluyendo gestiones diplomáticas…"

Cuando nada de eso se cumple y como en el caso de Venezuela y de otros países, cuando se violan todos los elementos esenciales de la democracia y ninguno de los mecanismos se pone en marcha porque la mayoría de los gobiernos miembros de la OEA en lugar de defender la democracia cumpliendo con la Carta, la ignoran, la violan, bloquean los mecanismos establecidos y la suplantan con el bloque político del socialismo del siglo XXI (UNASUR), ya no hay democracia. Entonces parece no existir más alternativa que la adoptada por los jóvenes venezolanos: la calle.

Se evidencia la pérdida de la democracia cuando hay fraude electoral; cuando hay persecución política, presos y exiliados; cuando hay utilización del poder judicial como instrumento de represión; cuando el gobernante controla todos los poderes del Estado; cuando se viola la libertad de prensa; cuando se confiscan medios de comunicación y se los concentra en poder del gobierno; cuando el jefe del gobierno se pone por encima de la ley, termina con el Estado de Derecho y se perpetúa indefinidamente en el poder, "creando su propia legalidad" que no es lícita ni legítima.

Un país deja de ser una democracia cuando se viola como política de gobierno o de Estado uno solo de los elementos esenciales de la democracia. En Venezuela y en los denominados países del socialismo del siglo XXI se han violado todos, y desde hace muchos años. El proyecto político iniciado por Castro y Chávez, está fundado en la liquidación de la democracia y su suplantación por las "dictaduras del siglo XXI" con careta de democracia. El caso de Venezuela es solo el primero en crisis terminal.

24 de abril de 2014

Diálogo si, pero no así

María Corina Machado, la diputada venezolana que lucha valientemente por rescatar la libertad y la democracia en su país, ha dicho
que el diálogo promovido por UNASUR entre Nicolás Maduro y la
oposición, es un "diálogo para estabilizar la dictadura".

Los hechos demuestran que la diputada Machado tiene razón. El
régimen de Maduro es una dictadura en el sentido más estricto del
término. No queda en Venezuela ni rastro del "Estado de Derecho".
Es la voluntad de un régimen la que se impone por encima de la ley,
se violan los derechos humanos, no hay división ni independencia de
los poderes públicos, hay perseguidos, presos y exiliados políticos; no
hay elecciones libres, no hay libertad de prensa. No existe ninguno de
los elementos esenciales de la democracia.

La dictadura venezolana es parte dependiente de un proyecto
transnacional no democrático liderado por la dictadura castrista. La
lucha del pueblo venezolano por recuperar su libertad y democracia,
y su victoria, no suponen solamente la caída de Maduro sino el final
de la dictadura castrista.

La Cuba dictatorial está luchando en territorio venezolano su propia subsistencia. No solo por razones económicas, sino porque los
efectos políticos de la crisis y el derrumbe de su principal socio, son
devastadores y terminales para su reciclado neocomunismo y son el
peor ejemplo para un pueblo cubano ansioso de libertad. En ese contexto desde La Habana y Caracas han articulado la más dura estrategia interna e internacional.

En Venezuela no se ha escatimado la violación diaria de los derechos humanos, con asesinatos, secuestros, violaciones, agresiones, allanamientos, apresamientos, al más puro estilo castrista, con estructura, mando e incluso con personal cubano; manipulación del poder judicial como parte del aparato represivo; asesinato de la reputación de los adversarios convertidos en enemigos públicos; censura y expulsión de medios de comunicación; propaganda oficialista, control de la opinión pública. Todo como en Cuba.

Internacionalmente han cerrado filas haciendo que funcione el aparato montado en los últimos años entre Chávez y Castro en base al petróleo venezolano y la amenaza de violencia y desestabilización de la dictadura cubana. Han censurado y paralizado los mecanismos de la Organización de Estados Americanos (OEA), han cobrado con votos y declaraciones de apoyo y solidaridad la dependencia de los países de Petrocaribe y otros. Han manipulado para llevar el tema a manos de UNASUR, que es una entidad creada por ellos mismos para la protección política de su proyecto (basta leer sus documentos).

No pudiendo derrotar con violencia a la juventud y al pueblo venezolanos, puesta la dictadura en evidencia, han maniobrado el camino del "diálogo", del que han marginado a la OEA, a las Naciones Unidas y al Papa, porque necesitan ser dueños del árbitro y UNASUR es parte de su aparato.

En 2008 fue este ente el que desde Santiago de Chile y con imposición de Chávez, mantuvo a Evo Morales en el poder para que consolide la dictadura del siglo XXI en Bolivia. Ahora debe funcionar a favor del dictador venezolano, sin avisar siquiera cuáles son los puntos del diálogo o qué se negocia en el mismo.

Diálogo es una discusión o trato en busca de avenencia, de un convenio o de un acuerdo. Lo que está haciendo la dictadura en Venezuela es una "simulación", necesita ganar tiempo, descomprimir, dividir a la oposición, engañar para permanecer en el poder. Lo ha confesado el propio dictador Maduro esta semana al responder a Lula: "no tengo nada que negociar con nadie… ni negociación ni pacto". El diálogo así, es solo una maquinación más de la dictadura.

María Corina Machado tiene razón, así se trata de un "diálogo para estabilizar la dictadura". Un verdadero diálogo debe buscar salidas al problema, soluciones, acuerdos, reconocer la realidad objetiva y tener mediadores confiables e imparciales. Diálogo sí, pero no así.

10 de abril de 2014

Venezuela: La importancia de saber quién es el enemigo

La crisis en Venezuela no es un problema entre venezolanos, es un conflicto entre un interés imperialista externo y el pueblo venezolano. Si creemos que la crisis de Venezuela refleja un conflicto entre el gobierno y la oposición venezolana, o entre venezolanos con diferentes ideologías o formas de ver la realidad, estamos totalmente equivocados. Se trata de un conflicto entre el imperialismo castrista y el pueblo de Venezuela que quiere libertad y democracia, que se manipula por medio de un gobierno dictatorial local , que es simplemente títere de los intereses cubanos.

Todas las acciones tomadas por Maduro y su gobierno para "terminar" con las movilizaciones de la juventud y del pueblo venezolanos que reclaman libertad, son medidas castristas. La observación de las acciones asumidas por el gobierno venezolano muestran la aplicación de una fuerza cada vez más brutal en la represión, la búsqueda de anular o amedrentar a los líderes, el silencio informativo, la falsificación de un discurso y de los hechos para encubrir la realidad. Es una estrategia externa.

Para muestra, observemos como la dictadura de Maduro se ha dado a la tarea de ampararse en la supuesta condición de "gobierno democrático" y ha introducido el discurso de "defensa de la democracia", reiterando el haber ganado y haber sido elegido en elecciones. Resulta que quien se ha mantenido en el poder por medio de una sucesión a Hugo Chávez que ha violado su propia constitución, que luego se ha habilitado ilegalmente como candidato y que ha obtenido una írrita mayoría con fraude, que ha impedido el recuento de votos que sin duda hubiera puesto en evidencia su derrota, usa ahora como escudo su supuesto carácter "democrático".

Debemos poner en evidencia que no se puede alegar ser un gobierno democrático y defender la democracia violentando los derechos humanos, con muertos, perseguidos y presos políticos, confrontando a la juventud venezolana, poniendo operadores castristas en la calles, violando estudiantes y recintos universitarios. No se puede aceptar que el dictador Maduro se presente como un gobernante democrático y pida simpatías y protección para la "democracia" que ya fue liquidada desde su predecesor. Una vez más, ha llegado la hora de llamar las cosas por su nombre.

Como el conflicto no es entre venezolanos sino entre éstos y la intervención cubana, es vital que los luchadores por la democracia de Venezuela, en ese país y en todo el mundo tengan clara la identificación del adversario que no es otro que el intervencionismo cubano. La dictadura cubana de 55 años de antigüedad, lucha por su propia subsistencia en territorio venezolano y con el pueblo venezolano. Lo pretende hacer encubiertamente detrás del liderazgo y el gobierno títere de Maduro y con discurso de defensa de la democracia.

Hasta ahora la operación castrista en Venezuela es exitosa porque sostiene al régimen dictatorial, pero como en Cuba saben que esto no durará, están acelerando su apertura económica. Cuba está implementando un plan de emergencia para atraer capitales mientras tiempo oprimiendo violentamente al pueblo venezolano e impulsando el asesinato de la reputación de sus líderes democráticos.

Si Venezuela es hoy un país ocupado por la intervención extranjera que opera de la mano de un grupo de traidores a la Patria como muestran los hechos, las preguntas son: hasta donde podrá la dictadura de Maduro contar con el compromiso de los militares venezolanos cuya primera función es la defensa de la soberanía y la integridad de su país? ¿Cuánto tiempo más permanecerán los venezolanos que defienden a Maduro o que permanecen imparciales, sin reconocer la importancia de saber quién es el enemigo?

21 de marzo de 2014

Aniversario de la muerte oficial de Chávez: ¿las dictaduras se caen?

El primer aniversario de la "muerte oficial" de Hugo Chávez celebrado en Caracas este 5 de Marzo, puso en evidencia la crisis de las dictaduras del Socialismo del Siglo XXI.

Los dictadores de Cuba, Venezuela, Bolivia, Ecuador y Nicaragua no pueden seguir aparentando democracia con los perseguidos, presos y exiliados políticos que tienen, no engañan ya a nadie con el control total los poderes y órganos del Estado, está probada su manipulación de la justicia, están acosados por las violaciones a los derechos humanos, a la libertad de prensa y a la libertad de expresión. Pero sobretodo están cada vez más solos.

La dictadura cubana que ha instituido y se beneficia del "imperialismo castrista", es despreciada por los pueblos de las Américas que denuncian su intervencionismo.

El pueblo cubano asolado por la miseria se expresa con más fuerza, ha roto la censura comunicacional impuesta por el castrismo y gracias a la revolución tecnológica vemos hoy los abusos de la dictadura en tiempo real y en todo el mundo.

El castrismo tiene crisis económica, social y trata de contener desesperada y violentamente la crisis política que inevitablemente devolverá democracia los cubanos.

La dictadura venezolana que sostiene económicamente a Cuba está quebrada.

La economía de Venezuela está destrozada y ha generado la crisis social y política que ha llevado al pueblo a las calles, desnudando al dictador, a sus mandantes cubanos y su gobierno títere.

Maduro va perdiendo el control, tiene manifestaciones permanentes en las calles, reprime violentamente, expulsa a la prensa, va perdiendo el control internacional y cuando invita a celebrar el primer año de la oficialización de la muerte del dictador Chávez sólo es visitado por parte de los dictadores, ni siquiera por todos. Los líderes democráticos ya se han alejado de esa farsa. La señal es clara, la dictadura venezolana se está cayendo, no de madura sino de podrida y está arrastrando a todo el proyecto dictatorial de la región.

La dictadura ecuatoriana de Rafael Correa está en crisis y tratando de marcar distancia con Maduro. Ha sido puesta en evidencia por entidades como Human Right Watch y por el Departamento de Estado con informes que denuncian las violaciones de derechos humanos y prácticas no democráticas.

Jueces americanos, en diversos procesos, han emitido resoluciones probando que los jueces ecuatorianos son hoy sólo una tecla del poder político de Correa. La dolarización que ha mantenido la estabilidad económica es ahora un chaleco de fuerza; el gobierno no puede emitir, no tiene crédito, la falta de liquidez y la falta de ejecución presupuestaria es solo el primer atisbo de crisis en un país con rasgos de bonanza.

Correa acaba de ser derrotado estrepitosamente en las elecciones municipales y regionales que planteó como un referéndum de su gestión y en las que él fue el jefe de campaña; ni el control de los órganos electorales y de los medios, ni el fraude evitaron la derrota de Correa, que sin duda marca el principio del fin.

La dictadura en Bolivia prepara la farsa electoral para la reelección de Evo Morales. Se le ha caído la máscara "indigenista" y es "cocalera".

El crecimiento de la producción de coca y de cocaína que inundan a Brasil, Argentina y Europa, marcan cada vez más al gobierno.

La popularidad del dictador cocalero baja y el control del gobierno por cubanos es cada vez más notorio. El Parlamento Europeo y organismos de derechos humanos piden cuentas a Morales por parte de los crímenes que ha cometido en su gobierno.

El estatismo centralista, la corrupción y el despilfarro, sumados a la dependencia de la exportación de solo dos productos tradicionales, anticipan una crisis económica que ya viene. Morales sabe que depende de la suerte de Maduro y de Castro y asiste dócil a la celebración de Chávez.

La dictadura en Nicaragua acaba de sellar un golpe de Estado con el cambio de la Constitución para permitir la reelección indefinida de Daniel Ortega, pero parece amenazada por la salud de su caudillo.

Sin embargo —como confesión de la crisis del grupo— Ortega parece tomar medidas frente a la caída del proyecto del socialismo del siglo XXI. Es el único país del grupo que integra la Alianza del Pacífico con los Estados Unidos y se ha alejado discretamente del discurso antiimperialista de sus socios.

Este escenario anticipa que no habrá celebración del segundo aniversario de la muerte oficial de Chávez por los dictadores del siglo

6 de marzo de 2014

La dictadura en Venezuela está desnuda

La situación de Venezuela pone en evidencia las características de la dictadura de Chávez y Maduro que el socialismo del siglo XXI y la propaganda castrista habían tratado y aún tratan de encubrir bajo la simulación de democracia.

Hoy nadie duda que el régimen venezolano es una dictadura y que Maduro es un dictador. La crisis económica, social y política, la crisis del Estado venezolano neocomunista, construido en el modelo del socialismo del siglo XXI y directamente controlado por el castrismo, muestra hoy de cuerpo entero —entre otras cosas— la violación de los derechos humanos y garantías fundamentales, la concentración del poder, el ejercicio arbitrario del mando en beneficio de una minoría y de un gobierno extranjero, la ausencia de división de poderes y la imposibilidad de que exista oposición política.

La situación de Venezuela es solamente el resultado de un modelo antidemocrático fallido que ya fracasó con el comunismo soviético y que mantiene en agonía y cautiverio al pueblo cubano. Es un acto ya conocido y repetido en la historia por el que han pasado todos los proyectos que concentran el poder a costa de la libertad, fundados en el estatismo, el centralismo, el control de la economía, la eliminación de la iniciativa individual, el desconocimiento de la propiedad privada, la liquidación del pluralismo, la eliminación de la libertad de expresión y de prensa, el control de la opinión pública y todas las políticas totalitarias que el mundo de hoy rechaza y desprecia.

La mezcla explosiva de violación de los derechos humanos con un modelo económico de concentración y secretismo, sostenido por la corrupción, tiene además la necesidad del "enemigo externo", que en este caso llaman "imperialismo", al que sistemática y repetitivamente le echan la culpa de todos su males, fracasos y crímenes.

Es solamente el modelo del comunismo castrista, remodelado en "socialismo del siglo XXI", que conduce a lo que hoy estamos viendo en Venezuela: un Estado riquísimo en quiebra, un pueblo oprimido y reprimido, un gobierno entregado a poder extranjero, y un dictador en acción.

Ante el drama del pueblo venezolano, la gente, los pueblos de Las Américas y del mundo se solidarizan, la prensa libre da información fidedigna, los líderes democráticos internacionales levantan su voz, la valentía y el coraje de dirigentes como Leopoldo López devuelven la fe en la democracia y muestran su condición de líderes, el exilio venezolano se moviliza y el pueblo resiste.

Al frente, los gobiernos del socialismo del siglo XXI con uniforme discurso instruido desde el castrismo, tratan de disfrazar la situación porque saben que llegarán a la misma crisis aunque algunos de ellos tengan hoy situaciones económicas de coyuntura favorable.

La dictadura venezolana usa su arma más efectiva "el miedo", para tratar de mantenerse en el poder y para hacer lo que el castrismo practica desde hace 55 años: reprime, apalea, persigue, enjuicia, encarcela, mata, exilia, miente, atribuye sus propios crímenes a sus víctimas y se presenta con discurso conciliatorio.

En el contexto político internacional, las dictaduras del siglo XXI han puesto en marcha toda su influencia, la de sus aliados y la de los que se benefician con la prebenda del petróleo venezolano, buscando mantener silenciados a los gobiernos democráticos, que por conveniencia o por cautela prolongan una actitud de observación que no podrán sostener por mucho tiempo.

Esto ha llevado a la inacción de los organismos internacionales que deberían ya estar actuando en defensa del pueblo venezolano oprimido por la dictadura. La dictadura de Maduro en Venezuela está desnuda, está al descubierto. El mundo la está viendo ejercer.

En la Venezuela de hoy se puede ver en tiempo real cómo funciona y actúa un dictador. Esta situación terminará inevitablemente como lo enseña la historia, con el rescate de la democracia y la salida del dictador. El tiempo que tome y los sacrificios que demande dependen en gran medida de la actitud de las democracias del mundo.

21 de febrero de 2014

La dictadura venezolana prepara el "gasolinazo"

La dictadura venezolana ha puesto en marcha el inevitable "gasolinazo" con el que pretende combatir la crisis económica en la que ha sumido a su país. "Gasolinazo" es el término popular acuñado en varios países de Latinoamérica para designar el alza del precio de la gasolina y carburantes ordenado por el gobierno que controla los precios.

Los países que tienen este problema son aquellos cuyos Gobiernos, por razones políticas, mantienen el control de precios como su competencia, niegan las reglas del libre mercado, han evitado o sustituido la regulación por el centralismo autoritario y mantienen un régimen de subvenciones. Son las dictaduras del siglo XXI que más pronto que tarde —como acontece ahora en Venezuela— tropezarán con la realidad de la economía y se liquidarán como la extinta Unión Soviética, con larga agonía como Cuba.

La prolongación de la dictadura cubana, la implantación de las dictaduras en Venezuela, Bolivia, Ecuador, Nicaragua, la búsqueda de permanente expansión del modelo del socialismo del siglo XXI en otros países de las Américas, el control de un número suficiente de Gobiernos para tener mayoría en la Organización de Estados Americanos, poder gravitar como bloque en la Organización de Naciones Unidas y otros organismos internacionales, incluido el silencio de varios Gobiernos frente a la violación de derechos humanos y liquidación de la democracia en los países afectados, ha sido impulsada, construida y sostenida por el petróleo de Venezuela. Han construido y sostienen un proyecto dictatorial en las Américas con discurso antiimperialista, con técnicas políticas castristas, pero fundamentalmente con dinero del petróleo venezolano. Sin este recurso, nada de lo que se ve en la América no democrática de hoy hubiera sido posible: la dictadura cubana se hubiera extinguido por inanición y los restantes países conservarían la libertad y la democracia.

Como la economía venezolana ya no da más y como la crisis económica va para peor, el dictador Maduro y su gobierno han decidido subir el precio de la gasolina en Venezuela. Ahora recuerda la dictadura que la gasolina se vende a precio 100 veces menor del precio internacional; el ministro de petróleo ha declarado que la mejor gasolina del mercado se vende a 9 céntimos de Bolívar (el dólar oficial está a 6,3 Bolívares) cuando el costo de producción es 28 veces mayor; si se calcula con dólar del mercado paralelo, el precio de un litro es como de un centavo de dólar.

El subsidio interno de la gasolina supera los 12.500 millones de dólares anuales y Maduro ha anunciado "un amplio diálogo nacional" para subir el precio.

La oposición reclama que el dictador Maduro no tiene moral para aumentar el precio de la gasolina al pueblo venezolano mientras la regala al castrismo 115.000 barriles diarios, al extremo que Cuba vende petróleo. Además anuncia que el gobierno dispondrá una "maxidevaluación" y el alza de tarifas de electricidad.

Lo cierto es que estamos frente al resultado inevitable del modelo castrista implantado en Venezuela, con la agravante que deben defender desde Cuba la fuente principal de su subsistencia haciéndole pagar a los venezolanos. Es más fácil el gasolinazo en Venezuela que dejar de recibir petróleo venezolano en Cuba o que suspender las ventas subsidiadas de petróleo a los países alineados del Petrocaribe. La caridad con plata ajena y el sacrificio del otro siempre son más llevaderos.

La crisis económica, la crisis social y la crisis de Estado en Venezuela serán enfrentadas con medidas que castigarán a los venezolanos y serán impuestas por la fuerza de la dictadura que para eso controla todos los poderes y medios del país. El gasolinazo será impuesto con el disfraz del diálogo y progresivamente, pero con toda la fuerza del régimen totalitario. Tiempos de confrontación, represión y violencia esperan al pueblo venezolano porque los castristas saben que para sobrevivir harán —como siempre— lo que sea necesario. Ojalá que la oposición también lo sepa.

19 de diciembre de 2013

¿Porque no se pueden ganar elecciones al gobierno de Venezuela?

Luego de las elecciones municipales en Venezuela, la pregunta es: ¿por qué la oposición no ganó las elecciones en Venezuela? Los resultados demuestran nuevamente que no es posible ganar elecciones al oficialismo venezolano porque simplemente no existen "condiciones de democracia" para que las elecciones sean LIBRES y JUSTAS, elemento esencial de la democracia que establece la Carta Democrática Interamericana. Esto mismo sucedió y ocurrirá en todas las elecciones de Venezuela, Ecuador, Bolivia y Nicaragua, en los tiempos del socialismo del siglo XXI.

El Consejo Nacional Electoral (CNE) de Venezuela ha ofrecido resultados que presentan una victoria del oficialismo (PSUV) y sus aliados en la mayoría de los municipios del país, con la mayoría de votos a nivel nacional 54,6% frente al 46,4% de la oposición (MUD), ganaron la mayoría de los alcaldes y la mayoría de los concejos municipales. La oposición ganó por lo menos 74 alcaldías, algunas de las mas importantes del país como Caracas, Maracaibo, Valencia, San Cristóbal, Barquisimeto y otras de Caracas como Chacao, Baruta, Sucre y el Hatillo. El resultado general favoreció al gobierno dictatorial de Maduro que se proclamó fortalecido por este resultado, hasta el punto que la propia oposición parece que le cree.

Las elecciones fueron planteadas tanto por la oposición como por el gobierno como un referéndum, esto es que en la elección de alcaldes, los venezolanos fueron convocados a votar para apoyar o rechazar al gobierno. En el proceso electoral, además de los temas propios de cada municipio, el esfuerzo de los dos líderes que no eran candidatos —Nicolás Maduro y Henrique Capriles— se concentró en pedir el voto de los venezolanos para aprobar o rechazar respectivamente las acciones y políticas del gobierno nacional. El gobierno utilizando la imagen del fallecido Hugo Chávez y todo el aparato del Estado, y la oposición mostrando la crisis económica, social y política por la que atraviesa Venezuela.

No podemos olvidar la naturaleza de este proceso electoral que ha estado muy lejos de ser libre, equilibrado y justo. Para que las elecciones sean LIBRES y JUSTAS, deben tener como elemento fundamental la libertad de obrar, de actuar y de decidir, deben brindar igualdad a los candidatos, ser regidas por autoridades imparciales, ser transparentes, sometidas a verificación o rendición de cuentas y desarrollarse en un ambiente de normalidad democrática en el que la no interferencia y la no participación de los poderes constituidos es un requisito imprescindible. En Venezuela aconteció todo lo contrario: la libertad de obrar de candidatos y del pueblo mismo estuvieron bajo permanente coacción del gobierno, la inducción y presión para el voto a favor de oficialismo fue pública. Los órganos electorales dependen del gobierno y están lejos de ser imparciales y de rendir cuentas sino al poder central, el control de los medios de comunicación y el uso y abuso de los mismos desde el gobierno fue evidente, la represión y persecución política por la vía judicial fueron parte del proceso electoral, el uso los recursos estatales para beneficiar a sus candidatos oficialistas ha sido grosero, la prebenda y la coacción electoral desde el aparato del Estado ha sido sostenida.

Ante los resultados de las elecciones en Venezuela debemos hace énfasis en ausencia de las condiciones de democracia, fundamentales para cualquier proceso electoral, sin las cuales las elecciones dejan de ser democráticas. Fraude electoral no es solamente la alteración del voto el día de las elecciones. Fraude es suplantación, coacción, inducción, compra de votos, intervención del gobierno para favorecer a candidatos, ventaja ilegal en la publicidad, control de medios de comunicación, uso de la fuerza pública, utilización de recursos del Estado, manipulación de sistemas; todo esto y más es lo que el dictador Maduro hizo pública e impunemente para "ganar" las elecciones municipales de su país.

Estas son las razones por las que —en dictadura— el gobierno siempre gana las elecciones. La oposición tendrá mas respaldo pero menos votos y los resultados generales deberán favorecer a la dictadura porque su sistema está diseñado para eso. Ya sucedió cuando usurparon el poder a Henrique Capriles. Son tiempos en que las elecciones sirven para demostrar que no hay democracia.

12 de diciembre de 2013

La "ofensiva estremecedora" del dictador Maduro

Luego de que la Asamblea Nacional de Venezuela aprobó otorgar los más amplios poderes a Nicolás Maduro para gobernar por decreto y ejecutar lo que él mismo denomina su "guerra económica", para "asegurar el orden económico de transición al socialismo", el dictador venezolano ha declarado que lanzará "una ofensiva estremecedora contra la corrupción". Esto representa que intensificará el uso del mecanismo institucionalizado por los Gobiernos del socialismo del siglo XXI: la criminalización de la política y la judicialización de la persecución, al amparo del control de medios de comunicación.

Ya es tiempo de aceptar, y denunciar sin cansancio, que no hay democracia en Venezuela, que lo que llaman Constitución política es sólo el reglamento de la dictadura que ha suplantado el texto y el orden constitucional de ese país (lo mismo que en Ecuador, Bolivia y Nicaragua). En Venezuela y en cada uno de esos países han liquidado la "República" y en su lugar han instituido un Estado totalitario, destinado a la perpetuación de un poder absoluto e indefinido.

Una Constitución es "la norma suprema de un Estado de Derecho" y Venezuela no es un "Estado de Derecho", que es el que se rige por un sistema de leyes, en el que todos los ciudadanos están subordinados y garantizados por la ley, donde nadie puede ponerse por encima de la ley. Cuando el gobernante acomoda a su conveniencia las leyes y dicta normas para someter a los ciudadanos y abusar de ellos, estamos frente al ejercicio pleno de una dictadura con poderes totalitarios. La dictadura no puede alegar cumplimiento de la Constitución.

Durante las últimas semanas la opinión pública mundial ha seguido con curiosidad y espanto el "iter criminis" del otorgamiento de poderes plenos al dictador venezolano. Pero antes de esa formalidad que resulta un mero acto de aplicación del reglamento dictatorial, Maduro había hecho desaparecer cualquier vestigio de democracia prorrogándose en el poder, haciendo fraude electoral, autoproclamándose como presidente electo, haciendo desaparecer las pruebas del fraude electoral, amenazando y persiguiendo a los opositores, violando los derechos humanos, ordenando el asalto de empresas y comercios, disponiendo encarcelamientos, demostrando que el Poder Judicial es sólo una dependencia de su poder, violentando la libertad de prensa, permitiendo y alentando la intervención externa a su país cometiendo delito de traición a la Patria, sometiendo a Venezuela a poder extranjero, otorgando beneficios extraordinarios a miembros de las fuerzas armadas para controlarlas políticamente, y más. En suma alentando, cometiendo y encubriendo actos de corrupción.

Corrupción en las entidades públicas es "la práctica consistente en la utilización de las funciones y medios de aquellas en provecho económico o de otra índole, de sus gestores". Esto es exactamente lo que cometen cada día Maduro y su régimen ejerciendo la dictadura en Venezuela. La corrupción es causa y efecto de la dictadura. Causa porque para concentrar el poder total han utilizado en provecho propio la cosa pública acabando con el Estado de Derecho y la democracia. Efecto porque en dictadura no existe ningún mecanismo de control ni de rendición de cuentas, y para mantenerse indefinidamente en el poder usan las funciones y medios violando los derechos fundamentales del pueblo, que de ser el soberano queda convertido en el sometido. Dictadura y corrupción son inseparables y sus consecuencias son la crisis económica y social, el empobrecimiento del pueblo y el enriquecimiento ilícito de los gobernantes, las violaciones a los derechos humanos, la ausencia de garantías, la desigualdad, la inflación, el desabastecimiento, el incremento del crimen, el desgobierno, el aumento del narcotráfico, el camino hacia el Estado fallido…

La ofensiva anunciada en Venezuela, consiste en las acciones de una dictadura ejerciendo más represión, más abusos y más corrupción, bajo el disfraz de democracia y con el discurso de lucha contra la corrupción. El dictador Maduro tiene razón: ¡es estremecedora!

21 de noviembre de 2013

El socialismo del siglo XXI y la Organización de Estados Americanos

La Organización de Estados Americanos (OEA) creada en el año 1948 para lograr un orden de paz y de justicia, fomentar la solidaridad, robustecer su colaboración y defender la soberanía de los Estados miembros, es el principal organismo internacional de las Américas. Entre sus propósitos esenciales la OEA proclama afianzar la paz y la seguridad del continente, promover y consolidar la democracia representativa, este último ampliado y ratificado por la Carta Democrática Interamericana el año 2001.

La OEA está integrada por 35 Estados miembros, prácticamente todos los Estados de las Américas forman parte de este organismo. Cuba fue excluida de la OEA por la resolución de Punta del Este-Uruguay el 31 de Enero de 1962. La XIX Asamblea General el año 2009, en la comisión general logró un acuerdo para su re inclusión y la dictadura cubana expresó reiteradamente que no desea retornar a la OEA.

En el avance del socialismo del siglo XXI, la política desarrollada por la alianza Venezuela-Cuba, guiada por Chávez y Castro, se fijó como tarea fundamental gravitar internacionalmente en la región para lo que pusieron el mayor esfuerzo en la búsqueda de una mayoría en la OEA. Utilizaron varios mecanismos además del control y alianza directa con gobiernos que ellos mismos formaron en Ecuador, Bolivia, Nicaragua. Chávez dio apoyo económico al gobierno de Argentina; reunió votos a través de la venta concesional de petróleo a los países de Petrocaribe; impulsó y financió movimientos como el caso de El Salvador y Perú; ejerció abierto intervencionismo como el caso de Honduras; o una mezcla de todo esto.

Un despliegue político con dinero sin límites, con el petróleo venezolano como herramienta fundamental, permitió a Hugo Chávez y Castro formar una mayoría crítica de gobiernos de Estados miembros para controlar la OEA y sobre todo de la Secretaria General.

La elección del actual secretario general de la OEA se produjo por la renuncia en octubre de 2004 de Miguel Ángel Rodríguez, ex presidente de Costa Rica, que llegó a esas funciones en el marco del consenso de elegir a un centro americano. Para mantener tal consenso se presentó el ex presidente salvadoreño Francisco Flores y luego de su retiro se produjeron cinco votaciones con empate entre el Secretario de Relaciones exteriores de México Ernesto Derbez y el Ministro del Interior de Chile José Miguel Insulza. Insulza fue siempre el candidato de Chávez que con el bloque formado por los países del Caribe, Panamá, (relaciones de petróleo), Argentina (relaciones de crédito), y Chile (país del candidato), tenía 17 votos, hasta que lograron que Condoleezza Rice la Secretaria de Estado de los Estados Unidos, acepte a Insulza y pida se retire a Derbez. Se puede marcar esta como la primera victoria diplomática de Chávez sobre los Estados Unidos.

Lo que vino después es más claro y fácil de recordar: la gestión y reelección del actual Secretario General de la OEA marcada por su sumisión y subordinación al proyecto de Chávez y Castro, por su complicidad en revestir de democracia a las dictaduras del socialismo del siglo XXI, ayudar a Chávez , Morales, Correa y aliados en su legitimación y destrozo de la institucionalidad, observar y validar elecciones fraudulentas, hacer de la vista gorda frente a las violaciones amparándose en el principio de no intervención, perjudicar la propia institucionalidad de la OEA y más… Todo esto matizado por el maltrato público que Hugo Chávez le dio al secretario general —llegando a llamarlo insulso— cuando no lo complacía por completo.

Así las cosas, la OEA fue perdiendo credibilidad y legitimidad, y puede hoy ser vista como una organización que en los asuntos esenciales sirve al socialismo del siglo XXI. Muestras recientes de esto —que desarrollaremos con mayor detalle— son su posición frente a la prórroga electoral de la dictadura en Venezuela, y el pedido de disculpas que acaba de hacer Inzulsa al gobierno de Evo Morales porque el Secretario Político de la OEA cometió el pecado de opinar tibiamente respecto al fraude que el dirigente cocalero ha empezado a ejecutar para reelegirse el 2004.

20 de Junio de 2013

BOLIVIA

La crisis desnuda el milagro economico

Voceros oficiales y oficiosos del régimen en Bolivia pretenden sostener la apariencia de estabilidad y desarrollo en la economía, que ha sido incluso calificada de "milagro", cuando lo cierto es que el gobierno de Evo Morales lleva al país a una crisis económica inevitable, cuyos síntomas ya se sienten. Es el resultado de un gobierno centralista, estatista, corrupto, populista y dictatorial que ha dilapidado los beneficios de una cosecha que no sembró y despilfarrado los extraordinarios precios internacionales que ya pasaron. Ahora la crisis desnuda el publicitado milagro económico de Evo Morales.

La herencia que recibió Evo Morales de los gobiernos democráticos, se ha terminado. Encontró un país con las inversiones hechas para garantizar el suministro de gas natural al Brasil y al mercado interno y recibió un contrato de compra-venta de gas renegociado con mejor precio y mayores volúmenes. El show de la nacionalización petrolera de Morales, únicamente dispuso una participación mayor para el Estado en ciertos campos y por solo 180 días. Generó falta de inversión en el sector petrolero por lo que luego dictó una seguidilla de incentivos a las petroleras, tanto que el Centro de Estudios y Documentación Latinoamericanos CEDLA afirma que las facilidades de Evo Morales a las empresas petroleras son mas generosas que las de la ley de hidrocarburos de la capitalización (la dictadura acaba de amenazar con cerrar esta entidad de clara tendencia progresista). Con los precios del petróleo de los últimos años, los impuestos de la capitalización habrían generado mas recursos para Bolivia que los que el gobierno recauda hoy.

En los 7 años posteriores a la capitalización de YPFB se perforaron 160 pozos exploratorios y en los casi 10 años de gobierno de Morales se han perforado solo 39. Por eso Bolivia reduce sus reservas y no tiene gas sino para 10 años, lo que ahora se expresa en el avasallamiento del régimen a los parques nacionales y los territorios indígenas para favorecer a las petroleras. La inversión en minería ha sido insignificante, mientras que Chile y Perú, que tienen quizás más pobre geología que la boliviana, han captado miles de millones de dólares en todos los años del boom de precios de los minerales. Bolivia no ha cambiado su condición de exportadora de recursos naturales y de materias primas, no se ha sembrado el gas, solamente se lo han gastado.

Cuando Morales asumió el poder la deuda externa de Bolivia era prácticamente cero, con leyes de impuestos y de coparticipación tributaria que sostenían la Participación Popular, descentralizando el Estado y municipalizando el territorio nacional. Los recursos de coparticipación han sido estrangulados por el gobierno para frenar el gasto descentralizado y las autonomías y generar -con los recursos indebidamente retenidos- un superávit fiscal irreal, que ya no existe, por el gigantesco incremento del gasto del gobierno central que se ha apropiado de esos fondos y los ha gastado.

El gobierno ha estatizado los fondos de pensiones, cobra un impuesto a las pensiones y saca créditos millonarios del Banco Central para sus gastos. Violando la ley ha disparando la deuda interna pública que es hoy la mas grande de la historia de Bolivia. El Banco Central ha dejado de ser una entidad independiente, lo mismo que la Contraloría General.

El único milagro de las dictaduras del socialismo del siglo XXI es convertir países ricos en pobres. En Bolivia se sigue un proceso calcado al de Argentina. Comenzó con auge por los precios de las exportaciones, estatizó los hidrocarburos, estatizó (confiscó) los recursos de las pensiones de los trabajadores, obligó al Banco Central a prestarle dinero y alentó el gasto público en obras plagadas de corrupción y sin evaluación que las justifique. Ahora que se acaba el boom comienzan los déficit y los conflictos sociales que el gobierno tratará de aplacar con más gastos hasta que se terminen las reservas (ya comprometidas), para lo que no falta mucho tiempo. La caída de precios internacionales se agrava con el régimen de tipo de cambio fijo que incentiva las importaciones y el contrabando, liquida al sector exportador y la producción nacional. Cuando se corrija el atraso cambiario habrá una corrida contra la moneda nacional. Argentina es el camino, Cuba y Venezuela el destino de este modelo, como ya confesó Evo Morales en su discurso del 6 de agosto.

Sin transparencia, sin fiscalización, sin rendición de cuentas, la impunidad es la regla. La represión, el control de prensa, el despido de periodistas son imprescindibles para que Evo Morales sostenga su propaganda de milagro y prepare la escena para culpar de la crisis al imperialismo, al capitalismo, a la libertad, o a la democracia que derrocó. Es la crisis... el supuesto milagro económico está desnudo.

11 de agosto de 2015

Bolivia, el país de la Coca

Los cultivadores de coca ilegal en Bolivia, cuyo líder es Evo Morales, han anunciado que regalarán al papa Francisco durante su visita a Bolivia, una "torta y mate de coca". Es la estrategia de este gobierno del socialismo del siglo XXI —ahora usando al Papa— de avanzar con la falacia de que su coca es buena y que los cocaleros son agricultores y no productores ilegales de una sustancia controlada, narcótica y clasificada mundialmente como estupefaciente. El dictador Morales implementa su plan para convertir a Bolivia en el país de la coca.

La coca es un arbusto originario de los Andes Amazónicos, "mejor conocida en el mundo por sus alcaloides, de la que se obtiene la cocaína que es un potente estimulante del sistema nervioso y altamente adictivo". La hoja de coca es el elemento indispensable de la producción de cocaína y es un "estupefaciente" clasificado en la lista 1 de la "Convención Única sobre estupefacientes de las Naciones Unidas de 1961", enmendada por Protocolo de 1972.

En Bolivia hay dos clases de producción de coca. La legal destinada al consumo tradicional y cultural del occidente el país, cuya extensión máxima es de doce mil hectáreas geográficamente ubicadas en los Yungas del Departamento de La Paz. Y la coca ilegal, producida en el trópico del Departamento de Cochabamba (Chapare) desde la década de los 80 por federaciones de cocaleros sindicalizados de los que Evo Morales es líder supremo. Los cultivos de coca ilegal eran de tres mil hectáreas el año 2003 y bajo el gobierno de Morales superan hoy las treinta y cinco mil hectáreas. "El 98% de la producción de la coca ilegal va al narcotráfico".

Evo Morales es un dirigente cocalero, nunca fue políticamente otra cosa, dirigió y dirige sus sindicatos cocaleros con verticalidad dictatorial y llegó a controlar la zona cocalera ilegal como zona libre a principios de la década de los 90; pero su feudo fue reducido y reincorporado al Estado los gobiernos democráticos de los presidentes Sánchez de Lozada (1993-97) y Bánzer (1997-2001), con la aplicación de la ley, erradicación de coca ilegal, desarrollo alternativo, lucha contra el narcotráfico.

Como dirigente cocalero y con la bandera de defender la coca y discurso antiimperialista, Evo Morales instigó, planeó y ejecutó marchas, bloqueos de caminos, atentados, masacres, muertes, conspiraciones, sediciones y confrontaciones empezando la década de los 90 hasta que asumió el poder. Con la ayuda económica y política visible del dictador libio Gadafi, del castrismo, de Chávez y la sospecha de narcotráfico, convirtió a los cultivadores de la coca ilegal en un instrumento de choque, luego en un movimiento social, más tarde adquirieron la sigla de partido político Movimiento al Socialismo (MAS) y luego tomaron el poder.

Desde el poder, Morales hizo política de Estado la "legalización de la coca ilegal". Expulsó la cooperación internacional antinarcóticos, incluyendo la DEA, liquidó cualquier posibilidad seria de verificación. Las relaciones exteriores del Estado plurinacional con el que ha suplantado la República de Bolivia, tienen como eje el tema de la coca. Ha presentado reclamos y alegatos a favor de la legalización de la coca en todos los foros internacionales, pero no ha podido modificar ni la extensión de cultivos de coca legal, ni el concepto mundial de que la coca es cocaína. Lo demuestra el informe de 2007 de la Junta Internacional de Fiscalización de Estupefacientes, que llama a los países a "abolir o prohibir el mascado de la hoja de coca y la

fabricación del mate de coca". Finalmente en junio de 2011 el gobierno cocalero de Morales denunció la Convención de las Naciones
Unidas de 1961.

A tiempo de la visita del papa Francisco a Bolivia, Evo Morales
está perpetrando la liquidación y avasallamiento de la reserva ecoló-
gica indígena el TIPNIS, solo para ampliar los cultivos de coca ilegal
de sus sindicatos. El Papa —que en la última Encíclica se refiere a la
preservación de la naturaleza— obviamente que sabe que "la coca es
una planta esquilmante" cuyo cultivo destruye la tierra dejándola in-
servible y que "su cultivo y la fabricación de cocaína causan un daño
severo al medio ambiente". Aparte, desde luego, del daño a la juventud y a la humanidad por el consumo de la droga cuya prevalencia ha
aumentado exponencialmente los últimos diez años.

Univisión en septiembre de 2011, la revista Veja en abril de 2013,
investigadores y académicos de prestigio, congresistas en 2015, han
señalado al Estado de Evo Morales como un "narcoestado". Como
sin coca no hay cocaína, Evo utiliza ahora al papa Francisco, para que
se conozca a Bolivia como lo que no es: el país de la coca.

21 de junio de 2015

La revolución nacional boliviana

Se cumplen 63 años de la revolución nacional boliviana del 9 de abril de 1952, conducida por Víctor Paz Estensoro, Hernán Siles Suazo, Juan Lechín Oquendo, Carlos Montenegro, Ñuflo Chávez y el Movimiento Nacionalista Revolucionario (MNR), que propició la construcción de la nación boliviana. Este proceso de "liberación del pueblo boliviano a través de la alianza de clases" está hoy interrumpido por el proyecto contrarrevolucionario y antinacional ejecutado por Evo Morales.

Antes de la revolución nacional, Bolivia era un país con una población 70% rural, campesina, indígena, excluida y analfabeta. El MNR estableció y ejecutó el "voto universal", dando lugar a la democracia con la incorporación de toda la población indígena, campesina, mujeres y sectores excluidos; la "reforma agraria" bajo el concepto de que la tierra es para quien la trabaja, convirtiendo a los campesinos e indígenas en propietarios; la "nacionalización de las minas" para establecer independencia económica; la "reforma educativa" para la formación del boliviano en una escuela única y obligatoria; la diversificación económica para incorporar el Oriente (hoy la primera zona en importancia económica) a la economía nacional.

Así, con libertad, democracia, derecho propietario, educación obligatoria, luchando por la independencia económica y con la participación de todos los sectores del país, se empezó a construir la nación boliviana. Las mujeres, el campesino, el indígena, el siervo rural, el ciudadano, el obrero, el profesional, todos los nacidos en el territorio nacional, se convirtieron en bolivianos iguales en un Estado de Derecho, reconociendo un mismo origen en el mestizaje, con unidad en la diversidad. La "alianza de clases" es la doctrina con que el MNR combatió la "lucha de clases" planteada por el marxismo.

Con el MNR derrocado en 1964, el proceso de la revolución nacional fue deformado, demorado, se cambiaron denominaciones y actores, pero nunca fue interrumpido. Cuando Paz Estensoro volvió a la presidencia en 1985, puso en marcha una segunda etapa de la revolución con la "terminando la hiperinflación", con la "nueva política económica", con la "lucha contra el narcotráfico" y con otras medidas precedidas de su histórico concepto "la Patria se nos muere".

El año 1993, con la presidencia de Gonzalo Sánchez de Lozada, en la tercera etapa de la revolución nacional, el NMR estableció y ejecutó el "bonosol", una pensión vitalicia para todos los bolivianos mayores de 65 años con recursos de la "capitalización social"; la "participación popular" que organizó al país en 329 municipios, asignó el 20% del presupuesto de la nación que, dividido por el numero de habitantes del país, da un factor que multiplicado por el numero de habitantes de cada municipio les abona fondos directamente, permitiendo más participación democrática, obras y servicios; el "seguro universal materno infantil"; la segunda "reforma educativa"; la "reforma constitucional" con voto a los 18 años, circunscripciones uninominales, descentralización administrativa, etc. El fortalecimiento del proceso fue interrumpido con el derrocamiento del año 2003.

Todas la medidas de la revolución nacional están vivas, les han cambiado nombres, las han debilitado, pero no las han podido liquidar. La traición al proceso de liberación nacional en Bolivia ha sido dado por la acción política de Evo Morales, aplicando la ideología del eje La Habana-Caracas. Han liquidado la "República de Bolivia", sustituyéndola por el "Estado plurinacional"; reemplazado la alianza de clases por la lucha de clases y por cuanta confrontación pueden alentar y propiciar; pretendiendo destrozar la consolidación de la "nación boliviana" con "36 nacionalidades"; terminando con la democracia y estableciendo un gobierno más de las dictaduras del socialismo del siglo XXI.

Evo Morales busca liquidar la revolución nacional boliviana para sustituirla por los fracasados postulados de la revolución castrista. La revolución nacional boliviana es patrimonio del pueblo boliviano, ofrece extraordinarios resultados frente al castrismo. Los desafíos de hoy en Bolivia son el retorno a la democracia y al proceso de consolidación de la "nación boliviana", única, mestiza, diversa pero unida, con una alianza nacional para restituir el Estado de Derecho en una patria sin perseguidos, exiliados ni presos políticos.

10 de abril de 2015

Evo Morales después de la derrota

El triunfo opositor sobre Evo Morales y su gobierno en las elecciones de gobernaciones y alcaldías de Bolivia, indica que el fraude electoral y la corrupción no son suficientes, que la dictadura pierde en sus elecciones sin democracia. Lo que ahora viene, es la concentración de la fuerza del gobierno en la imagen del caudillo cocalero, el reclutamiento forzado, la neutralización y/o la liquidación de los líderes emergentes. La derrota de Morales, lo hace más peligroso para los alcaldes y gobernadores que le han ganado la elección.

El domingo pasado los bolivianos votaron para elegir nueve gobernadores, 339 alcaldes, más de 270 asambleístas departamentales y casi 1.800 concejales. Evo Morales, seleccionó, designó, vetó, aprobó y proclamó sus candidatos, financió y organizó el aparato electoral desde el Estado, puso a todo el gobierno al servicio de sus delfines y personalmente lideró la campaña electoral.

Todas las elecciones que se hacen ahora en Bolivia —lo mismo que en Venezuela, Ecuador y Nicaragua— están montadas sobre el control absoluto que el gobierno tiene del proceso electoral. El fraude está diseñado e institucionalizado para que los candidatos oficialistas ganen. Es el sistema de "dictaduras electoralizadas" en que, en Bolivia y en los países del socialismo del siglo XXI, el régimen controla desde la identificación de los ciudadanos, el registro, la zonificación, las leyes y los órganos electorales, los gastos, la propaganda, los jueces e incluso los observadores internacionales. . Manipulan los resultados con el mismo sistema venezolano que le dio ilegal e ilegítimamente el gobierno a Nicolás Maduro.

En ejercicio del fraude institucionalizado excluyen a los candidatos de oposición que pueden resultar peligrosos, como sucedió en Bolivia donde cinco días antes de las elecciones el "Tribunal Supremo Electoral" de Morales inhabilitó 228 candidatos opositores, y además "canceló la personería de Unidad Demócrata", impidiendo la elección del seguro ganador de la gobernación del Beni.

En la campaña que Evo Morales hizo para sus candidatos, el mensaje principal fue que "en las regiones o municipios donde ganen los opositores no habrán recursos y ni Evo ni el gobierno trabajarán en las obras regionales y departamentales". Todos los funcionarios del régimen repitieron esta "coacción" convertida en "mensaje de campaña" que muestra al desnudo como no existen en Bolivia "elecciones libres, justas y basadas en el voto universal y secreto". Es un sistema en que el partido oficialista es el Estado y el Estado es del caudillo.

Pese al fraude y a la coacción, Morales fue derrotado, perdiendo la mayoría de las principales alcaldías y de las gobernaciones. Se justificó confesando que "el pueblo ha dado el voto de castigo a la corrupción", o sea a sus candidatos, a su gobierno, al propio Evo Morales. Aunque el pueblo boliviano y la opinión pública internacional ya sospechaban y denunciaban esto, es patética tan contundente confesión del jefe de la corrupción.

Ahora concentrarán todo el proceso en Evo Morales, como imprescindible e insustituible y no tardarán en promover y aprobar la "reelección presidencial indefinida". Con el discurso de la corrupción ejecutarán la purga de sus candidatos perdedores. Sobre los opositores que les han ganado, incrementarán el nivel de peligrosidad del régimen que procederá contra ellos para reclutarlos forzosamente, para amedrentarlos, o para anular su liderazgo (como sucedió con los seis gobernadores opositores del 2008, de los que tres están coaccionados, dos exiliados y uno preso, luego de masacres, corrupción judicial, asesinato de la reputación, extorsiones, centenas de presos políticos y exiliados y persecuciones que aún persisten).

La emergencia de nuevos líderes locales y regionales en Bolivia, su valentía, apego a la libertad y valores democráticos, han demostrado que aún con fraude, coacción y corrupción, Evo Morales y su régimen pueden ser combatidos y puestos en evidencia. Lo sucedido es un llamado a que los gobiernos y fuerzas democráticas de las Américas y del mundo, se interesen en cuidar a los líderes emergentes para que no sean agregados a la larga lista de víctimas de la dictadura del socialismo del siglo XXI en Bolivia, que yacen muertos, perseguidos, presos y exiliados.

3 de abril de 2015

Ejecución del fraude electoral en Bolivia

Las elecciones están señaladas en Bolivia para el 12 de octubre próximo. Son "elecciones sin democracia", se trata solamente de la "puesta en escena" de un proceso de simulación democrática que debe concluir con la reelección de Evo Morales, quien incluso ha señalado el porcentaje de votación con el que ganará. Los candidatos de oposición son "candidatos intimidados" y su acción esta reducida a lo que el candidato oficialista y su aparato quieren o le permiten hacer.

En las elecciones de Bolivia no existe ninguna condición para que este proceso sea reconocido como parte fundamental de la democracia. Para que un proceso electoral sea democrático debe ser "libre", "justo" y "basado en el sufragio universal y secreto como expresión de la soberanía del pueblo", como establece la Carta Democrática Interamericana y como reconoce la misma legislación electoral boliviana.

Las elecciones no son libres fundamentalmente porque potenciales candidatos de oposición están perseguidos, inhabilitados, presos o exiliados. Un país con presos políticos y exiliados políticos —a partir de la judicialización y la criminalización de la política— como es hoy Bolivia, no puede pretender ser una democracia haciendo elecciones digitadas solo para mantener indefinidamente en el poder a Evo Morales, cuyo respaldo popular real no pasa de un tercio de los votantes.

Además, el candidato oficialista ha puesto en aplicación el denominado "voto comunitario" que consiste en la coacción pública para que poblaciones enteras o barrios voten íntegramente por Evo Morales y su fórmula, ejerciendo presión y amenazas previas como la de dar "latigazos" y flagelar a quienes voten cruzado, como lo han hecho públicamente el diputado Gallego y los candidatos del gobierno. Ni la denuncia internacional de estos hechos desanima a la dictadura boliviana en su afán de presentarse como democracia.

No son elecciones justas porque Evo Morales está inhabilitado por su propia constitución política para ser candidato. La Constitución Política de la República de Bolivia prohíbe expresamente la reelección consecutiva del presidente de la República, pero ésta ha sido suplantada por la denominada constitución del Estado plurinacional que solo permite una reelección consecutiva. Ni con su propia constitución Evo Morales puede ser candidato presidencial este año, pero para habilitarse forzó una resolución del tribunal constitucional, (compuesto por miembros designados por él mismo) con el argumento que la primera elección de Evo Morales no cuenta porque se produjo antes de la existencia del Estado plurinacional, de donde la elección del 2014 resultaría la primera reelección. El Magistrado Cusi, miembro no firmante de la írrita resolución judicial, ha señalado la nulidad del fallo calificándolo de ilegal.

En el plano de la campaña electoral, Evo Morales tiene a su servicio todo el aparato, obras, publicidad, vehículos, aviones y medios del Estado. Los candidatos sólo puede hacer propaganda electoral 30 días antes de la elección, pero Morales viene haciendo desde hace más de seis meses, incluyendo propaganda negativa, acusaciones y enjuiciamientos contra los opositores. El órgano electoral boliviano, totalmente al servicio del mandatario y su tercera reelección, no cesa de coaccionar y sancionar a los opositores y mostrar su permisividad con el oficialismo.

Los candidatos de la denominada oposición, resultan en verdad miembros de la resistencia democrática porque una característica fundamental de la oposición en democracia es la "posibilidad de acceder al poder" y estos candidatos no tienen ninguna posibilidad.

Aún aceptando que hacen oposición, están "intimidados" y reducidos a lo que Evo Morales quiere, por lo que la agenda electoral no toca ningún tema que el dictador no permite, como por ejemplo el de los presos y exiliados políticos, o el de la corrupción.

Evo Morales no asistirá a ningún debate, pero hace campaña entregando obras, viajando en aviones, helicópteros y vehículos del Estado, con gran despliegue de prebenda.

La observación internacional del día de las elecciones no tiene ningún valor, porque ese día no hacen fraude, el fraude ya esta hecho y está en ejecución. Son estos hechos los que deberían estar verificando los "observadores" de la OEA, UNASUR y otros organismos afines al socialismo del siglo XXI, que certificarán el mismo 12 de octubre la "transparencia" electoral y apoyarán la re-reelección del dictador boliviano.

18 de septiembre de 2014

Bolivia: aniversario sin república, independencia, ni democracia

Este 6 de Agosto, Bolivia ha conmemorado los 189 años de su declaración de independencia y nacimiento como república. Como paradoja, esto sucede en un momento de la historia en que por la naturaleza del régimen que la ha sometido, no es ni república ni es independiente.

Una república es la forma de gobierno electiva y popular caracterizada por la duración determinada de la representación o mandato, atribuciones limitadas y responsabilidades de todos sus órganos. Es la forma de "organización del Estado cuya máxima autoridad es elegida por el pueblo por un tiempo determinado". Una república es un Estado organizado para no tener monarca o un individuo con poder absoluto, es lo opuesto a la monarquía, porque en la república el soberano es el pueblo.

La destrucción de la República en Bolivia comenzó con la liquidación de su institucionalidad constitucional, con la denominada "agenda de octubre" formalizada entre Evo Morales y Carlos Mesa al día siguiente del derrocamiento del presidente Sánchez de Lozada, el año 2003. Buscaban una "constituyente" y para eso usaron el sofisma de una reforma constitucional promulgada por Carlos Mesa el 20 de febrero de 2004. No se trataba de una reforma sino del mecanismo forzado para violar el Art. 230 de la Constitución, que sólo permitía la reforma parcial de la Carta Fundamental. Falsearon la Constitución y sin competencia alguna introdujeron la "reforma total" por medio de la figura de "asamblea constituyente".

El líder de las federaciones de productores de coca Evo Morales asumió la presidencia de la República de Bolivia el 22 de enero de 2006, con mandato fijo e improrrogable de cinco años, sin posibilidad de reelección inmediata. El 2 de julio de 2006 realizaron elecciones de 255 miembros de la Asamblea Constituyente, en base a la alteración constitucional que el mismo Evo Morales había producido en su alianza con Mesa en la falsificación constitucional del 2004.

La Asamblea Constituyente se instaló el 6 de agosto de 2006, con competencia limitada a un año, con la obligación de sesionar en Sucre (la Capital de la República) y aprobar un nuevo texto constitucional por dos tercios de votos de los miembros presentes (que Morales no había logrado obtener en la elección de constituyentes). La Asamblea desenvolvió sus actividades bajo permanente presión de grupos violentos movilizados y sostenidos por el gobierno de Morales. El 3 de agosto de 2007 el Congreso con mayoría de Evo Morales en la Cámara de Diputados, y en acuerdo con Jorge Quiroga que controlaba el Senado, prologó las sesiones de la constituyente hasta el 14 de diciembre de 2007. Luego Morales produjo la "masacre de la Kalancha" contra el pueblo chuquisaqueño que protestaba contra la constituyente y trasladaron la asamblea a la ciudad de Oruro, desde donde remitieron un texto de proyecto constitucional.

En Congreso de 2007, Morales tenía mayoría y controlaba la Cámara de Diputados, pero en la Cámara de Senadores (de 27 miembros), 13 respondían a Jorge Quiroga y uno a Samuel Doria Medina; la oposición con 14 votos controlaba el Senado y podía impedir la suplantación Constitucional. Sin embargo negociaron la Ley 3941 promulgada por Morales el 21 de Octubre de 2008, e "interpretaron" el Art. 232 de la Constitución ya adulterada el 2004, estableciendo que: *"Concluido el proceso constituyente y recibida la propuesta constitucional, para ser sometida a consideración del pueblo soberano, el h. Congreso nacional podrá realizar los ajustes necesarios sobre la base de la voluntad popular y del interés nacional, por ley especial de congreso aprobada por dos tercios de votos de sus miembros presentes"*!!!!

De esta manera, no fue ni siquiera la ilegal Constituyente, sino una "comisión secreta" (confesada luego por sus componentes) y el Congreso Ordinario quienes asumieron el contenido de la constitución que liquida la República de Bolivia y que crea el Estado plurinacional. Texto de igual contenido político a las constituciones de Chávez en Venezuela, de Correa en Ecuador, y la reforma de Ortega en Nicaragua, redactada por los mismos "académicos" de Valencia (Viciano y otros), contratados por Chávez y Castro.

Así suplantaron la Constitución de la República de Bolivia y crearon su pseudolegalidad —que no es lícita ni legítima— para consolidar la dictadura de Evo Morales en Bolivia, subordinada al proyecto transnacional del Socialismo del siglo XXI. Seis años después, Morales tiene montado el fraude para ser re-reelecto por tercera vez y en el 189 aniversario de Bolivia no hay República, ni independencia, ni democracia.

7 de Agosto del 2014

Reloj que gira al revés:
Símbolo de la dictadura en Bolivia

La dictadura en Bolivia ha puesto en el Edificio del Congreso, como "símbolo de cambio político", un reloj que marcha al revés, con los números invertidos que van del 12 al 1 y con las manecillas que giran a la izquierda. El "reloj del sur", ha sido presentado como señal de "tiempos de recuperar la identidad", alegando que "en el sur nacen las ideologías que pretenden cambiar el mundo de injusticias del norte". De esta manera, Evo Morales ha presentado el símbolo perfecto de su gobierno: argucias y dependencia que llevan a Bolivia para atrás. Sostener —en plena revolución tecnológica y comunicacional— que el eje de confrontación sigue siendo de izquierdas y derechas es un anacronismo. Los Gobiernos democráticos llamados de izquierda respetan el capital y la propiedad privada, atraen inversiones externas, están abiertos a los mercados, firman tratados de libre comercio, alientan la libre contratación, achican el Estado ampliando el ámbito de la iniciativa privada y generan excedentes que les permiten ejecutar políticas sociales. Los Gobiernos denominados de derecha, se esfuerzan por reducir la pobreza, invertir en educación, llevan adelante políticas sociales, privilegian a las minorías para incorporarlas al mercado, promueven el crecimiento de la clase media. Algunos ejemplos son Chile, Brasil, México, Uruguay, Perú, Dominicana.

En todo caso las dictaduras de Cuba, Venezuela, Bolivia, Ecuador y Nicaragua tienen más de fascistas que de izquierdistas. Aunque traten de presentarse como de izquierda no lo son. Los líderes y partidos democráticos de izquierda los han repudiado o no forman parte de estos regímenes y en muchos casos están perseguidos.

Que los relojes de Morales ahora marchen públicamente al revés, es la confesión de cómo y a donde llevan a Bolivia. Algunos ejemplos de lo que sucede en Bolivia desde la instauración de la dictadura nos muestran cuanto y como retrocede el país:

En materia de democracia Bolivia marcha al revés. Ha perdido la democracia y rige una de las dictaduras digitada por el proyecto castrista. Bolivia tiene hoy decenas de presos políticos, cientos de exiliados y de perseguidos. El dictador se "re-reelegirá" en octubre de este año, demostrando que "elecciones no son democracia".

- En derechos humanos y libertades fundamentales también al revés. Morales ha perpetrado múltiples masacres y atentados que encubre acusando a las víctimas sobrevivientes. Basta ver la denominada guerra del gas, Cochabamba (Urresti), el Porvenir en Pando, la Calancha, el Hotel Las Américas o Terrorismo en Santa Cruz, el atentado contra el Cardenal, Huanuni, Chapare, La Glorieta en Sucre, etc.

- La libertad de prensa es un enunciado. El gobierno se ha apropiado de las principales redes y medios de comunicación y los que continúan en manos privadas sobreviven por la auto censura.

- La división e independencia de poderes públicos es un cuento cruel. El poder legislativo es una célula de Morales. El poder judicial es el mecanismo de represión judicializada que ha criminalizado la política. Ya no hay independencia del Banco Central, de la Contraloría General, no ha fiscalización posible. Las Fuerzas Armadas y la Policía están subordinadas al poder político. La corrupción es política de Estado.

- Liquidaron la República de Bolivia para sustituirla por el "Estado plurinacional". Buscan terminar con la "nación boliviana" expresión del mestizaje y reemplazarla por el proyecto de confrontación castrista con 36 nacionalidades que ni los bolivianos conocen. En lugar de la unión promueven lucha de clases, etnias, regiones, generaciones, gremios… todas las políticamente manipulables.

- En economía mantienen el modelo que califican como neoliberal, al que repudian a diario, pero que los sostiene. Su gestión estatizada y centralista no tiene futuro, apoyados en el incremento geométrico del narcotráfico y la corrupción. El jefe del gobierno es el "líder máximo de los cultivadores de cocal ilegal". El modelo económico en Bolivia es hoy el "neoliberalismo cocalero".

Así conducen a Bolivia, como su reloj: "al revés".

3 de Julio de 2014

La forma de gobierno de la dictadura
del siglo XXI en Bolivia

Con este 16 de abril son cinco años de la denominada "masacre del Hotel las Américas", "caso Rozsa" o "el caso terrorismo" en Bolivia. Este hecho de violencia ordenado por Evo Morales (según su declaración en Caracas el mismo día) fue la cúspide de la trampa a los defensores de la democracia que se oponían a consolidación del proyecto dictatorial y de la intervención cubano-venezolana que hoy controlan Bolivia.

Cinco años han sido suficientes para demostrar que este caso fue un montaje más, del gobierno de Morales para terminar con la resistencia democrática del Oriente boliviano, cuyos líderes fueron criminalizados. Desde que Morales mostró su proyecto totalitario y 6 de los 9 departamentos de Bolivia denunciaron la pérdida del Estado de Derecho y la constante violación de los derechos humanos, sus líderes quedaron convertidos en "enemigos" y separatistas.

La operación de hace 5 años, consistió en un asalto armado de las fuerzas gubernamentales en el Hotel las Américas, el asesinato de Eduardo Rozsa-Flores (húngaro-boliviano), de Arpad Magyarosi (húngaro-rumano) y de Michael Martin Dwyer (Irlandés) y el apresamiento de Mario Tadic (boliviano) y Elod Tosao (Húngaro). Y luego un "proceso" con fiscales y jueces manipulados desde el gobierno.

Los dirigentes cívicos, políticos, defensores de derechos humanos y empresarios de Santa Cruz acusados falsamente de haber contratado y/o financiado a los supuestos "mercenarios" (los muertos por las fuerzas del gobierno), e incluso abogados y jueces, fueron perseguidos, encarcelados, extorsionados y asesinada de su reputación. Esto produjo decenas de exiliados y encarcelados e indeterminado número de extorsionados que entregaron millones de dólares a funcionarios del gobierno.

El Parlamento Europeo ha pedido "juicio Justo", exigido la liberación de los detenidos y la investigación internacional de los asesinatos. Ciudadanos extorsionados han denunciado públicamente los delitos cometidos por los funcionarios del gobierno. El fiscal Marcelo Sosa, jefe formal del proceso que ejecutó el sistema de "terror judicial" para "vacunar a la ciudadanía" y terminar con la oposición real, fue denunciado y cuando el gobierno no pudo evitar investigarlo, Soza se fugó al Brasil. El Juez Gualberto Cusi acusa al gobierno de haber ayudado a Soza para que escape.

Esta trama de corte castrista consolidó la dictadura en Bolivia. Los hechos verificables demuestran que lo acontecido es una cadena de actos criminales (concurso delictivo) concebidos, auspiciados, operados y encubiertos desde la cúpula del "Estado plurinacional", acompañados con la violación de la libertad de prensa y de expresión.

Es el ejercicio de la dictadura del siglo XXI en Bolivia, pero es solo parte de un método vigente que comenzó con el derrocamiento del gobierno democrático en octubre de 2003; siguió con el denominado juicio de responsabilidades que tiene presos políticos a los miembros del Alto Mando Militar; la masacre del Porvenir con la que han apresado y perseguido a las víctimas sobrevivientes y consolidado en el poder a los ejecutores; hechos de sangre y represivos en Cochabamba, las minas, zonas cocaleras legales, el TIPNIS; la persecución judicial de los gobernadores del Beni, Pando, Cochabamba, Tarija y

Chuquisaca, su exilio y encarcelamiento; la extorsión y persecución de empresarios nacionales y extranjeros y más.

Ninguno de estos "procesos" resiste una superficial auditoría jurídica. En todos, los autores son acusadores, las víctimas han sido convertidas en delincuentes, no hay igualdad de las partes, ni debido proceso, ni presunción de inocencia, ni juez imparcial, no hay pruebas… Pura corrupción y sólo la sentencia previa dictada públicamente por el "jefazo" (autor, acusador, juez y verdugo), igual que Castro, que Chávez, que Maduro, que… todos los dictadores. Es la forma de gobierno de la dictadura del siglo XXI en Bolivia.

17 de abril de 2014

El falso indigenismo de Evo Morales

Evo Morales no es un indígena como su propaganda y el diseño oficial de su imagen lo presenta.

Es un mestizo cocalero que utiliza la denominación y el discurso indigenista para encubrir su verdadera naturaleza del líder máximo de los cultivadores de coca ilegal en Bolivia, país cuya democracia ha destruido.

Es el gobernante que —después de la Revolución Nacional de 1952— ha cometido más abusos y tiene las mayores confrontaciones con los indígenas bolivianos a quienes persigue, divide y busca privar de sus tierras originarias para ampliar los cultivos de coca ilegal como en el caso del Territorio Indígena Parque Nacional Isiboro Secure (TIPNIS).

Se dice Indio "del indígena de América, o sea de las Indias Occidentales al que hoy se considera como descendiente de aquel sin mezcla de otra raza".

Indígena en "sentido amplio se aplica a todo aquello que es relativo a una población originaria del territorio que habita", y en sentido estricto se aplica a "las etnias que preservan las culturas tradicionales".

Se considera al indigenismo "una ideología política en varios países de América Latina, que hace hincapié en la relación entre el Estado nación y las minorías indígenas".

Desde las dictaduras del siglo XXI lideradas por el castrismo, a las que pertenece Evo Morales, el indigenismo es parte de la nomenclatura utilitaria para la articulación política, sobre todo en países andinos.

En Bolivia la revolución nacional de 1952 liderada por Víctor Paz Estenssoro estableció el "voto universal", la "reforma agraria" y la "reforma educativa" como bases fundamentales para la "liberación del pueblo boliviano" (en ese momento mayoritariamente indígena y rural) y para la construcción de la "Nación Boliviana".

Desde entonces ningún gobierno interrumpió este proceso, hasta que la intervención transnacional con Evo Morales con disfraz indigenista y subordinación castro-chavista llegó al poder.

"Bolivia no es indígena, es mayoritariamente mestiza", demostraba ya el año 2007 el académico Carlos Toranzo del Instituto Latinoamericano de Investigación Social (ILDIS) en el ensayo "Viabilizar a los mestizos y cholificar la discusión social", demostrando con los censos y encuestas un promedio superior al 60% de mestizos frente a no más de 20% de indígenas.

En 2008 las encuestas demostraban que un 73% de los bolivianos se identificaban como mestizos.

En el Censo Nacional de 2012, luego de 60 años de la revolución nacional, el 69% del pueblo boliviano han expresado "no pertenecer a ningún pueblo indígena", pese a la manipulación realizada por Evo Morales que desde el gobierno impidió preguntar si el ciudadano se identificaba como "boliviano".

El mestizaje "identifica a seres humanos que tienen antecesores de distintas culturas o etnias y que dan origen a una nueva". Los bolivianos somos orgullosa y mayoritariamente mestizos. El concepto "boliviano" tanto cultural, sociológica y políticamente comprende como "nación" a todos los nacidos en Bolivia incluidos los pueblos originarios que son la base del mestizaje, la base de lo boliviano.

La campaña de división y confrontación entre bolivianos es parte de la estrategia de intervención transnacional diseñada y operada por el imperialismo castrista, la utilización del indigenismo es uno de sus mecanismos.

La constitución política de Evo Morales lo demuestra al reconocer 36 naciones y reemplazar la República de Bolivia por un "Estado plurinacional", suplantando la "nación boliviana" como base de la unidad nacional.

Evo Morales que ni siquiera habla una lengua originaria (pídanle un discurso o un debate en quechua o en aimara), no es un indígena, es un boliviano (mestizo) como su propio nombre y apellido lo demuestran.

Es el máximo líder cocalero (persona que cultiva y explota la coca, un arbusto de la familia de las eritroxiláceas de la que se extrae la cocaína), que utiliza una falsa imagen de indígena mientras combate y destruye el indigenismo y la nación boliviana.

7 de febrero de 2014

Carta a Evo Morales

7 de enero de 2014
Señor Evo Morales
Jefe del Estado Plurinacional de Bolivia
Presente.-

De mi consideración:

Ante tu interés y preocupación por el contenido de mi libro *La dictadura del Siglo XXI en Bolivia* y tus declaraciones del 5 y 6 del presente respecto a la próxima visita del Premio Nobel de Literatura Mario Vargas Llosa, me veo forzado a escribirte para aclarar ante la opinión pública los aspectos siguientes:

1.- Has declarado que "Vargas Llosa llega a Santa Cruz... a convocatoria o instrucciones de Sánchez Berzaín". Eso es mentira y tú lo sabes, pero "Evo miente como siempre" porque de esa manera (por instrucción de los estrategas cubanos que señalan el camino de tu gobierno) pretendes adelantarte a la segura y reiterada crítica que el ilustre defensor de la libertad y de la democracia Mario Vargas Llosa realizará en Bolivia como lo hace en cualquier lugar del mundo. No puedes gobernar como lo haces y pretender que el mundo no se de cuenta. No tengo ninguna relación con el viaje ni con Mario Vargas Llosa, a quien admiro como escritor y como luchador en la defensa de los derechos fundamentales de las personas.

2.- Evo, tú no necesitas que nadie te desprestigie, lo has logrado solo. Pudiste seguir el camino de Mandela uniendo al pueblo boliviano para llevarlo al desarrollo y preferiste la senda de Mugabe convirtiéndote en un dictador, dividiendo a los bolivianos, violando las libertades fundamentales, tomando el control absoluto del poder. Has atentado contra la independencia nacional sometiendo al país a las órdenes de Cuba y Venezuela. La Bolivia que hoy controlas tiene menos libertad de prensa, menos libertad de expresión, ninguna independencia de los poderes del Estado, y menos futuro en relación a la Bolivia de hace diez años.

Has acabado con la República de Bolivia y tu Estado plurinacional tiene crímenes, perseguidos, presos y exiliados políticos, gobiernas con las técnicas de miedo de los cubanos castristas a quienes has entregado desde la administración de correos hasta la seguridad nacional, pasando por la identificación personal, servicios médicos, adoctrinamiento rural, intervención de las comunicaciones de la vida diaria de los bolivianos y otras actividades que generan el repudio de nuestros compatriotas. El proyecto político que diriges no es boliviano, es de intervencionismo externo, es una copia del que aplica Cuba en Venezuela, Ecuador y Nicaragua, donde incluso las constituciones y sus modificaciones son las mismas. Todo lo que buscan es controlar el poder total y mantenerlo indefinidamente, y así han terminado con la democracia. Esto sin hablar de la coca ilegal en el país cuyos cultivos crecen y con ellos la sospecha internacional de un "narcoestado".

3.- Mi libro *La dictadura del Siglo XXI en Bolivia* tiene como marco lo que es la democracia y lo que es la dictadura, hace un recorrido histórico breve de parte de los atentados contra la democracia en los que tú participaste, describe la suplantación constitucional, relata hechos y casos (todos verificados y verificables) que muestran la índole de tus actos políticos y los de tu gobierno, que no corresponden a una democracia. Debo recordarte que de acuerdo a la Carta Democrática Interamericana (suscrita por Bolivia) los elementos esenciales de la democracia son: "el respeto a los derechos humanos y las libertades fundamentales; el acceso al poder y su ejercicio con sujeción al Estado de Derecho; la celebración de lecciones periódicas, libres, justas y basadas en el sufragio universal y secreto como expresión de la soberanía del pueblo; el régimen plural de partidos y organizaciones políticas; la separación e independencia de los poderes públicos". Entiendo que el libro te preocupe porque demuestra como en tu gobierno no se respeta ni uno de estos elementos esenciales.

El libro contiene algunos casos de la persecución judicializada que has institucionalizado en Bolivia y describe las características del procedimiento de persecución. Cada víctima puede hacer varios libros con el drama que les toca vivir por tus abusos.

Lo que llamas "instrucciones de Sánchez Berzaín" contenidas en el libro, es el capítulo 5 "Cómo recuperar la democracia", en las condiciones de la realidad objetiva de la Bolivia de hoy. Formulo 5 sugerencias que creo son buenas por la reacción que han motivado y porque además pueden ser de aplicación en todos los países víctimas del proyecto Alba o socialismo del siglo XXI. No son de mi creación, están recuperadas de la historia política de los pueblos que han luchado por su libertad y son: Llamar las cosas por su nombre, la imprescindible unidad de la oposición (con los ejemplos de la izquierda chilena y de la oposición venezolana), recuperar la capacidad de denuncia, despertar la solidaridad de las democracias del mundo, y reconocer que hemos perdido la democracia.

4.- Como conozco que tus estrategas pondrán en marcha de inmediato un nuevo ataque contra mi persona para buscar aplicar su técnica del "asesinato de la reputación" (debes ver el anexo 7 del libro, también publicado en el *Diario Las Américas*), argumentando los hechos de octubre de 2003 que tu mismo has reivindicado de manera pública como el derrocamiento del gobierno democráticamente elegido, te recuerdo que el juicio de persecución política con el que me persigues e infamas tiene —entre otros— las características siguientes:

4.1.- Eres el acusador pese a ser el principal instigador y autor delos delitos que se pretenden juzgar. 4.2.- El juicio se lleva adelante solo contra quienes defendimos la democracia en cumplimiento de la Constitución y las leyes; los conspiradores, sediciosos y autores, contigo a la cabeza nunca han sido investigados porque están protegidos por los decretos supremos 27234 y 27237 por los que Carlos Mesa les dio amnistía. Solo está acusada una parte. Los que provocaron, ejecutaron y se beneficiaron de los hechos de violencia están hoy en tu gobierno gozando de amnistía y reclamando como mérito su intervención en el derrocamiento. 4.3.- Promoviste el juicio pese al informe negativo de la comisión de fiscales que no encontró materia justiciable, por lo que fueron destituidos hasta conseguir fiscales que acusen. 4.4.- En la votación el Congreso no logró los votos necesarios para autorizar el enjuiciamiento y violando la ley forzaste la autorización. 4.5.- Has destituido fiscales, jueces y magistrados, los has perseguido, enjuiciado y obligado a renunciar hasta controlar todo el sistema con el que has convertido en presos políticos a los miembros del Alto Militar del 2003. 4.6.- Es un juicio que no respeta ninguna garantía ni derecho, no respeta la igualdad de la partes, el debido proceso, la presunción de inocencia, el juez imparcial, la naturaleza de la prueba, no respeta nada. Es un linchamiento político que te sirve aún de propaganda… pero si algún día quieres esclarecer la verdad frente al pueblo boliviano solo tienes que pedir un archivo de tus declaraciones y discursos públicos sobre el tema en los que has confesado ya tu culpabilidad.

Finalmente, deja circular en el país el libro *La dictadura del Siglo XXI en Bolivia*, ordena que devuelvan los ejemplares que tu policía política ha censurado. Igual lo bajarán de Amazon. Si el pueblo boliviano encuentra algo que no sea cierto, verificado o verificable, te ofrezco enmendarlo en la tercera edición.

Un proverbio enseña: "puedes engañar a muchos poco tiempo, puedes engañar a pocos mucho tiempo, pero no engañarás a todos todo el tiempo". Cuidado Evo, el tiempo pasa.

Desde el exilio

Carlos Sánchez Berzaín
Ciudadano boliviano
Cc/ Prensa.

Bolivia: ¿ahora les toca a los empresarios?

Desde octubre de 2003 se produjo en Bolivia un proceso que ha llevado al país a que hoy ya no sea una democracia. Es simplemente parte de las "dictaduras del siglo XXI", donde un dirigente cocalero ha concentrado el poder total para perpetuare en el gobierno, haciendo de la justicia un brazo opresor, criminalizando la política y judicializando la represión. La libertad de prensa no es ni una fracción de la que había el 2003. Existen más presos, exiliados y perseguidos políticos que en cualquiera de las dictaduras militares del siglo pasado. La corrupción está institucionalizada desde el gobierno. La denominación de "narcoestado" es reiterada en el exterior. Rige como constitución un "reglamento de la dictadura" para aparentar legalidad y democracia. Han liquidado la República y en su lugar imponen un "Estado plurinacional" dividiendo y confrontando a la nación boliviana.

En ese medio político y social la economía se muestra aún exitosa, gracias a la siembra realizada en tiempos de democracia, al boom de los precios internacionales de los minerales y materias primas, y al flujo de recursos que produce el narcotráfico alentado por el incremento de los cultivos de coca bajo el liderazgo de Evo Morales, hoy presidente del Estado plurinacional. Evo Morales ha declarado a la coca en su constitución del Estado plurinacional como "patrimonio cultural, recurso natural renovable y factor de cohesión social" (Art. 384).

Durante todo el gobierno de Morales se ha procedido sostenida y sistemáticamente al desmantelamiento de la institucionalidad democrática de la República de Bolivia, siguiendo la hoja de ruta diseñada por el castrismo y aplicada en Venezuela, Ecuador y Nicaragua. Pero en ese mismo tiempo los "negocios han funcionado bien", los empresarios han ganado dinero, y esta situación los llevó a creer que independientemente de lo que pudiera estar pasando en la política, con o entre los políticos, ellos —los empresarios— podían mantener sus empresas y patrimonio. En la primera etapa del socialismo del siglo XXI en Bolivia les hicieron creer que respetarían la propiedad privada, la libre empresa y la iniciativa. Abusos, persecuciones y confiscaciones a algunos importantes empresarios, fueron atribuidas a la politización de las víctimas y el empresariado se creyó la consigna oficialista de que "si haces empresa y no te metes en política todo estará bien".

Lo que el bien lubricado optimismo empresarial no entendió es que mientras ellos tenían buenas utilidades y soslayaban la realidad nacional, el gobierno terminaba con la libertad, con la independencia de los poderes del Estado, controlaba el sistema de justicia y lo instituía como instrumento de represión, terminaba con la regulación independiente, limitaba la libertad de prensa, acallaba a los opositores, líderes cívicos y sociales encarcelándolos o forzándolos al exilio, se apoderaba de medios de comunicación, en suma destrozaba la institucionalidad democrática para sustituirla por un sistema centralista, estatista y totalitario.

Ahora, el socialismo del siglo XXI con Evo Morales como su ejecutor, da la señal que les toca a los empresarios (sin importar su capital ni tamaño). Para eso ha decretado el pago de "doble aguinaldo", o dos sueldos mensuales extras en lugar de uno por las fiestas de fin de año, destinado a descapitalizar a los pequeños y medianos, y ablandar a los grandes empresarios. Esta es solo la medida más notoria o dolorosa de momento, ya que el conjunto de leyes y disposiciones destinadas a buscar la quiebra y la liquidación de la empresa privada están en marcha y en ejecución. Cuando los empresarios quieran defenderse no encontraran ni libertad de prensa, ni justicia, ni oposición, ni regulación, ni institucionalidad que proteja su legítimos derechos… de la liberad y el sistema de garantías fueron liquidados mientras ellos pensaban que nunca les tocaría, que con un poco de billete todo se podría arreglar.

Será que como decía Lenin, ¿vendieron a la dictadura la soga con la que los van a ahorcar? ¿Seguirán el camino que vemos hoy en Venezuela? ¿Ahora les toca a los empresarios? ¿Y después de ellos… qué… o a quién?

5 de diciembre de 2013

Bolivia: imprescindible unidad de la oposición

La unidad de la oposición política en Bolivia es imprescindible frente a la decisión de Evo Morales de ir a la reelección por tercera vez. Morales ha decidido perpetuarse en el poder por el camino del fraude que ya ha comenzado con la ilegal interpretación de su Tribunal Constitucional habilitándolo como candidato, violando su propia constitución. Más allá de posiciones ideológicas, programáticas o de liderazgos personales es urgente la organización de un solo bloque de oposición real para impedir la candidatura de Morales, denunciar y desmontar el fraude, poner en evidencia la naturaleza del régimen, ganar las elecciones de 2014 y recuperar la democracia (en este orden).

La Concertación en Chile para derrotar al dictador de su país y luego gobernar con éxito, y la Mesa de Unidad Democrática en Venezuela que sigue luchando y que víctima del fraude en las últimas elecciones no tardará en tomar el poder, son ejemplos importantes.

Para regímenes como los que hoy gobiernan Venezuela, Bolivia, Ecuador y Nicaragua su principal tarea es mantenerse indefinidamente en el poder, y uno de los instrumentos para ese objetivo es promover la ineficacia política de la oposición, terminar con ella, dividirla, crear parcial o totalmente una oposición funcional o simulada. Para esto han desprestigiado y destrozado el sistema de partidos políticos buscando controlar el país con un sistema de partido único y han perseguido, enjuiciado, encarcelado y exiliado líderes, dirigentes políticos, cívicos y sociales que podrían opción.

Han creado una institucionalidad para el fraude: suprimido la elecciones libres; controlado los medios de comunicación comprándolos, cerrándolos o confiscándolos; restringido lo más posible o suprimido la libertad de prensa; controlado y puesto bajo su dependencia los órganos encargados del proceso electoral anulando su imparcialidad y transparencia; controlado los sistemas de identidad y registro de ciudadanos; alterado las circunscripciones electorales; concentrado ingentes fondos de campaña electoral por la vía de la corrupción pública y el aprovechamiento de los bienes y recursos del Estado; modificado las constituciones políticas y las leyes a su conveniencia para que incluso perdiendo en el número de votos o con una primera minoría mínima puedan permanecer en el poder. En suma, con estas y muchas otras medidas los dictadores del siglo XXI en estos países, son los dueños del poder, de las reglas, de los árbitros, del público, y pretenden serlo incluso de la oposición.

En Bolivia hoy existen muchos y variados liderazgos que se proclaman como candidatos de oposición, pero el gobierno, los opositores y el pueblo boliviano —todos— saben que ninguno de ellos convertido en candidato podrá ganar las elecciones. La más importante y sencilla razón es que cuanto más numerosos sean los candidatos de oposición que se presenten, más dividido estará el voto de la mayoría de bolivianos (más el 60%) que ya no quiere a Morales en el poder. Frente a esto solo hay una respuesta: un bloque de unidad, un frente único de oposición, un proyecto de unidad nacional por la democracia, una concertación, una mesa de unidad, o sea —como quiera que la llamen— una sola oposición.

La primera tarea de la oposición boliviana unida no es elegir candidato a la presidencia, es evitar que Evo Morales consolide su primer acto de fraude electoral que es su habilitación a la re-re-reelección. En este sentido el adelantar candidaturas en este momento es solo hacer el juego que el oficialismo quiere y necesita. Proclamarse candidato más de un año antes de la elección es iniciar una campaña que Evo Morales necesita que comience lo antes posible, porque de esa manera consolida su primer acto de fraude, su candidatura.

La respuesta al desafío histórico de la unidad de la oposición en Bolivia marcará la diferencia entre quienes son verdaderos opositores y quienes por cualquier motivo le estarán haciendo el juego al gobierno, como opositores funcionales, aparentes o como sus operadores para dividir la oposición, habilitar a Evo Morales y simular un proceso electoral que no es democrático.

14 de noviembre de 2013

Diez años después, sin justicia y sin verdad

El 17 de octubre se cumplieron 10 años del derrocamiento del presidente boliviano Gonzalo Sánchez de Lozada, forzado a renunciar por lo que en su momento se presentó como una revuelta popular "contra la intención" del gobierno de exportar gas a México y EEUU por puertos chilenos.

Estos luctuosos sucesos se llamaron las jornadas de octubre, la guerra del gas, octubre negro. Costaron la vida a más de 60 bolivianos y centenares de heridos terminaron llevando a la presidencia al dirigente cocalero Evo Morales.

Los ganadores comenzaron la persecución de los caídos con el discurso de hacer justicia. Hoy, por confesión de los propios promotores de la violencia, se evidencia que fue conspiración y sedición impulsadas desde el naciente proyecto del Socialismo del siglo XXI.

Carlos D. Mesa con su traición posibilitó el éxito de la conspiración. Cumpliendo públicamente con sus cómplices dictó decretos de amnistía perdonando a todos los promotores de los hechos violentos y aclarando que la amnistía no alcanzaba a los miembros del gobierno ni de las fuerzas armadas.

Bajo amnistía, Evo Morales inició juicio de responsabilidades contra el depuesto presidente Sánchez de Lozada, su gabinete de ministros y el alto mando militar. La comisión de fiscales encargada de la investigación desestimó el proceso por falta de materia justiciable y porque no lo podía hacerla sin investigar a los promotores que habían recibido amnistía. Mesa destituyó a los fiscales. El Congreso

Nacional rechazó la autorización de acusación para juicio de responsabilidades y la denuncia no logró los votos necesarios.

Mesa y Morales presionaron a los congresistas hasta que repitiendo votación decretaron acusación, legalmente nula porque la primera votación decide el asunto y no admite otra votación.

Iniciado el juicio, miembros de la Corte Suprema de Justicia fueron sistemáticamente obligados a renunciar, destituidos, enjuiciados y finalmente cesados de sus funciones hasta que Evo Morales puso sus jueces con los que continúa persiguiendo a Sánchez de Lozada y sus ministros, haciendo pedidos de extradición. Ha sentenciado a los cinco generales miembros del Alto Mando Militar de 2003, con quienes ha engrosado la lista de presos políticos que hay en Bolivia.

Este juicio fue sólo el primero de centenas de causas que Evo Morales y su gobierno llevan adelante convirtiendo a Bolivia en el tercer país de las Américas, luego de Cuba y Venezuela, con la mayor cantidad de perseguidos, presos y exiliados políticos. Luego vendrían las causas también iniciadas o instruidas por Morales contra los gobernadores de Chuquisaca, Cochabamba, Pando, Beni, Tarija y Santa Cruz; contra dirigentes cívicos y empresarios; contra empresarios privados nacionales y extranjeros; contra dirigentes campesinos, indígenas, militares, jueces, autoridades constitucionalmente elegidas para destituirlas o justificar su ilegal destitución como el Contralor General, el Presidente del Banco Central, el Presidente del Servicio de Caminos e incluso senadores y diputados en funciones.

En todos los procesos se viola la presunción de inocencia, el debido proceso, el principio de juez imparcial, la irretroactividad de la ley, la igualdad de las partes y otros derechos humanos. La justicia es sólo parte del aparato represivo del gobierno y 10 años después Bolivia vive una de las dictaduras del siglo XXI, sin justicia y sin verdad.

19 de octubre de 2013

De la embajada brasilera al exilio

La existencia de perseguidos, presos y exiliados políticos es una de las notas características de los países del socialismo del siglo XXI. Reiteramos que el exilio generado por la dictadura castrista en Cuba se cuenta por millones, el exilio de la dictadura chavista en Venezuela se cuenta por miles, el exilio de la dictadura cocalera de Evo Morales se cuenta por cientos, el de Rafael Correa en Ecuador por decenas. Parece que cuanto más tiempo retienen el poder, más exiliados producen.

De acuerdo a información del Alto Comisionado de las Naciones Unidas para los Refugiados (ACNUR) al 30 de enero de 2013 existían registrados 774 exiliados bolivianos y con la llegada del senador Roger Pinto a Brasil por persecución política, Evo tiene en su haber por lo menos 775 exiliados, sin contar los que no se han registrado y los que tienen pendientes sus solicitudes de asilo, con los que la cifra puede ser superior a 1.000. Esto ubica a Morales en el tercer lugar de los gobernantes de la región que destierran a sus nacionales, después de Cuba y Venezuela.

Lo típico del exilio del socialismo del siglo XXI es que está ejecutado por la persecución judicial. Todos los exiliados bolivianos por ejemplo, están acusados por Evo Morales en persona o por miembros de su gobierno de haber cometido delitos de tipificación terrible e infamante, pues lo primero que buscan es liquidar el prestigio y la imagen pública del perseguido. Es usual que el gobierno acuse a su víctima de los delitos que el propio presidente o miembros de su grupo político han cometido. Hay que insistir en que el mundo observe que los jueces en los países del socialismo del siglo XXI son los instrumentos de la represión, son una nueva forma de policía política y la más grave forma de corrupción.

El caso del senador boliviano Roger Pinto —hoy exiliado en Brasil y acusado de 20 delitos por el gobierno de Morales— resulta ilustrativo. Este legislador opositor investigaba vinculaciones del gobierno con el narcotráfico y casos de corrupción, lo que generó la reacción oficialista que poniendo en marcha su sistema de fiscales y jueces lo persiguió y pretendió encarcelarlo hasta forzarlo a refugiarse en la embajada de Brasil en La Paz. El gobierno brasilero le concedió asilo político y solicitó al gobierno de Morales el salvoconducto para que el asilado pueda dejar la legación diplomática y viajar al Brasil; el gobierno boliviano negó tal autorización en reiteradas oportunidades y así pasó más de un año hasta que hace pocos días el senador Pinto "apareció" en Brasil, desatando una controlada protesta Morales y su gente que usando las relaciones de todo el grupo del socialismo del siglo XXI, especialmente las de Cuba y Venezuela, parecen haber logrado que la presidenta de Brasil remueva a su Ministro de Relaciones Exteriores y silenciar al senador exiliado.

Hay muchas preguntas que se hace la opinión pública: ¿por qué el gobierno de Morales que no otorgó el salvoconducto, permitió la salida del senador para luego calificarla como fuga?, ¿cómo pueden vehículos oficiales del gobierno de Brasil —aparentemente con efectivos armados— desplazarse por territorio boliviano por aproximadamente 21 horas sin ningún obstáculo?, ¿por qué la inteligencia cubana que controla los servicios en Bolivia permitió la operación o fracasó en este caso?, ¿será como se ha denunciado un acuerdo para saldar este asunto de manera no oficial? ¿por qué la renuncia del canciller brasilero si había tal acuerdo?, ¿será verdad que el canciller renunciante era el último leal del expresidente Lula en el actual gabinete?, ¿cómo se explica el suave reclamo del gobierno de Morales y la dura reacción de la presidente de Brasil?, ¿por qué el senador Pinto tiene ahora que guardar silencio, dejó de asistir al Senado de Brasil y no puede hacer públicos los asuntos que investigaba?

El tema de fondo es que un senador, por ejercer sus funciones de fiscalización, es judicialmente perseguido y públicamente acusado por Evo Morales, hasta forzarlo al exilio, donde el perseguido parece condenado al silencio; y más grave aún, queda demostrado por éste y anteriores casos, que simplemente no hay oposición posible en Bolivia.

Hace un año —en septiembre de 2012— la Iglesia Católica de Bolivia por medio de la Conferencia Episcopal Boliviana pidió al gobierno "amnistía para presos y exiliados políticos" como un gesto de "reconciliación", calificando de "aberrante usar la justicia para perseguir a los disconformes con el proyecto político" de Evo Morales. La Iglesia no había hecho un pedido igual desde el 17 de noviembre de 1977 durante la dictadura militar.

30 de agosto de 2013

Confiesan manipulación de la justicia
para reelección de Evo Morales

Gualberto Cusi, un boliviano —que viste poncho y sombrero— miembro del Tribunal Constitucional Plurinacional creado por el propio Evo Morales como parte de su Estado plurinacional con el que sustituye la República de Bolivia, ha declarado esta semana que " la manipulación política en la justicia permitió al presidente Evo Morales avalar su tercera postulación para la reelección en las elecciones generales de 2014".

Según Cusi "la mejor salida legal para este caso hubiera sido la reforma de la constitución política mediante un referéndum que ponga a consideración de la ciudadanía si aceptan o no la tercera postulación del también presidente de las seis federaciones cocaleras del trópico de Cochabamba".

Esto es nada menos que la confesión pública de uno de los propios jueces de Evo Morales, reiterada ante todos los medios de comunicación, de que Morales manipuló la justicia para cometer el primer acto del extenso fraude electoral con el que Morales pretende reelegirse el próximo año. Pero además, esta declaración es una muestra adicional de la corrupción que como política de Estado caracteriza al gobierno de Morales como a todos los gobiernos dictatoriales del proyecto del socialismo del siglo XXI.

Además del efecto en el tema electoral, la declaración de Gualberto Cusi es la demostración final —si alguna faltaba— de que la justicia en Bolivia es solamente un instrumento mas del aparato político.

La justicia boliviana le sirve a Morales para perseguir, encarcelar y exiliar a quienes considera sus enemigos políticos, le sirve para amedrentar a la ciudadanía en general y mantenerla alejada de la política y del control al gobierno, le sirve para encubrir la mega corrupción gubernamental y le sirve para simular legalidad cuando en verdad comete fraude.

La reacción contra Cusi, vino del partido de Morales cuyos voceros lo llenaron de insultos, pidieron su renuncia y anunciaron "juicio de responsabilidades", esto es que amenazan someter a su juez a un proceso en el que como todos los acusados por Evo Morales y su gobierno, ya está condenado de antemano. Tal vez no hayan decidido aún la pena, pero ya está sentenciado.

Los miembros del Tribunal Constitucional se han apresurado a ratificar su resolución (lo que es otro acto de confesión, porque si vale no tiene razón ratificarla), pidiendo además por medio de su presidente el juicio de responsabilidades contra Cusi por "incumplimiento de deberes", seguramente porque en opinión de estos jueces es deber de su colega el cumplir como ellos han hecho las instrucciones políticas del gobierno.

Al defenderse de las amenazas gubernamentales Cusi declaró "no haber hecho nada ilícito al calificar de arbitraria e ilegal la candidatura a la reelección de Evo Morales" y pidió que se respete su derecho a opinar. Al parecer el juez no recuerda lo que en el gobierno de Morales les ha pasado a periodistas, políticos, indígenas, cívicos, obreros, empresarios, jueces, abogados y ciudadanos bolivianos que hicieron uso de su derecho de libre expresión.

Es posible que Gualberto Cusi pase a formar parte de los perseguidos, presos o exiliados políticos bolivianos, e incluso de los muertos por el gobierno de Evo Morales, o es posible que no pase nada. Mientras tanto, en Nueva York ante las Naciones Unidas el dirigente cocalero y dueño del Estado plurinacional se llena la boca de frases de justicia, libertad, antiimperialismo, derechos humanos, coca, …señalando a países democráticos en los que un caso de corrupción como este lo hubiera echado hace tiempo del poder.

26 de septiembre de 2013

Sobre la recarga de Evo Morales

Eduardo Ulibarri se ha referido en un artículo reciente a la situación de Bolivia después de las elecciones recientemente celebradas [ver La recarga de Evo Morales, Perspectiva, 16 de diciembre].

Es ponderable la exhortación a que Morales practique una auténtica democracia que no consista sólo en elecciones, sino "en un conjunto de garantías individuales y civiles, certezas institucionales, respeto a la oposición y a la independencia de diversos actores sociales" y su reclamo a superar la exclusión y mejorar las condiciones de vida de la población a través del crecimiento económico.

Sin embargo, el autor parte para su análisis de los datos oficialistas del proceso electoral como si estos estuvieran libres de cuestionamientos. Muchas voces se han alzado denunciado el progresivo deterioro de la democracia en Bolivia y las propias páginas de El Nuevo Herald han registrado noticias sobre el exitoso desarrollo del proyecto ALBA en Bolivia que llevaron a la sustitución constitucional para permitir la reelección presidencial.

Las elecciones de Bolivia son el resultado de varios años de maquinaciones y ruptura constitucional e institucional; del destrozo deliberado del sistema de partidos políticos y la persecución de líderes políticos y sociales; de la criminalización de la actividad política opositora por medio de juicios, exilio y amenazas. Todo ello con la directa intervención de Venezuela y Cuba.

Estas elecciones son el punto de no retorno que liquida la democracia en Bolivia. Estas fueron las "elecciones de Evo", con la ``Constitución de Evo" y se consolida la "mayoría absoluta de Evo".

La democracia boliviana se afectó desde el derrocamiento del presidente Sánchez de Lozada en octubre de 2003. Cuando Evo Morales llegó al poder, la intervención cubano-venezolana se hizo directa y la franquicia autoritaria empezó a ejecutarse implacablemente hasta conseguir la sustitución de la Constitución.

El proceso electoral de 2009 está marcado por el fraude: un llamado padrón biométrico que reportó un incremento aproximadamente 40% del padrón electoral en un año y facilitó la trampa a favor de la candidatura de Evo; una campaña oficialista millonaria; atentados permanentes a la libertad de prensa; el control sindical cocalero que evitó el desplazamiento de candidatos de oposición; el voto comunitario inducido desde el gobierno que constituyó la abolición lisa y llana del voto individual y secreto; las flagelaciones a opositores como al dirigente indígena Marcial Fabricano y el enjuiciamiento criminal de candidatos contrarios al gobierno, mediante el engendro de conspiraciones contra líderes no sometidos al oficialismo.

Considerar estos antecedentes resulta imprescindible para entender la verdad de que la votación del 6 de diciembre pasado, además de la recarga autoritaria de Evo, fue sólo la culminación de la liquidación de la democracia en Bolivia.

31 de diciembre de 2009

Acabaron con la democracia en Bolivia

Las elecciones del pasado domingo 6 de diciembre en Bolivia marcan el punto de no retorno que liquida la democracia en el país, y otorga al proyecto de Castro y Chávez para América Latina un triunfo vital en su diseño de intervención autoritaria. Fueron las "elecciones de Evo", con la "constitución de Evo" y para establecer "mayoría absoluta de Evo".

Los festejos más importantes son sin duda las elites de Caracas y La Habana, mientras que ha comenzado en Bolivia el segundo tiempo del amedrentamiento, la persecución, el crimen y exilio que Evo Morales inflinge al país desde que se inició como dirigente cocalero y que ha intensificado en su gestión presidencial.

Las elecciones generales en Bolivia deberían celebrarse el próximo año, el 2010, para elegir un nuevo presidente porque la legítima Constitución no permitía la re elección. Estas elecciones, las del 2009 son el resultado de varios años de maquinaciones y ruptura constitucional e institucional; del destrozo deliberado del sistema de partidos políticos y la persecución de lideres políticos y sociales; de la criminalización de la actividad política opositora por medio de juicios, exilio, y amenazas; predominio del cohecho, la corrupción, las masacres y la violencia producidas por Evo Morales. Todo ello, con la directa intervención de Venezuela y Cuba para aplicar en Bolivia la franquicia autoritaria del Alba.

La democracia boliviana fue destrozada, progresiva y sostenidamente, desde el derrocamiento del presidente Sánchez de Lozada en octubre de 2003, que fue viabilizado por la traición del vicepresidente

Carlos D. Mesa y constituyó el primer paso estratégico del proyecto autoritario transnacional ejecutado para apoderarse de Bolivia, tras varias décadas del fallido intento guerrillero auspiciado —con el mismo propósito— desde La Habana. Cuando Evo Morales llegó al poder, la intervención cubano-venezolana se hizo directa y la franquicia autoritaria empezó a ejecutarse implacablemente hasta conseguir la sustitución de la Constitución.

La sustitución constitucional (porque no fue reforma), sólo pudo producirse mediante la violación del ordenamiento jurídico boliviano, ya que el texto llevado a referéndum nunca pasó por las manos de los constituyentes. Después de las masacres de Cochabamba y Sucre, y de las confrontaciones y movilizaciones cocaleras, se amañaron juicios de responsabilidades a ex presidentes y ministros. La extorsión y amenazas desde el gobierno fueron habituales.

Bajo esas circunstancias se produjo la entrega espuria de los votos controlados por Jorge Quiroga y Samuel Doria Medina, y esos votos posibilitaron que Evo tenga su constitución. Curiosamente, esa constitución fue preparada por el mismo bufete de abogados españoles que redactaron las actuales constituciones de Venezuela y Ecuador.

El proceso electoral de 2009 está marcado por el fraude: un llamado padrón biométrico que facilita la trampa a favor de la candidatura de Evo; una campaña oficialista millonaria; el control de los medios de comunicación y atentados permanentes a la libertad de prensa. El control sindical cocalero evita el desplazamiento de candidatos de oposición; el voto comunitario inducido desde el gobierno constituye la abolición lisa y llana del secreto electoral y somete a presiones indebidas a los votantes.

A estas expresiones de fraude, se les agregan la violencia ejercida contra la autonomía del ciudadano boliviano, las flagelaciones a opositores como al dirigente indígena Marcial Fabricano, y el enjuiciamiento criminal de candidatos contrarios al gobierno, mediante el engendro de conspiraciones contra líderes no sometidos al oficialismo.

Existe una ausencia total de cualquier control de constitucionalidad, ya que el vaciamiento del Tribunal Constitucional ha suprimido esta garantía. Las cortes electorales están amenazadas y subordinadas al gobierno. Producto de este absolutismo jurídico es el encarcelamiento y silenciamiento del Prefecto de Pando y candidato a la vicepresidencia de un frente opositor, como también la impunidad de Evo Morales que ha declarado públicamente que mandará a la cárcel a Manfred Reyes, su principal contrincante electoral.

Según declaraciones del propio Morales, hechas públicas la semana pasada, luego de las elecciones habrá obtenido la mayoría necesaria del senado "para nombrar y controlar la Corte Suprema de Justicia y el Tribunal Constitucional". Esto es que, después del domingo 6 de diciembre Evo tiene "el poder total".

Así lo reconoció uno de los fundadores del partido de Evo, el dirigente minero y ex senador Filemón Escobar, quien declaró que luego de estas elecciones, Evo Morales constituirá un "Estado estalinista", que le permitirá eliminar impunemente a todos su opositores.

Ninguno de estos elementos se difunden en el mundo. Si se conocen, no parecen haber llamado la atención sobre esta forma "peculiar de acción política" que ya no se puede llamar democracia.

Sólo voces aisladas se levantan sobre esta situación de Bolivia, que no parece inquietar a nadie desde hace varios años. Mary O' Grady, desde su columna del Wall Street Journal, constituye una excepción, al haber remarcado que esta elección es el "fin de la democracia boliviana".

El llamado triunfo de Evo Morales con mas del 61% de votos, no es sino el resultado fraudulento de un iter criminis de varios años que ha terminado el domingo pasado con la liquidación de la democracia en Bolivia y la institución de un poder totalitario. Acabaron con la democracia usando el voto!

8 de diciembre de 2009

Ecuador y Nicaragua

Ecuador y la libertad de prensa

Para que los gobernantes no actúen arbitrariamente sin el consentimiento y contra sus ciudadanos, para que no concentren el poder haciendo desaparecer la división e independencia de los poderes públicos, para que exista democracia, es imprescindible la vigencia del Estado de Derecho. Cuando no hay Estado de Derecho, el respeto de los derechos humanos y las libertades fundamentales desaparece y es sustituido por el abuso y el atropello del dictador.

El Estado de Derecho representa que "el poder está limitado por la ley, que condiciona no sólo sus formas sino también sus contenidos". La ley, en el Estado de Derecho, debe "mandar o prohibir algo en consonancia con la justicia y para el bien de los gobernados". No es Estado de Derecho la "normatividad dictatorial" que con el control del órgano legislativo y la manipulación de referéndums imponen los gobiernos del "socialismo del siglo XXI" en Ecuador, Venezuela, Bolivia y Nicaragua. En el Estado de Derecho nadie puede estar por encima de la ley, pero en las dictaduras el jefe dicta "sus leyes" que, lejos de conformar Estado de Derecho, son la prueba de la existencia y funcionamiento de un "Estado de dictadura".

El diario ecuatoriano La Hora ha denunciado ser la más reciente víctima del poder arbitrario de Rafael Correa, calificando de "surrealista, triste, escalofriante pero real" lo que pasa en Ecuador, donde el poder no tiene ya fronteras con el "poder político único que sanciona a los medios que no publican". El editor general de La Hora en una nota de opinión publicada en El País, se ha declarado en "resistencia al surrealismo" por la multa impuesta por el régimen de Correa "por no haber publicado un acto oficial" de un alcalde al que el gobierno considera como "noticia de interés general".

Es víctima de la aplicación de la "ley Mordaza de Rafael Correa" aprobada el 14 de junio de 2013 como Ley Orgánica de Comunicación. Se trata de una ley que institucionaliza la represión política contra periodistas, medios de comunicación y ciudadanos en general y termina con la libertad de prensa y con la libertad de expresión en Ecuador. Se estrenó con las sanciones impuestas al caricaturista Bonill y al diario El Universo, por una caricatura del 28 de diciembre de 2013 del allanamiento del domicilio del perseguido político Fernando Villavicencio.

En Ecuador se sanciona a la prensa por lo que hace y por lo que no hace: sanción por una caricatura o una noticia que no le gusta al gobierno porque denuncia o señala las arbitrariedades de poder o por no dar cobertura a los actos de oficialismo, como ocurre en el caso de La Hora. La información oficial del gobierno de Correa da cuenta que en la gestión 2014 emitieron 113 sanciones contra medios de comunicación en aplicación de su ley mordaza. Correa y su gobierno actúan "legalmente" violando la libertad de prensa, pero eso no es Estado de Derecho, es prueba de que existe una dictadura.

Entre las varias violaciones a los derechos humanos en Ecuador señaladas en el informe 2014 de Humans Rights Watch, destaca la Ley de Comunicaciones que "contiene disposiciones imprecisas que posibilitan procesos penales y actos de censura".

El Departamento de Estado ha incluido a Ecuador entre los países destacados por sus abusos contra los derechos humanos, mencionando la politización del sistema de justicia, y por "emplear regulaciones administrativas y demandas penales para limitar la libertad de prensa y de expresión". La Sociedad Interamericana de Prensa ha condenado que el gobierno de Correa "intente expandir su política de restricciones a la libertad de prensa y de expresión en todos los países de Latinoamérica".

En la VII Cumbre de las Américas, el presidente Barack Obama, refiriéndose a Correa sobre "la distinción entre la prensa mala y la prensa buena", apuntó que "yo no confío en un sistema en el que solamente una persona hace esa determinación" y agregó que "si creemos en la democracia, significa que todo el mundo tiene la oportunidad de hablar y ofrecer sus opiniones". Con toda razón, porque el sistema en que sólo una persona hace esa distinción y hace leyes para legalizarla, se llama "dictadura".

Hoy pasa lo mismo en Ecuador, Cuba, Venezuela, Bolivia y Nicaragua, donde son las leyes del régimen las que violan los derechos humanos y libertades fundamentales. En el caso de Ecuador, afectan las "libertades de prensa y de expresión" y prueban la existencia de una dictadura.

13 de mayo de 2015

El ejercicio dictatorial en Ecuador

En los Gobiernos de las dictaduras del siglo XXI se producen violaciones a los derechos humanos y al Estado de Derecho que no son posibles ni aceptables en democracia. Son actos que demuestran el ejercicio dictatorial del poder, en el que el presidente y su gobierno se han puesto por encima de la ley y en ocasiones son la ley, que manipulan a su capricho y según su interés.

El expresidente y académico ecuatoriano Osvaldo Hurtado estableció en su libro *Las dictaduras del siglo XXI, el caso ecuatoriano*, el concepto de dictaduras civiles para denominar a los personajes que —entre otros elementos— llegaron por elecciones democráticas a la presidencia , terminaron con la institucionalidad democrática, cambiaron Constituciones y leyes, concentran todos los poderes del Estado bajo su control, buscan permanecer indefinidamente en el poder, usan la justicia para perseguir, violan los derechos humanos como política de Estado acusando de sus crímenes a sus víctimas, terminan con la libertad de prensa, y en suma han establecido regímenes dictatoriales. En esta condición están hoy los gobiernos de Venezuela, Ecuador, Bolivia y Nicaragua.

En el caso de Ecuador existen informes como el de Human Rights Watch 2014, el de Fundamedios denominado "El Silencio Asfixiante", la Sociedad Interamericana de Prensa, innumerables denuncias ante la Comisión de Derechos Humanos de la OEA, libros y casos como el del diario *El Universo*, demuestran la conducta dictatorial del presidente Rafael Correa y de su gobierno.

Pero en las últimas semanas se han producido y puesto en marcha hechos que son la expresión política de un régimen no democrático. En el extremo de violación a la libertad de prensa y de expresión, el caricaturista Bonil fue obligado a pedir disculpas públicas al dictador por una caricatura en la que mostraba el allanamiento al hogar de Fernando Villavicencio por este mismo caso.

El gobernante ecuatoriano ha logrado esta semana la detención del activista y médico Carlos Figueroa a quien, el propio Correa como en otros casos, enjuició e hizo condenar con su sistema judicial por "injurias". El nuevo preso político ecuatoriano está condenado junto con el asambleísta de izquierda Clever Jiménez y el periodista Fernando Villavicencio (aún perseguidos), por haber denunciado que Correa ordenó la incursión armada al Hospital de la Policía el 30 de septiembre de 2010 para ser rescatado durante una revuelta policial. Además de la pena privativa de libertad la justicia dictatorial ecuatoriana ha condenado a las víctimas a pagar a Rafael Correa la suma de 140.000 dólares americanos.

El régimen ecuatoriano ha presentado el denominado "Código Monetario y Financiero" como si fuera una ley para la banca, buscando en verdad afectar los recursos de todos los ecuatorianos porque los dineros privados depositados en la banca ecuatoriana terminarán en manos del gobierno, sin garantía de la dolarización sino de un dinero electrónico emitido por el régimen ecuatoriano que ahora desfinanciado y deficitario, generará una inflación como la que hoy sufre su modelo cubano-venezolano.

Correa ha propuesto a la Asamblea legislativa que controla, y está a punto de concretar un paquete de reformas a la Constitución de Ecuador con el disfraz de "enmiendas", que incluyen su reelección indefinida, sin consulta popular y luego de haber negado la posibilidad de un referéndum. De esta manera Correa —igual que su modelo

Hugo Chávez— podrá simular democracia haciendo elecciones para instituir indefinidamente su régimen dictatorial.

Los perseguidos por la justicia del régimen dictatorial ecuatoriano son más, el exilio ecuatoriano crece, las demandas de extradición se usan como temas de política interna como en el caso del ex presidente Yamíl Mahuad, y otras víctimas que no tienen ninguna posibilidad del sagrado derecho de defensa y del "debido proceso". El asambleísta Andrés Páez ha denunciado y demostrado que los jueces que dictan estas condenas han sido puestos en sus cargos por decisión política de la dictadura en violación de los procedimientos establecidos por ellos mismos. Si el Ecuador de hoy fuera una democracia, nada de esto debería estar pasando.

24 de julio de 2014

Las dictaduras en acción

La dictadura es la forma de gobernar concentrando el poder en una persona o grupo, se caracteriza por la ausencia de los elementos esenciales de la democracia, fundamentalmente por la falta de división de los poderes públicos, la violación de los derechos humanos como política de Estado, la ausencia del Estado de Derecho, el ejercicio autoritario del gobierno y la imposibilidad de que la oposición llegue al poder. Las dictaduras están en acción en los países del socialismo del siglo XXI. Un apretado resumen de algunas noticias lo demuestran y recuerdan.

En Cuba, el gobierno castrista ha procedido a la detención de activistas pro democracia y de más de 40 disidentes. Las noticias dan cuenta que la represión se ha vuelto más violenta. El Comité Cubano de Derechos Humanos y Reconciliación Nacional ha informado que en los cuatro primeros meses de este año la dictadura ha realizado 3.821 detenciones comparadas con 2.795 producidas en el mismo periodo de 2012.

Las golpizas se han incrementado y se concentran en dirigentes y periodistas independientes. El periódico digital de Yoani Sánchez esta siendo censurado. Ciudadanos desesperados convertidos en balseros siguen tratando de huir; médicos, deportistas, bailarines y quien puede, se convierten en desertores buscando libertad. La crisis económica y la carencia no conocen límites, con un estado sanitario con indicadores de alarma.

En Venezuela Leopoldo López es un preso político más. Maduro ha puesto en marcha la trama del "magnicidio" aplicando la eficiente estrategia castrista repetidamente usada en Cuba, Bolivia, Ecuador y Nicaragua, con la que el sistema judicial de la dictadura ha ordenado detener más opositores venezolanos y desatado una nueva ola de persecución. Las expresiones de protesta de los estudiantes continúan en las calles pero el régimen tiene el control momentáneo de la situación. El diálogo ha resultado ser solo el mecanismo de estabilización de la dictadura como había denunciado María Corina Machado. El venezolano que puede abandona su país y el alto índice criminalidad ha producido más de 4.000 muertes en los primeros meses de este año. La corrupción no se puede ocultar y la crisis económica se agrava.

En el Foro "Defensa de la democracia en Ecuador" realizado en el Congreso de los Estados Unidos, el ex presidente de Ecuador Osvaldo Hurtado ha ratificado que en su país no hay democracia, que Ecuador está gobernado por un dictador civil, lo que demuestra en su libro *Las dictaduras del siglo XXI el caso ecuatoriano*; un jurista, un congresista y un periodista ecuatorianos, cada uno desde su experticia han explicado y documentado el uso político y el control de la justicia por parte de Correa, la concentración total del poder (hoy aplicada a la "reelección indefinida") y los atentados contra la libertad de expresión y de prensa. Con el fallo de una de sus jueces el régimen persigue ahora a un ex presidente de la democracia. En lo económico la crisis acecha, no hay dinero para ejecutar el presupuesto, Correa busca liquidez con apuro habiendo llegado a pignorar las reservas de oro, y busca sacudirse de la dolarización que da estabilidad.

En Bolivia Evo Morales realiza sus mejores esfuerzos para simular elecciones forjando una oposición funcional y dividida; importantes líderes y potenciales candidatos están enjuiciados, presos y en el exilio. La persecución continúa y se incrementa. Fiscales y operadores de la justicia dictatorial han desertado y denuncian lo que los bolivianos sospechaban: "los casos se arman" y se procesan por orde-nes del gobernante y de su entorno. Múltiples casos de corrupción del más alto nivel se han destapado, el gobierno los encubre y los "nuevos ricos" de la élite dictatorial hacen evidentes. Se publican importantes trabajos que demuestran la naturaleza no democrática del régimen y el gobierno desprestigia y acosa a sus autores. Se adormece al pueblo con una favorable sensación económica, mientras las previsiones del gobierno se acotan y el narcotráfico crece.

Nicaragua ya consolidó el "golpe blando" para la reelección in-definida y ahora Ortega —entre otras cosas— va por el control de la Policía. Podríamos llenar el Diario con acciones de las dictaduras del siglo XXI en las Américas, son noticia diaria y las conoce todo el mundo, pero los gobiernos democráticos al parecer no las ven o han decidido tolerarlas.

13 de junio de 2014

Golpe de Estado en Nicaragua

Lo que está haciendo Daniel Ortega en Nicaragua para permanecer indefinidamente en el poder es simplemente imponer su autoridad violando la legislación vigente, cambiándola a su interés y conveniencia, rompiendo una vez más la institucionalidad y el Estado de Derecho. Violando la Constitución con el pretexto de reformarla, haciendo lo que está expresamente prohibido. Está dando un "golpe de Estado", que es la toma o la permanencia en el poder político vulnerando la legitimidad institucional establecida, es decir violando las normas legales de sucesión y alternancia en el poder que manda la Constitución. Aprobada la reforma constitucional que pide Ortega, el golpe de Estado se habrá consumado.

La Constitución de Nicaragua prohíbe la reelección, pero para burlar este principio Ortega había dado ya un golpe de Estado usando una sala de la Corte Suprema de Justicia que declaró "inaplicable" tal prohibición (¡declaró inconstitucional la Constitución!) y le permitió ser candidato en la elección de 2011, en la que retuvo el poder con graves acusaciones de fraude. A partir de esa maniobra de utilización política del sistema de justicia que emitió una decisión a todas luces ilegal y parcializada con Ortega, Nicaragua ya había perdido su democracia. El régimen incumplía por lo menos tres de los elementos esenciales de la democracia: el acceso al poder y su ejercicio con sujeción al Estado de Derecho, la celebración de elecciones libres, y la separación e independencia de los poderes públicos.

Ahora Daniel Ortega ha decidido ejecutar la "maniobra final para permanecer indefinidamente en el poder". Ha enviado a la Asamblea Nacional (bajo su control) una propuesta de reforma a la Constitución en la que pide eliminar dos protecciones constitucionales que establecen que "no puede ser presidente del país quien ha ejercido el cargo en dos ocasiones" (el caso de Ortega) y "que no está permitida la reelección consecutiva". Pero además ha incluido la eliminación de la segunda vuelta para poder ser elegido con una "mayoría mínima de votos". Así Ortega podrá hacer fraude de por vida, institucionalizar su dictadura y presentarse como si fuera democracia.

Un dictador es una persona que se arroga o recibe todos los poderes políticos y los ejerce sin limitación jurídica. Es el individuo que en ejercicio del poder y para perpetuarse indefinidamente en él, ha rebasado la ley, se ha puesto por encima del Estado de Derecho y de la institucionalidad. La principal tarea de un dictador es mantenerse indefinidamente en el poder. Para esto, Daniel Ortega está llevando adelante "un golpe de Estado con nombre de reforma constitucional" buscando la "reelección indefinida" y "eliminando la segunda vuelta electoral". No quedará ningún vestigio de democracia en Nicaragua. Cuando se apruebe esta violación pedida por Ortega, Nicaragua se igualará con las dictaduras del Siglo XXI ya integradas por Venezuela, Ecuador y Bolivia, que siguen el modelo cubano.

Este no es un nuevo guión, ni mucho menos, es sólo el acto de cierre de la fórmula utilizada en Venezuela por Chávez y Maduro y proyectada en Bolivia por Morales y en Ecuador por Correa. Todos estos gobernantes que una vez en el poder, dieron sucesivos golpes de Estado, cambiaron las normas fundamentales, violaron y suplantaron las constituciones de sus países con el propósito de ejercer el poder total y ser reelectos indefinidamente.

Es la franquicia totalitaria del socialismo del Siglo XXI o Alba, hoy en acción en Nicaragua y que amenaza a países como Honduras,

El Salvador y otros, donde este proyecto antidemocrático disfrazado de populista y antiimperialista trata de ganar elecciones para luego —con sucesivos golpes de Estado— terminar con la libertad de los ciudadanos. Recordemos a Alexis de Tocqueville: "Cuando el jefe de Estado es reelegible, el Estado mismo es el que intriga y corrompe".

7 de noviembre de 2013

www.ingramcontent.com/pod-product-compliance
Lightning Source LLC
Chambersburg PA
CBHW061956280526
45787CB00005B/1885